西洋近古史

吳圳義　著

三民書局

國家圖書館出版品預行編目資料

西洋近古史／吳圳義著.－－初版一刷.－－臺北市：
三民，2005
　　面；　　公分
　　含索引
　　ISBN 957－14－4126－0　（平裝）

　　1.歐洲－歷史－近代(1453－　　)

740.24　　　　　　　　　　　　　　　　93023236

網路書店位址　http : // www. sanmin. com. tw

Ⓒ　西洋近古史

著作人　吳圳義
發行人　劉振強
著作財　三民書局股份有限公司
產權人　臺北市復興北路386號
發行所　三民書局股份有限公司
　　　　地址／臺北市復興北路386號
　　　　電話／(02)25006600
　　　　郵撥／0009998－5
印刷所　三民書局股份有限公司
門市部　復北店／臺北市復興北路386號
　　　　重南店／臺北市重慶南路一段61號
初版一刷　2005年1月
編　　號　S 740460
基本定價　陸　元
行政院新聞局登記證局版臺業字第○二○○號

唐那太羅「大衛」

米開朗基羅「聖母慟子」

吉貝爾提「天堂之門」

波提且利「維納斯的誕生」

達文西所繪之武器設計圖

達文西「蒙那麗莎」

柯爾白

達文西「最後的晚餐」

喀爾文

五金行會的標誌

蘇萊曼一世

彼得一世

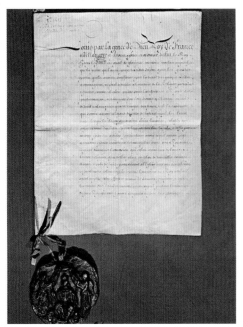

廢止〈南特詔書〉的法令

巴洛克風格建築

魯本斯「參孫與大利拉」

蒲桑「時光音樂之舞」

序　言

　　十六世紀是西方歷史變動甚大的一個世紀，不論是政治、經濟和社會，或是宗教與文化，皆與中古時期迥然不同。

　　新航路和新大陸的發現，拓展了歐洲人的世界觀，但隨之而來的殖民主義和帝國主義，也改變了原有的世界秩序。

　　人文主義的興起，「人」的價值逐漸受到重視，神權時代開始走入歷史。在文學方面，人文主義學者認為，人為地球的主宰，如與人脫離關係，則一切皆不存在。自由研究精神，促進科學的迅速發展。中古時期，人們認為知識來自書本和來自神的啟示的看法，已逐漸為知識乃基於實際經驗的看法所取代。

　　在藝術方面，「真」和「美」重新成為藝術家們追求的目標，而非如同在中古時期僅注重「善」。藝術的個人化也是此一時期的特色。

　　宗教改革使新教徒能夠由信徒自己透過《聖經》與上帝接觸，不必如同在中古時期必須以教會或教士為媒介。這也是人文精神的另一表現。

　　在中古時期，教會禁止借貸取息；然而路德教派和喀爾文教派卻尊重經濟自由。此種對個人自由的尊重，有利於十六世紀資本主義的發展。

　　政治方面的重要轉變，就是中古後期封建制度的解體，君主政體逐漸確立。到了十六世紀，王權大為擴張，遂有法王路易十四絕對王權的出現。

　　十五世紀末，鄂圖曼土耳其人攻陷君士坦丁堡，並建立一個橫跨亞、歐、非三洲的大帝國。對於巴爾幹地區來說，先後受到不同宗教信仰的兩個大帝國，亦即信仰東正教的拜占庭帝國和信仰伊斯蘭教的鄂圖曼帝

國的統治，境內民族和宗教問題十分複雜。此種複雜情況，如果再加上各強國的介入，極易發生衝突，使巴爾幹半島成為「歐洲火藥庫」。第一次世界大戰的爆發，以及二十世紀末期舊南斯拉夫解體後所發生的波士尼亞和科索沃兩次內戰，即為顯著例子。

十六世紀以後，東歐的俄羅斯和中歐的普魯士相繼崛起，逐漸成為歐洲的重要國家。

十七世紀的一些西歐國家，面臨政治、經濟和社會等危機。在政治方面，法國王室面臨貴族、王室官員、新教徒、農民和工人等的革命威脅；英國則有清教徒革命和光榮革命。在經濟危機方面，歐洲面臨地方性饑荒、貴金屬減少、物價不穩定和資本主義發展趨緩。在社會危機方面，法國出現貴族對抗資產階級，以及大資產階級欺壓小老闆和工人等問題；英國有勞資衝突等問題。

到了十八世紀，歐洲專制政體的發展分成兩股潮流：一方面，西歐的一些老君主國如法國和英國，其專制政體由盛而衰；另一方面，在東歐和中歐卻產生了俄羅斯、普魯士和奧地利等新興的專制君主國家。後者的理論與形態因受「理性主義」的影響，而形成所謂的「開明專制」。

在十七和十八世紀，歐洲出現巴洛克藝術，甚至社會、文化或宗教也帶有巴洛克那種不和諧且充滿矛盾的特徵。此一時期的歐洲產生許多對後世影響深遠的科學家如牛頓、萊布尼茲等，以及思想家如洛克、笛卡爾、伏爾泰、孟德斯鳩、盧梭等。

本書出版，適逢筆者在政治大學的專任教職劃下句點，可視之為一紀念。

西洋近古史

目 次

第一章　人文主義與文藝復興

　　十四世紀起，源自義大利，影響著文學、科學和藝術的一次大運動，在十六世紀達到高峰，且擴展至整個歐洲。人們稱此一運動為「文藝復興」(The Renaissance)，其意為「再生」。

　　那個時代的人，至少是那些有思考能力的人，大概都有要過一種較中古人們更為充實的生活之想法。為更進一步瞭解世界和人類，他們在上古時期尋求典範和經驗，而尋求的源頭就是人們所謂的人文主義 (Humanism)。

第一節　人文主義

一、人文主義的先驅

　　有「人文主義之父」(The Father of Humanism) 之稱的佩脫拉克 (Francesco Petrarch, 1304–1374)，具有多方面的才能和複雜的個性，雖非偉大的天才，卻也為後來的人文主義者樹立榜樣。他曾經用義大利方言創作許多抒情詩，並曾以拉丁文創作若干引經據典、詞藻華麗的史詩。佩脫拉克首先倡導搜尋古代軼文的工作，因而使若干古代典籍落在人文主義者手中。

　　佩脫拉克的抒情詩與但丁 (Dante Alighieri, 1265–1321) 的《神曲》(*Divine Comedy*) 同為義大利世俗文學的重要里程碑。

　　佩脫拉克的學生和朋友薄伽丘 (Giovanni Boccaccio, 1313–1375) 的《十日談》(*The Decameron*)，為逃避 1348 年侵襲佛羅倫斯的瘟疫而住

在鄉間的三男七女所講的一百個，其中有些帶有黃色的故事。薄伽丘熱
衷於古代手抄本的蒐集，還曾整理出一部希臘和羅馬神話的百科全書。

二、「人」的再受重視

「人文主義」一詞，源自十五世紀的義大利文 "umanista"，其意為
「一個用課本教授與世俗人類情況最有關的各種知識」的人❶。此類知
識包括文法、談話、歷史、詩歌和道德哲學。文法讓人能夠通曉可以作
為典範的古代文學或學術作品，使人善於言辭和寫作，適應不同的主題
和聽眾。歷史可以提供趨善避惡的實際例子。詩歌可以讓人有仿傚敘事
詩主角美德的意願。道德哲學強調個人行為的高水準。這些都是一個負
責的公民所應做到的。

在十五世紀，義大利的人文主義學者大都是對古代著作具有強烈好
奇心的博學之士。唯一不同之處是，他們研究古籍，完全為自己，而與
基督教全然無關。另一方面，他們不僅對拉丁文，也對希臘文感興趣。

人文主義學者在修道院圖書館蒐集拉丁文書籍，抄錄、比對，且盡量
重現其原始面貌。他們以能仿傚西塞羅 (Marcus T. Cicero, 106–43 B.C.)❷
的拉丁文風格為傲。對他們來說，西塞羅式的拉丁文，比起他們自己國
家的語文，更能恰當地表達高尚的思想。另外，十五世紀中葉，拜占庭
帝國被土耳其人占領時，逃離君士坦丁堡的拜占庭學者所帶到義大利的
希臘文手抄本，也成為義大利人文主義學者研究的對象。

設在義大利主要城市的「學院」(Academies)，為研讀和討論此類希
臘文古籍的場所。由佛羅倫斯統治者——麥迪西家族 (The Médicis) 贊
助，費希諾 (Marsilio Ficino, 1433–1499) 創立的佛羅倫斯柏拉圖學院

---

❶　John Hale 著，賈士蘅譯，《文藝復興時代的歐洲文明》(*Civilization of European
　　in the Renaissance*) (臺北：國立編譯館，民國八十八年)，頁 226。

❷　西塞羅曾任羅馬的執政官，為一偉大的雄辯家、詩人。但他留給人類最大的
　　禮物，就是拉丁語文的運用。

(The Platonic Academy) 即為其中之一。費希諾及其工作伙伴，再度將柏拉圖 (Plato, 427?–347 B.C.) 思想帶進西方世界。他原來學習通俗文學、醫學和音樂，由於對柏拉圖感興趣，才開始鑽研希臘文。他將柏拉圖的所有作品譯成拉丁文。綜論柏拉圖主義和基督教的《柏拉圖的神學》(Theologia Platonica) 是他的主要著作。透過大量的通信，他將自己的理念傳遍整個歐洲。

費希諾哲學的核心，即其對人的看法。他認為人是地球上的主宰，一個造物主的縮影。如與人脫離關係，則一切皆不存在。這種人的崇高概念，支持著人文主義學者有關人的尊嚴之信念，成為人文主義哲學的一部分。

人文主義學者毫不受束縛的進行各方面的研究。如同吉歐瓦尼伯爵 (Pico Della Mirandola, Count Giovani, 1463–1494) 在談到淵博學識時所說的，「人是自身的教育者，以及自己無拘無束的主人。」人，因而重新找回在中古時期已經失去的地位。對於他來說，人們將致力於一種新的生活藝術。

吉歐瓦尼為義大利人文主義學者和哲學家，其《演說》(The Oration) 提昇了人的尊嚴，成為文藝復興思想的主要文獻之一。外表英俊，心智開闊和諧的他，被視為文藝復興理想人的化身。

吉歐瓦尼伯爵出身米朗多拉 (Mirandola) 王室，曾就讀於義大利的波隆那 (Bologna)、費拉拉 (Ferrara) 和帕度亞 (Padua) 等大學，以及法國的巴黎大學，而且是佛羅倫斯柏拉圖學院的一員，因此學識十分淵博。他曾學過教會法、經院學派哲學、天文學，以及在當時很少有人去注意的希臘文、希伯來文、阿拉伯文、希臘哲學、祆教，和猶太教神祕哲學。他對知識所持的自由和容忍的看法，在當時還曾引起教廷的懷疑。

吉歐瓦尼所謂的「新的生活藝術」，也就是義大利文藝復興重要角色之一——卡斯提格里昂 (Baldassare Castiglione, 1478–1529) 在其名著《朝臣》(The Courtier, Libro del cortegiano)❸中所提到的，一位紳士必

須具備的條件。

他說，一位朝臣，必須接受文學，至少是純文學的教育；不僅要懂拉丁文，而且還要會希臘文；瞭解詩人、雄辯家和史學家，而且更進而練習以通俗文字寫詩和散文；能與女士們愉快交談；精通音樂；擅長素描，並懂繪畫。一位朝臣還要是個完美騎士，精於競技和障礙賽，以及能跑善跳。另一種高尚的運動就是網球。

卡斯提格里昂所謂的理想朝臣，對西歐產生深遠的影響，它指出一位紳士必備的條件。《朝臣》一書顯然受到西塞羅的《雄辯術》(*De Oratore*) 之影響，它成為西班牙的小說家塞凡帝斯 (Miguel de Cervantes Saavedra, 1547–1616)❹、法國的劇作家柯奈爾 (Pierre Corneille, 1606–1684)❺、英國詩人史賓塞 (Edmund Spenser, 1552–1599) 和西德尼 (Sir Philip Sidney, 1554–1586) 等近代歐洲大文豪的創作靈感之源。西德尼且被譽為完美文藝復興紳士之典範。

三、人文主義的擴展

人文主義能夠在西歐擴展和發揚光大，乃拜印刷術之賜。十五世紀中葉，日耳曼人古騰堡 (Johann Gutenberg, 1398?–1468) 發明活字印刷，因而使更多的人能接觸到古籍原典。1490 年，一位威尼斯印刷商人出版一本羅馬詩人維吉爾 (Publius Virgil, 70–19 B.C.) 的作品。該書易於閱讀，價格也較低。法國葉田家族 (Les Etienne) 的亨利（Henri Etienne，約 1460–1520）和羅伯 (Robert Etienne, 1503–1559)，以及多雷 (Dolet Etienne, 1509–1546)，也是人文主義的傳播者。

這些印刷商，本身也是飽學之士。亨利葉田於十六世紀初在巴黎成立印刷廠；其子羅伯，不但是位能幹的印刷商人，又是當代最著名的人

---

❸　《朝臣》一書於 1528 年出版後，迅速譽滿歐洲。

❹　塞凡帝斯是《唐吉訶德》(*Don Quixote*) 之作者。

❺　"*Le Cid*" 為柯奈爾之名劇。

文主義學者。他為法王印行希伯來文、拉
丁文、希臘文的出版品，其中以《聖經》
居多。他的兄弟和兒子、孫子，繼續經營
此一行業。

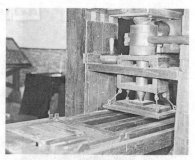

圖1：古騰堡所發明的印刷機

　　多雷也是一位博學的人文主義者。他
相繼在巴黎、帕度亞和威尼斯接受教育，
後來在里昂設立印刷廠。

　　如果說巴黎大學仍然忠於中古時期的教育方式，許多學院已變成採
用新教學方法的教育機構。這些方法以古籍研究為基礎。研究古希臘的
學者，畢跌 (Guillaume Budé, 1467–1540) 建議法國國王法蘭西斯一世
(François I, 1494–1547) 成立「皇家讀者學院」(Collège de Lecteurs roy-
aux)❻，講授希臘文、希伯來文和拉丁文。

　　畢跌被人文主義大師伊拉斯慕斯 (Desiderius Erasmus, 1466?–1536)
譽為「法蘭西神童」(Le prodige de la France)。除了研究古希臘外，他尚
涉獵所有科學、神學、法學、數學和文獻學。他最大的貢獻，就是於十
六世紀將古希臘的研究在法國推廣。深受法王路易十二 (Louis XII,
1462–1515) 和法蘭西斯一世欣賞，他還代表這兩位國王出席多次重要的
談判。

　　在擴展之際，人文主義採用新的形態，其發展空間更為寬廣。它滲
入大學和宗教領域，因而宣告宗教改革運動的來臨。伊拉斯慕斯即為其
最好的代表。

四、人文主義大師──伊拉斯慕斯

　　伊拉斯慕斯，荷蘭人，是一位古典文學家和最偉大的人文主義者。
他是一位牧師的私生子，早年對自己及周遭環境不滿，生活不快樂。在

---

❻　Collège de Lecteurs royaux 亦即後來的 Collège de France。

圖 2: 伊拉斯慕斯

教會學校就讀的十年時光，形成他重視虔誠，以及原始、簡樸純潔基督教之宗教信仰。在教會學校結識日耳曼人文主義學者阿格里柯拉（Rudolf Agricola，約 1443–1485），受其熱愛古典研究和反中古時期教會極大的啟發。

伊拉斯慕斯於 1492 年擔任神職；1498 年獲得巴黎大學神學士學位後，獲邀造訪英格蘭。此次訪英，讓他有機會結交英格蘭頂尖人文主義學者柯立特（John Colet，約 1467–1519）❼ 和摩爾 (Thomas More, 1478–1535)❽。1500 年，伊拉斯慕斯返回巴黎，出版《箴言集》(The Adages)。此一蒐集古代作者名言的書，使其名聞於世，並一而再、再而三的重刊。

1505 年，他再度抵英，會晤柯立特和摩爾，蒐集希臘文手稿，編訂希臘文版《新約》。1516 年，根據希臘文本校訂出版拉丁文翻譯本《新約》(Novum Instrumentum)。1511 年，他在摩爾家養病期間，完成集合幽默與對當代社會和人性深刻諷刺的鉅作《愚人頌》(Praise of Folly)，為歷代學者所喜愛。

伊拉斯慕斯並非一位博學的哲學家和神學家，其最顯著的特色在於對理性具堅定信念；鄙視無知、迷信、暴力和浪費，終生理念為簡樸、純潔、道德與中庸。經由他豐富的知識、機智及引人入勝的文體，使他成為人文主義傳統新學術的傳播者，也是文藝復興運動理想的全才人之典範。

---

❼　柯立特為倫敦市長之子，牛津大學教授，曾譴責當時教士階級的無知和腐敗。

❽　摩爾以《烏托邦》(Utopia) 一書而聞名。他後來因反對英王 Henry VIII 與 Anne Boleyn 結婚而被處死。

五、人文主義的影響

人文主義的涵義遠超過恢復希臘、羅馬古典文學之研究。廣義來說，人文主義即是俗世市民社會價值觀凌駕教會與封建社會價值之上。對人的創造力和理性產生新的自信，對人文世界一切美與變化產生新的興趣。

人們之嚮往古典文學，因為古典文學提出一個優美的市民社會和高尚的人生影像。一些人文主義學者在欣賞拉丁文文體的優美之餘，還瞭解到，語文為文化的主要工具。在尋找遭人遺忘的手抄本時，人文主義學者真正感受到其任務的重大。他們不但要把古代的詩人、哲學家和藝術家從陰間拯救回來，還要讓逝去或沉睡千餘年的文明，亦即人的生活方式，獲得重生。身為真正的人文主義者，伊拉斯慕斯對「人」十分相信。他說，凡人皆有理性，而所有理性皆致力於善。

義大利人文主義學者的努力，對歐洲文化產生極大的影響。義大利古典學術的復興，不僅決定了往後數世紀的思想主流，也培育了許多歐洲的天才作家。日耳曼的歌德 (Johann Wolfgand von Goethe, 1749–1832) 即為其中之一例。《少年維特的煩惱》(*Die Leiden des jungen Werthers*) 為歌德的代表作。

義大利古典學術復興對西方文化還有兩項重大影響：

1. 由建立正確原文的努力，發展而成考證學。

2. 人文主義學者想用古典學問來訓練溫文君子，由此而產生的自由教育理念，成為西方教育的理想。

第二節　文學的再生

一、馬基維利與《君王論》

文學的再生源自人文主義運動。因對上古時期的希臘和羅馬學者的

圖 3：馬基維利

認識較為深刻而受到激勵的許多作家，意圖利用本國語文來跟他們一較長短。義大利是第一個擁有一部民族文學作品的地區。佛羅倫斯人馬基維利 (Niccolo Machiavelli, 1469–1527)，精通異教文學，其《君王論》(*The Prince*) 是重要的政治學著作。

馬基維利是第一位提出政治道德既不同，也無關乎一般道德標準的想法的人。他堅持權力是政治生活中的決定性因素。他認為，為了統治，君王可以無所不用其極。許多強調中古和近代差異的人，都將馬基維利視為這兩個時代分水嶺的象徵。他們認為他對政治所持的看法，正標誌著近代的到來。

佛羅倫斯本是一個經濟活躍的富有城市，已經發展出高度的文化生活，並且成為歐洲的知識中心。在此種氣氛中，很自然地就激發出一種深思和尋求理性的風氣。馬基維利基本上屬於佛羅倫斯人文學派。這個學派致力於檢討政治和歷史問題。馬基維利的作品能具有普遍和永久的重要性，除了歸因於其過人的聰明才智，十餘年的公職生涯對其政治思想的發展也有所幫助。馬基維利政治思想中的現實主義色彩，確實大部分來自他擔任佛羅倫斯共和國官員的經驗。

馬基維利的政治思想要旨，存在於《君王論》和《論叢》(*Discorsi*) 兩本著作中。《君王論》勸告新統治者如何建立國家，以及如何維持自己的權力。《論叢》則是對李維 (Livy or Titus Livius, 59 B.C.–17)《羅馬史》(*From the Foundation of the City*) 前十卷的評論❾。

馬基維利認為，從羅馬的歷史中可以找到成功政治行動的最完美例子。此一想法讓他幾乎將羅馬人的所作所為都加以理想化。他以同一時代的政治和羅馬史為材料，歸納出政治必須摒棄傳統道德的見解，的確

❾ 此書有一百四十二卷，前十卷涉及西元前 753 至 293 年的羅馬歷史。

令舉世震驚。馬基維利所謂的道德 (virtu) 係指一種力量，而非基督教式的品德。

經院學派的政治理論家總是將政治附屬於宗教。他們為基督教世界尋求最好的政治秩序；為確保「上帝之城」(City of God) 中個人精神生活的進展，而尋找最好的俗世安排。此一「上帝之城」受到《新約全書》精神的規範。十五世紀的義大利人文主義學者則將政治依附於一種博愛的精神。他們尋求建造公正、公平，且有尊嚴的哲人「理想城市」的方法。此一「理想城市」能促成人的智慧提昇。

馬基維利，這位「在歷史洪流中迷失的自然科學家」，在對物質和精神兩種力量的關係的評估上，建立政治學，並從中找到支配這些力量的技巧。政治學變成一種真正的科學，其基礎是歷史的，而非經濟的唯物主義。

他視輪迴律為所有人類社會的基本法則。所有人類社會的演變循著相同的軌道。人類最早是散居。隨之，為防禦敵人的攻擊，或對抗自然界的災害，人類開始群居。領袖遂應運而生。人們選出最強壯和最勇敢者為其領袖。因而形成的社會，出現公正和不公正等一切道德的觀念。人類制訂最早的法律。法律的實施，依賴最聰明和最謹慎的人。因此，人們選出一位「國王」，取代軍事領袖，並建立選舉式的君主政體。

經過數代之後，君王希望其家族持續擁有此一職位，且透過政變，使選舉式君主政體變成繼承式君主政體。初期，此一君主政體仍然能為全民福利服務。但再過數代，君王就會只顧自己的享樂，剝削其臣民，且變成暴君。

此時，最有勢力家族的領袖，在人民的協助下起來反叛，建立一個貴族共和，成立一個最佳的政府。然而，貴族共和不久也每況愈下。掌權的貴族只想享受權力，且侵犯全民的權益。貴族階級變成寡頭政治。人民隨之發動叛變，並建立民主政治。民主政治不久又會變成既目無法紀、自私自利，又短視的「亂民」政治。為阻止國家的淪亡，一位英才

再度建立君主政體。隨之，輪迴將再度開始。

　　一個篡位的君王宜尊重其臣民之財產和妻女。他應假裝仁慈。虛偽是必須的。說謊、誹謗、誤導、違背誓言等手法，同樣無可厚非。為達目的不擇手段，以及國家的利益至上，成為十六世紀後半期政治理論家之理論根據。但是，無論如何，君王仍須致力於維護全民之利益，否則他只是一個暴君，而暴君最終會被人民以暗殺為手段去除。馬基維利因而建立最好的政治謀殺理論。

　　此一政治學受到許多責難，但事實上卻被大量應用，並影響歐洲至少三個世紀之久。

二、亞里奧斯托與其《瘋狂的奧蘭多》

　　亞里奧斯托 (Ludovico Ariosto, 1474–1533) 的《瘋狂的奧蘭多》(*Orlando furioso*)，融合了基督教的浪漫和上古的風格，是義大利文藝復興盛期最著名的敘事詩。

　　亞里奧斯托居住的費拉拉 (Ferrara)，非常流行浪漫史詩，其中以波亞多（Matteo Boiardo，約 1441–1494）的未完成長詩《多情的奧蘭多》(*Orlando innamorato*) 中奧蘭多的冒險和愛情故事，最受歡迎。奧蘭多在法國中古時期史詩中稱為「羅蘭」(Roland)。《羅蘭之歌》(*Chanson de Roland*) 即描述查理曼之甥征討西班牙穆斯林之役的勇敢悲壯的史詩。

　　1506 年，亞里奧斯托開始為奧蘭多的故事寫續篇，並完成新詩《瘋狂的奧蘭多》。波亞多將原本嚴肅的史詩主角，換成為情所苦的騎士，將法國卡洛林王朝傳統的史詩風格，與英國浪漫的亞瑟王 (King Arthur) 傳說結合。亞里奧斯托進一步使奧蘭多因為對美麗的安琪利卡 (Angelica) 的愛無法獲得回報而瘋狂。

　　此篇史詩充滿戰爭、冒險和愛情的故事，既悲且喜，融合真實與虛幻，筆調穩健，熟練運用八行詩韻的技巧，對後世詩人西德尼、史賓塞和威加 (Lope de Vega, 1562–1635) 等人影響深遠。

亞里奧斯托還模仿普羅塔斯 (Titus Plautus, 254–184 B.C.) 和泰倫斯 (Terence，拉丁文為 Publius Terentius，195–159 B.C.) 兩人的拉丁劇作，並完成五部喜劇。他的戲劇作品沒有文學價值，但在文藝復興時期也造成一股古典喜劇的流行風潮。

三、法國的文學再興

人文主義也是法國燦爛的文學再興之源頭。

拉伯雷 (François Rabelais, 1494–1553) 的名著《巨人傳》(*Gargantua et Pantagruel*)，描寫巨人卡岡杜亞 (Gargantua)，他的兒子龐大格魯葉 (Pantagruel)，以及同伴們旅行探險的故事。它是一部傑出的諷刺作品，也是歐洲文學史中偉大的作品之一。

澎湃的構想，與其所釀成的語言風暴，以及顯然無法無天的特別癖好，成為拉伯雷的特色。這些特色，一方面來自他淵博的古典知識，同樣也是由於他對口語和書寫法文的喜好。

他出身律師家庭，早年曾接受修士養成教育，數年後在一個方濟會修道院接受神職。在修道院內，他和一些修士潛心研究法律、天文學、醫學、希臘文和希伯來文，並透過他們的介紹認識著名的古希臘文研究大師畢跌和伊拉斯慕斯。

1530 年，拉伯雷進入大學學醫。不久，獲得醫學士學位，並開始講授西方醫學之父希波克拉底 (Hippocrates, 460?–377? B.C.) 的《格言》(*Aphorisms*) 和曾任御醫的加倫 (Galen, 130–200)❿的《小醫術》(*Ars Parva*)。

拉伯雷對醫師的工作並不熱衷，反而像是一位學者型神父。他的博學頗受尊重。1532 年起，他陸續發表《巨人傳》，先出版〈龐大格魯葉〉的第一部分；1534 年出版〈卡岡杜亞〉。

他在註釋上古時期醫學論著的嚴謹，與在《巨人傳》中狂暴的胡言

---

❿　加倫曾任羅馬皇帝 Commodus 的御醫。

亂語和不敬之言，實在大異其趣，令人覺得驚奇。拉伯雷戲謔地聲稱，他的《巨人傳》於兩個月內的銷售量，超過《聖經》九年的銷售量。

1532 年起，他數次造訪羅馬，並於 1534 年，以拉丁文翻譯並出版馬里亞尼 (Giovanni Bartolomto Marliani) 所寫的描繪古羅馬的作品。

1537 年，拉伯雷在其母校蒙伯利葉大學 (Université de Montpellier)，獲得醫學博士學位，並教授醫學。他的著作雖然得到法國王室和幾位樞機主教的讚賞和支持，但還是遭受巴黎大學神學院的壓制。所幸贊助者的力量強大，對他的書籍之檢查才很快取消。

拉伯雷去世後成了具有傳奇色彩的人物。他總被比喻為其作品中的某些人物，並被描繪成經常爛醉如泥和喜歡惡作劇的小丑。然而，他的好友卻盛讚他有尖銳的機智和古樸的優雅。

拉伯雷的寫作風格幾乎是中古的、粗俗的、有時是沉悶的，然而還是非常簡潔和尖刻雄辯。他的語言詞彙幾乎來自法國的每一省、鄰國、拉丁文、希臘文、希伯來文，甚至是阿拉伯文。如此廣泛的採集，與柯奈爾、拉辛 (Jean Racine, 1635–1699) 等以新古典主義方式，精心選用的單一詞彙，形成鮮明的對比。然而，散文作家蒙田 (Michel de Montaigne, 1533–1592)、著名的寓言作家兼詩人拉豐田 (Jean de La Fontaine, 1621–1695) 則為其追隨者。後來，巴爾札克 (Honoré de Balzac, 1799–1850) 在其《人間喜劇》(La Comédie humaine) 中巧妙模仿拉伯雷的風格。英國的史威夫特 (Jonathan Swift, 1667–1745) 和史德恩 (Laurence Sterne, 1713–1768)，顯然很瞭解拉伯雷，兩人的作品也反映了對生命不可遏制的熱愛。

粗獷的拉伯雷，在龐大格魯葉和卡岡杜亞所處的滑稽可笑的時代裡所要呈現的，一方面是一種對中古騎士時代的譏諷，也是一種對他的時代的譏諷。他以驚人豐沛的詞彙，利用想像的寓言為附託，提出了一個自由發展的人，以及一個為其量身訂做的教育理念。

以隆沙 (Pierre de Ronsard, 1524–1585) 和杜貝雷 (Joachim du Bellay,

1522-1560) 兩人為首的「七星詩社」(La Pléiade) ⓫，利用上古時期詩的體裁，但卻以豐富詩的語彙來提昇法國語文達到古典境界。他們開創一個詩的新時代，以古希臘和羅馬的古典作品為其創作的泉源和楷模，拋棄中古式法國詩的形式和主題。深信法國詩能夠達到其自身的完美、均衡、明晰與和諧的境界，因此「七星詩社」所要創造的一種文學儘管以古代為典範，但其他方面卻是完全法國的。

有「現代散文之父」之稱的蒙田出身貴族階級，曾參加義大利戰爭，並在那兒感染到文藝復興時代的人文思想，非常仰慕古代的文化。他小時候接受良好的拉丁文教育，奠下其文學和哲學淵博知識的基礎。在巴黎生活的幾年中，他在法蘭西學院聽課，接觸到希臘文學和哲學。蒙田曾在波爾多大理院 (Parlement de Bordeaux) 任職，後來還擔任兩任波爾多市長。

蒙田是一位保守但具有寬容心的人，對於不同的習慣和觀點，都會覺得好奇，並給予讚賞。他的寬容心，源自其深厚的信念。蒙田堅信風俗和習慣會隨著地域和文化的不同而有所差異。除了對於希臘和羅馬的古代文化景仰外，他還對原始人類出於本質的善性，也懷有崇敬之情，並強烈抨擊歐洲人在美洲大陸殖民地的暴虐行徑。

在教育方面，蒙田認為其目的是要培養一個健全的心靈，而非僅是填塞一堆知識。對他來說，判斷能力的發展似乎非常重要，而判斷力必隨著自我的分析與個人經驗的增長而發展。雖然覺得每一個人都是與眾不同，蒙田還是相信人性有共通處，因此人可以從別人的經驗中學習。他察覺到，苦痛是生命中不可避免的一部分，它是用來增加愉悅和享受的感受。蒙田認為，人的理性有其局限性，其命運是苦痛和死亡，而其本質則是虛幻和欺妄。然而，他仍認為生命可以是愉悅而有價值的，如能依賴人性的節制和智慧的判斷，那麼人就可同時獲得愉悅和尊嚴。因

⓫　除 Ronsard、Du Bellay 外，尚有 Jean Antoine de Baïf、Remi Belleau、Etienne Jodelle、Pontude Tyard 和 Jean Dorat。

此，他堅信人的價值。

　　蒙田的《隨筆集》(*Les Essais*) 是部成功作品，對後世影響甚大。該書曾兩度譯成英文，英國的莎士比亞 (William Shakespeare, 1564–1616)、韋伯斯特 (John Webster, 1580?–1625?)、培根 (Francis Bacon, 1561–1626) 等，皆曾讀過、引用過他的作品，或仿傚他的風格。在法國，巴斯卡 (Blaise Pascal, 1623–1662) 受他的影響最大。伏爾泰 (Voltaire, 1694–1778) 與其他啟蒙時代思想家，視他為自由派思想的一代宗師。在浪漫主義時期，以聖伯夫 (Charles Auguste Sainte-Beuve, 1804–1869) 為首的一些學者，對蒙田自我探索的真誠、相對人性的看法、對於完整人格的自覺，以及風格與思想上豐富且輕鬆的筆調，都極表推崇。

第三節　人文主義與科學

一、柏拉圖與科學研究精神

　　被視為人文主義特徵的自由研究精神，促進科學的高度發展。由於柏拉圖希臘文原著的發現，以及批評精神的興起，引導科學邁向新里程。此後，人們以推理和依賴經驗來從事研究。

　　柏拉圖相信詢問的重要性，相信數學作為工具的一種展望，以及相信知識的各種領域是互相依存的，因此回到雅典後，於西元前 387 年設立「學院」(Academey)。這是一所專門用於研究的學校，研究的範圍包括所有知識，探究知識間系統性的相互關係。柏拉圖曾藉著蘇格拉底 (Socrates, 469–399 B.C.) 的對話指出，一個經常貪婪、不受理性反省和控制的生活，將完全沒有資格成為人的生活。由此可知他對理性的重視。

二、一代全才達文西

　　以肖像畫「蒙娜麗莎」(Mona Lisa，法文稱為 Jaconde) 聞名於世達

數世紀之久的達文西 (Leonardo da Vinci, 1452–1519)，除了是一位傑出的藝術家外，也是科學家、工程學家和自然科學研究先驅。

達文西雖然在佛羅倫斯接受教育，但他卻無法適應佛羅倫斯知識界的活動和哲學靜思。達文西對於新柏拉圖主義的精神體系缺乏耐心，其思想已趨於實際。他在應用數學和自然科學領域中找到更多的發展機會。

十五世紀末，他給米蘭公爵史佛札 (Lodo vico Sforza, 1451–1508) 的信中自稱是一位軍事和土木工程師。十六世紀初，達文西在軍中擔任軍事工程師，遊遍義大利中部，繪製大量地圖。這些令人印象深刻的地圖，是繪圖史上的重要文獻。

在給米蘭公爵的信中，他強調自己作為軍事工程師的多種技能，包括提供從設計浮橋到建造機關砲、戰艦和機動裝甲車等服務。達文西著手城堡的設計，表現出他已認識到戰爭隨著火藥的應用而發生基本變化。他設計的城堡，牆壁堅固，其表面和角度呈彎曲形，以避開砲火攻擊。

達文西的晚年，居住在羅馬，很少從事與藝術有關的活動。此時期留下的《筆記本》(*The Notebooks*) ⓬，顯示出他在解剖學、數學和動力學等令人訝異的科學研究。

達文西將繪畫視為科學的邏輯延續，因而其科學研究範圍廣闊，包括數學、光學、力學、生理解剖學、動物學、植物學、地質學和古生物學。這些研究的遠見，令人印象深刻，例如他為鳥兒飛行專論所準備的記錄，啟發了他為人類製造飛行器的構想。達文西利用文字和圖畫，來記錄觀察的結果。

在植物學研究方面，他描繪的是具體的植物，而非該種類的一般類型。透過眼前特別的、單一的物體進行仔細的觀察研究，他發現並刻劃了其外表的物理特性與有機動能的獨特性質。

⓬　《筆記本》寫於 1489–1518 年間。

在解剖學方面，雖然他並非第一位進行人體解剖以獲得解剖學知識的文藝復興時期的藝術家❸，但他卻能在當時人們所關心的人體生理結構之外，進一步探求人體各部位的功能。他觀察並描述體內器官，研究呼吸、消化和生殖過程。對心臟和動脈系統進行研究之後，又將注意力集中在血液循環的研究上，但仍然對其缺乏充分的認識。他發表的解剖學專著，先從懷孕講起，接著描述子宮的特性、胎兒發育過程、分娩，以及人體隨後的成長。現代解剖的研究雖然源自文藝復興早期藝術家用圖畫描繪人體的欲望，但其最早具有科學形式的，還是見於達文西的《筆記本》上。

在數學方面，達文西在其解剖學手稿中曾寫道：「不懂數學者勿讀吾書」，可見他對數學的重視。數學為文藝復興時期人文主義學者提供了認知宇宙規律之鑰，尤其是幾何，它清楚表現視覺形象的規律。對達文西而言，數學主要意味著幾何。他曾受過高級幾何訓練。作為一位藝術家，對他來說，幾何能將抽象物體形象化。幾何還為繪畫科學提供基礎，因為義大利文藝復興時期繪畫之透視結構是幾何規則的具體應用。

在物理學方面，達文西對於歐幾里得（Euclid，約生於西元前三世紀）❹光學的基本原理曾探索過。他是一位畫家，因此他對視覺過程很感興趣。達文西設計了大量實驗，用以描繪和證實自己曾經仔細觀察過的現象。他也曾透過一系列實驗模型進行力學實驗，其結果為摩擦、傳輸和阻力等原理提供了一些依據。

在地球科學方面，達文西最初以藝術家的角度，研究地球本身。他認為地球是一個與人體相似的有機體。地球的肌膚為土壤，其骨骼為形成山谷的連綿岩層，其血液為江河的水。海水的潮汐是地球的呼吸。

達文西對於水運動的研究最令人感興趣。他以相當美觀的圖畫，記錄水的順流、逆流等各種表現方式。在這些圖畫中，他創造性的想像力

❸　達文西自己說過，他曾有十次以上的大體解剖經驗。

❹　歐幾里得，希臘數學家，有幾何學之父之稱。

比眼睛觀察的準確性，具有更重要意義。他將水的運動比作人類頭髮的運動，試圖將人的眼睛無法見到的力量描繪出來。他設計中的美妙漩渦，從其運動的動力學角度來看，具有科學和美學的意義。

達文西的《筆記本》中有一個水力磨坊的設計圖，其圖說還用倒轉的文字書寫方式，以確保其祕密不致於外洩。此一想法的確天真有趣。

三、文藝復興時期的科學

人文主義對於西方科學較少直接影響。整個十四和十五世紀，中古時期的科學傳統仍然盛行。直到十六世紀，較具水準的古希臘科學典籍印行本流行，才使歐洲學者能從事科學考證與校訂工作，並因而刺激此一時期科學的發展。

中古時期有一個很普遍的說法：人之所以異於禽獸者，是在於他有好奇心，有求知的慾望。然而，當時所認為，知識來自書本和來自神的啟示的看法，到了文藝復興時期，已逐漸為知識乃基於實際經驗的看法所取代。例如馬基維利雖然是一個喜歡書本上知識的人，但卻強調政治家應該研究事件的實情。達文西說，畫家總要研究大自然的變化，如光線在一個風景或在河床上一個小圓石的變化。

與探索大自然知識的衝動結合的，是去開發和利用它的經濟慾望。在地底下，尤其是在日耳曼東部、波希米亞和波蘭，礦坑愈挖愈深，以尋找銀、銅或鉛等礦物和鹽。改良的唧筒抽水和絞盤系統，使礦工可以在三百公尺以下的地層作業。到 1550 年，大地所吐出的礦砂，比一百年前約多出五倍。

中古時期，人們對於植物的美和藥性很感興趣，因而刺激大量外國的植物湧入歐洲。到了十六世紀，義大利的比薩、佛羅倫斯和帕度亞大學，相繼擁有植物園。植物學的相關著作，陸續出版❶⑤。

---

❶⑤ 如十六世紀 Otto Brunfels 的 *Living Portraits of Plants* 和 Leonhard Fuchs 的 *History of Plants*，以及十七世紀 Gaspad Bauhin 一本描寫六千多種植物的著作。

除了植物園外，當時也有收藏植物標本的圖書館。新的植物大量進入一般的花園和菜圃。蘆筍繼朝鮮薊之後，成為眾所皆知能適應北方氣候的地中海植物。馬鈴薯由古怪的食物成為主食。在十六世紀，英國的花園、菜園和公園，種了約九十種新的樹木，以及新的花卉如紫丁香、鬱金香、風信子、番紅花等。

當植物學家編列和分類的名單愈來愈長時，實際工作的農夫施肥、鋤地、修剪和接枝，利用了自然科學中的一般性技術。

就如同植物學後來改變了中古時期的植物誌一般，對於古代科學知識的重新評價，加上由歐洲以外地區流入的新資訊，讓文藝復興時期學者對中古時期動物寓言集所描繪的動物，表示質疑。中古時期的動物寓言集，乃是援引《聖經》的資料，以及上古時期描寫的有關動物、鳥類、魚類和少數昆蟲的資料，往往帶著道德和給人類教訓的意味。例如大象是夫婦忠貞的模範，蜘蛛是勤勞的楷模。

在十五世紀後期，人文主義學者開始批評上古的著作中對於動物帶有傳奇色彩的描述。他們盡量將事實和傳奇分開，並且說明由希臘人和羅馬人在地中海、近東和北非經驗中所得到的知識，並不一定適用於北歐人。從美洲運回的動物和鳥類的皮毛，證明了在世界上確實存在古代不可能聽過的動物。動物學遂成為新興的學問。

文藝復興時期的醫學受古希臘的醫學影響甚深。對於人體生理學和因此而產生的診斷和治療疾病的知識，大致來自上古。希波克拉底的著作，或與他有關的著作，包括非常多的病例研究，討論疾病的發展和用藥，或儀器治療這些疾病。

羅馬人和阿拉伯學者採用希波克拉底的著作。這些著作又透過此二媒介，成為中古歐洲大學醫學教學的主流。

亞里斯多德 (Aristotle, 384–322 B.C.) 也留下重要醫學著作。他解剖動物的子宮，又細察小雞在蛋中的成長，並由此認為胚胎由受孕的一刻起，其整個形狀便源於母親。雄性的精子，其作用或許在於觸發生殖的

過程，也多少助長了靈魂。依此看法，不用交媾也可以懷孕，神的介入可以為一個生物加上靈魂。這種對童貞生育的解釋，有助於信奉基督教的歐洲接受亞里斯多德式的解剖學。

對上古著作的熱衷，使希波克拉底和亞里斯多德重新獲得肯定，但對於文藝復興醫學的討論和實踐最具影響力的卻是加倫。加倫在研讀亞里斯多德的哲學，對其醫學特別感興趣。他在埃及的亞歷山卓居留數年，以鑽研解剖學。除希波克拉底之外，他可說是古代最偉大的醫生，對醫學的影響力直到十七世紀。加倫醫學著作甚豐，其珍貴處在於綜合古代所有作者和所有學派的作品，且在解剖學方面有重要的發現。

文藝復興時期的醫生雖然由過去二千年間的經驗，得到豐富的、不容置疑的知識，但他們卻史無前例的認真追求另類醫學。在此方面有兩項積極的進展：其一為比較實證的人體解剖學術研究方法；另一為預防性醫學。

此時的醫學仍舊是保守的，它一方面回應大眾對治療方法的要求，同時也回應它以大學為基礎的講義摘要和醫師執照制度。此時醫學的重要性，在於它與上古知識的重新接觸，而非予以延伸。

「化學」在文藝復興時期還是一種「煉金術」。日後真正化學家的設備，是由煉金術士的實驗室中找到的，例如有傾口的燒杯、蒸餾器、冷凝器、天平、漏斗、熱源等。煉金術是一門自然科學，有意尋找可以將便宜金屬轉化為黃金的點金石或煉金藥液，要重現大自然本身將黃金由較不純粹的物質分離出來的方法。

煉金術士認為，不論人類或礦物，其性質與宇宙的性質有關。此一想法與科學中最為人喜愛的占星術相似。以宇宙為一不變事物之後，便可以製作出其對塵世影響力的模型。在地球和其不穩定的環境中，每一事物皆可改變。例如滄海桑田，而在山之側可見到魚的化石。植物和動物生長和患病，正和人一樣。一個人的資質和另一個人不一樣，其命運也不一樣。所有這些改變，皆由每一行星的影響力所造成，其球面與地

球的關係在變動，它們彼此的球面也互動，其背景是各恆星固定球面所分成的十二個黃道宮。

在理論上，占星家如果能正確計算複雜的行星互動的情形，就可以解釋過去與現在的事件，並且預測未來的事件，如饑荒、瘟疫、君王駕崩等等。請教占星家的人，有君王、銀行家、農夫或女僕等等，所問的問題也是形形色色。當然，有些人抱持懷疑態度。到了十六世紀，占星術逐漸不為有識之士所取。

觀察天體，一方面是為得到製地圖者和航海家所需的精確地點；另一方面也是為改革日曆的迫切需要。自從凱撒 (Julius Caesar, 100–44 B.C.) 宣告太陽年的長度 ❻ 以後，太陽時間與通俗時間中間累積的差異已有十天。當天文學家將一份根據仔細分析天文資料所得的報告呈給教宗格列高里十三 (Gregory XIII, 1502–1585) 時，他下令 1582 年應減去十天，而這個以後會出現閏年的曆法稱為格列高里曆 ❼。

觀看星象並非只是基於上述現實考量的動機。一旦人們對占星有廣泛興趣時，他們對天體也有了廣泛興趣。事實上在十六世紀，「占星家」和「天文學家」二者幾乎是可以通用的。一些重要的天文學發現就是在此種環境中產生。

文藝復興時期的人已瞭解數學的重要性。在小學教育中，已經灌輸對數量觀念的尊重。在大學教育的初階，算術、幾何、天文和音樂等課程，同樣尊重數字觀念。對於商人來說，數學是必要的。對於藝術家來說，數學也是必要的。戰爭藝術的改變，使有些軍事家在其作品中，強調算術在計算軍隊編組，以及幾何學在設計防禦工事的重要性。軍事數學成為當時出身良好的有為青年的養成教育。政府會計和航海的需要，更增加了計算技巧的重要性。因此，受過教育的人喜歡談到他們的數學

---

❻　該曆法以凱撒之名，而稱為儒略曆。

❼　格列高里曆即今各國通行的曆法，每年三百六十五天，閏年為三百六十六天，每四年一閏。

能力。

　　古代的數學典籍幾乎全部出現。對柏拉圖重新感興趣，激起了對純數學研究的興趣。柏拉圖認為，數學的確實性對於哲學家來說是必要的訓練。他的想法促成此一時期數學的發展。

四、文藝復興時期著名的科學家

　　此一時期，所有科學皆有顯著的發展。

　　在數學方面，義大利的卡爾達諾 (Girolamo Cardano, 1501–1576) 和法國的維葉特 (François Viète, 1540–1603) 的成就最大。

　　卡爾達諾生於帕維亞 (Pavia)，是一位在司法界服務，又兼米蘭大學幾何學講師的私生子。他獲得帕維亞大學醫學學位後，開始行醫，成為歐洲最著名的醫師之一。1562 年，他前往波隆那大學任醫學教授。然而，數學方面的成就卻是他對人類最大的貢獻。卡爾達諾自 1539 年起開始發表數學著作。1545 年出版的《大衍術》(*Ars magna*) 讓代數往前邁進了一大步，同時成為代數的基礎。《大衍術》的內容包括首次出版的三次方程式解法，以及其祕書費拉里 (Lodovico Ferrari, 1522–1565) 提出的四次方程式解法。

　　本職為律師的數學家維葉特，引進符號代數。從埃及和巴比倫時期到維葉特時期，數學家能解的代數方程式，僅限於自然係數，如 $3x^2+5x+6=0$。為了避免負數，如 $x^2-7x+6=0$，長久以來都移項成 $x^2+6=7x$ 來處理。在 1590 年出版的《分析方法論》(*Art of Analysis*)，他提出一種新的字母表示法，讓代數能跨出重要的一步。他是第一位蓄意而有系統地使用文字係數的數學家。他主要的創新就是認為，文字（字母）不只代表未知數或未知數的乘方，也可以用來代表係數。例如二次方程式 $ax^2+bx+c=0$，其中 a、b、c 是文字係數，而 x 代表未知數，其數值要經由運算後求得。

　　維葉特將代數同時應用在幾何和算術的規劃，為法國數學家費馬 (Pierre Fermat, 1601–1665) 和笛卡爾 (René Descartes, 1596–1650) 的解

圖4：哥白尼的太陽中心說

析幾何和初級微積分的發展，奠下基礎。

在天文學方面，波蘭天文學家哥白尼 (Nicolaus Copernicus, 1473–1543) 創立現代天文學理論。

哥白尼先後在義大利幾個有名大學研讀數學、天文學、法律和醫學，並在費拉拉大學獲得博士學位。1497 年起，他開始在教會工作。

哥白尼在學生時代就知道托勒密天文體系 (Ptolemaic System)❶❽有嚴重缺點。為改正這些錯誤，他開始鑽研古籍中的天文學資料，並因而發現一些長久以來被忽視的少數人的觀點，也就是太陽為宇宙中心說。因此，他開始以此一觀念作為其天文體系的基礎。

為去除地球為中心的觀念，他採取與之背離的大膽觀點。當時人們仍然相信傳統地球本質的觀點，認為天空在地球之上，且環繞著地球。他們將在天空所見到的太陽、月亮和星星，視為天體的一部分，不停地運轉。另一方面，他們並未見到地球的移動，因此將它歸類在完全不同的範疇。天空和地球完全分離，就成為哥白尼當代人們所接受的基本觀點。

哥白尼領悟到地球的真正本質。他充分瞭解，地球是一個在其他行星伴隨下，繞著太陽運轉的行星。因此，如同其他行星，它也是天體的一分子。既然地球本身是在天空之中，天空和地球就不再是相對的。取而代之的是近代太空觀念。

當時天文學技術根本無法證實哥白尼的此一觀念。何況，他的地球為一運轉行星的聲明，勢必困擾那些有權禁止其著作刊行，處罰，甚至處死他的教會人士。他是一位很謹慎的人，在傳播其觀念時顯得小心翼

❶❽ 古希臘天文學家托勒密 (Claude Ptolemy) 主張天動說。

翼。哥白尼以手寫的方式將其傳給少數友人和專家，且不留下作者姓名。後來經過友人不斷催促，他先發表天文體系概述以試探大眾反應。1543年，哥白尼的傑作《天體運行論》(*The Revolutions of the Heavenly Spheres*)終告問世，但他已值彌留之際。他的去世，使他避開其追隨者所遭遇的嚴厲懲罰。

哥白尼在天文學方面的偉大發現，於下一世紀被伽利略 (Galileo, 1564–1642) 證明為真。1610 年，伽利略完成一件三十倍率的望遠鏡。在此儀器的協助下，伽利略得以發現月球崎嶇的表面、一些新恆星和木星的四顆衛星。借助望遠鏡之力，他證明宇宙並非繞地球而轉，且月球也非一個圓的球狀物。

在文藝復興時期，人體同樣被仔細研究。從事長久以來教會一直禁止的人體解剖，有助於解剖學的快速發展。

瑞士內科醫師帕拉塞瑟斯 (Paracelsus, 1493–1541) 在醫學方面最大的貢獻就是發表有關疾病的新理論。他曾抨擊加倫的體液病理學。帕拉塞瑟斯強調，不健康是由於疾病的存在，而不是古羅馬時期御醫加倫所謂的體液失衡。各種疾病都是獨立的實體，由特定的外來因素植入體內而引起。他抵制傳統恢復體液平衡的治療方法，如出汗、放血或通便等，大力主張每一種疾病應有其特殊的療法。

帕拉塞瑟斯在醫學方面的實際貢獻，還包括傷口和潰瘍的自然癒合治療法；礦工症和先天性梅毒的臨床病理報告；癡呆症和甲狀腺腫之間交互關係的認知。他引用數種新礦物，包括汞的合成物，來治療內科疾病，而非傳統上僅用植物性的藥物。

帕拉塞瑟斯自己的醫學理論，儘管帶有許多神奇和並非十分科學的成分，但仍有助於打破古希臘、羅馬和阿拉伯作者加在歐洲醫學的桎梏，而為更科學的醫學革命鋪路。

西班牙神學家和醫師塞爾維特 (Michael Servetus, 1511–1553) 以發現肺動脈血液循環系統而知名。他在有關神學的著作中，論述聖靈與再

生的關係時，已經附帶論及血液從右心室，經過肺，然後返回左心室的循環過程。

　　布魯塞爾人維塞留 (Andreas Vesalius, 1514–1564) 是一位解剖學家和醫生。他在義大利帕度亞大學獲得醫學博士後，就在當地教授外科學和解剖學。他的《人體結構》(*De humani corporis fabrica*) 一書於 1543 年出版。該書在人類解剖研究歷史上具有劃時代的重要性。它推翻了建立在非人類素材上的傳統加倫解剖學，奠定了現代觀察科學的基礎。這部作品最重要的部分是有關骨骼肌學和心臟學的內容，影響後世達兩個世紀之久。

　　法國外科醫生帕雷 (Ambroise Paré, 1510?–1590) 在文藝復興時期，藉著實例、教誨和著作，將法國傳統外科手術再度發揚光大。帕雷曾在巴黎擔任軍醫，且為法國四位國王的御醫❶⑨。

　　帕雷最偉大的成就，在於廢棄當時普遍以煮沸的油來灼燒槍傷。由於戰場上易將油料耗盡，迫使帕雷必須另行設法，利用蛋黃、玫瑰油、松節油所製成的軟膏來醫治傷口。1545 年，他將此一療法發表在《遭火繩槍和其他小型槍傷害的治療方法》(*The Method for Treating Wounds Made by Harquebusses and Other Firearms*)。這是幾世紀以來，法國外科醫學界的第一部著作，而且也是第一部以法文撰寫的醫學作品。

　　帕雷在外科手術方面還有許多其他貢獻。他提倡以結紮血管取代傳統的灼燒方法來止血。他發明義肢，以及其他有關外科整型的儀器設備，並在婦產科手術方面引進重要的新方法。

---

❶⑨　四位國王是 Henri II、François II、Charles IV 和 Henri III。

第二章 文藝復興時期的藝術

文藝復興所有的大思想潮流,皆在藝術方面反映出來。事實上,在十五世紀,尤其是在十六世紀,許多傑出藝術家努力從事一種新的藝術。他們在藝術方面追求的是「真」和「美」,而非如同在中古時期追求「善」。

約自十五世紀起,繪畫中男男女女的軀體有了立體感,臉部的表情也變為生動,使他們與較平面和遲鈍的中古時期繪畫中的男女看起來不一樣。他們成群結隊,似乎隨時可以改變彼此的關係,而非只是背景的陪襯。繪畫中的房屋、街道或鄉下景色,也都顯得很自然。

藝術家們力求達到藝術與真實之間的一致性,努力研究自然世界的真正屬性,並積極的模仿。

如果說,歌德式藝術為法國人天才的產物;那麼,文藝復興則是源自義大利。

第一節 義大利的文藝復興藝術

義大利提供許多產生文藝復興的有利條件。此時的義大利分裂成許許多多小邦國。威尼斯、佛羅倫斯、米蘭、羅馬等城市,因商業、工業等因素而富有。佛羅倫斯同時也是一個大金融中心。所有這些城市皆設法利用華麗的紀念性建築物,來增加其光彩。另一方面,由於義大利古代遺址的陸續被發現,也激起了藝術家對古希臘羅馬藝術的好奇心。

一、古希臘羅馬藝術的影響

如同人文主義學者,文藝復興時期的藝術家也是以上古為師。藝術

家們對上古時期的藝術讚美不已。拉斐爾 (Raphaël Sanzio, 1483–1520)
曾以之與中古時期「歌德式」藝術比較，並稱後者為野蠻。

在模仿古希臘藝術作品時，他們透過古代藝術家所定的規則，尋求
一種絕對的美。如同這些前輩藝術家，他們全心投入解剖學的研究，以
便找出人體的理想比例。藝術也不再為宗教服務。文藝復興藝術的世俗
特性，表現在皇宮廣場的建築、神話主題的選擇，以及對人體美的讚揚。
大教堂建築師的匿名藝術，也為一種藝術家強調其個性的個人藝術所取
代。此一時期的藝術家會在其作品上簽名。雕塑和繪畫也不再受建築的
束縛，不再是其附屬品。新技術的採用，使小幅畫、油畫等應運而生，
並大行其道。

對古物的蒐集和研究，成為一種時尚。十五世紀以後，發源於義大
利，對希臘和羅馬硬幣、古典珍貴物品、瓶罐和雕像的收藏風氣，雖然
主要來自歷史性收藏的癖好，但也激起了對古代文化的讚美。

十五世紀時，學者們曾經描寫古代的廢墟，並且想要解釋其原始形
式和功能。畫家畫廢墟，建築師測量廢墟，並試圖模仿。然而，十六世
紀時，收藏家除了古代的瓶罐、青銅器和銀器，還收藏雕刻精美的石棺、
雕像和保存良好的碑銘。甚至比較能凸顯古代文化的遺跡，也遭到嚴重
的破壞和洗劫，因為這些往往成為當時建築的有用材料，可以讓人對它
們產生一種與古代文化親近的幻想。

為讓新建築帶有古典風格，而大肆掠奪古代遺跡的建材蔚成風氣之
時，當時的有識之士曾向羅馬教宗李奧十世 (Leo X, Giovanni de Médici,
1475–1521)❶警告說，今日所見到的新羅馬──裝點著這麼多華廈、教
堂和其他建築物的新羅馬，雖然很偉大，卻是用古代大理石建成的。此
種搶劫行為應該停止❷。

---

❶　李奧十世出身佛羅倫斯的 Médici 家族。為 Laurent de Médici 次子，十三歲擔
　　任樞機主教。其父讓他自幼即接受良好的人文主義教育。1513 年，繼 Julius II
　　為教宗。

但上述警告其實毫無效果。羅馬的聖彼得大教堂是用古羅馬市場和公共集會地的石材建成的。古羅馬的建築物屢世屢代成為對古典文化感興趣者的採石場。教宗保羅三世 (Paul III, Alessandro Farnese, 1468–1549) 於 1540 年禁止別人偷竊古代石材，但只為了聖彼得大教堂可以獨享這些石材。

然而，義大利公侯或實際統治者，包括羅馬教宗，對於古典文化的興趣，再加上義大利各城邦的富裕，使他們能贊助藝術家，進而使文藝復興時期的義大利藝術更為燦爛輝煌。十五世紀❸的佛羅倫斯和十六世紀的羅馬，曾在義大利文藝復興運動中扮演重要角色。

二、佛羅倫斯的麥迪西家族的角色

十五世紀期間，尤其是 1434 年以後，麥迪西家族完全支配了佛羅倫斯的事務。老科西摩 (Cosimo de Médici, the Elder, 1389–1464) 之子皮葉羅 (Piero de Médici, 1416–1469) 鞏固了麥迪西家族為佛羅倫斯第一家族的地位。雖然麥迪西家族在十五世紀仍然是平民身分❹，但他們在執政時所擁有的組織良好的政治機構、巨額的財富、闊綽地資助藝術家和知識分子，以及與義大利各宮廷的深厚關係，也使佛羅倫斯其他家族望塵莫及。

老科西摩和羅倫佐 (Lorenzo de Médici, 1449–1492) 即為麥迪西家族中對文人和藝術家的熱心贊助者。

老科西摩於 1429 年父親去世後，繼承了當時歐洲最大的事業機構

---

❷ John Hale 著，賈士蘅譯，《文藝復興時代的歐洲文明》(*Civilization of European in the Renaissance*)（臺北：國立編譯館，民國八十八年），頁 235。

❸ 義大利人稱此一時期的文學藝術為 Quattrocento。

❹ 1532 年，神聖羅馬帝國皇帝同意贈予麥迪西家族公爵之名，且為佛羅倫斯世襲統治者。這是自十五世紀中期老科西摩得勢以來，麥迪西家族首次擺脫平民身分，依法被認定為國家統治者。

圖5：麥迪西家族成員之一

——麥迪西銀行。他在事業方面的聰明才智眾所皆知，因而有「偉大商人」之稱。除了銀行外，他也繼承了父親的政治權力。他得到家族成員和姻親家族的支持，還吸收一些希望獲得政治或經濟利益的食客。

老科西摩慷慨贊助藝術活動，協助人文主義學者費希諾將柏拉圖的著作翻譯成拉丁文，並蒐集許多重要著作。這些書日後成為羅倫佐圖書館的主要藏書。他與當代最偉大的雕刻家唐那太羅 (Donatello, 1386–1466) 交往，並資助建造布魯內勒斯基 (Filippo Brunelleschi, 1377–1446) 所設計的聖羅倫佐教堂。他最龐大的建築計畫是建造一棟私人宮殿，亦即米開洛佐（Michelozzo，亦稱 Bartolomeo，約 1396–1472）❺設計的麥迪西宮殿。

羅倫佐在父親去世時，年未滿二十，但仍順利取得佛羅倫斯的領導地位。他曾接受良好的教育，十二歲就通曉拉丁文，並喜歡但丁以多斯加尼方言 (Tuscan)❻寫成的詩。羅倫佐年輕時即擅長各種體例的詩作，有些學者甚至認為他是十五世紀義大利最偉大的詩人之一。

羅倫佐在去世之前，一直主導佛羅倫斯的內政和外交事務，但也花費許多心力在學術興趣上。與祖父老科西摩不同，他不是一個偉大的建築藝術贊助者，但他十分熱衷蒐集古代藝術品和古代作品的手抄本。他和祖父的收藏均收在羅倫佐圖書館內。他對費希諾的新柏拉圖主義之喜好，更持續到老。

---

❺　米開洛佐與布魯內勒斯基同為佛羅倫斯文藝復興最佳的代表人物。

❻　多斯加尼方言為標準的義大利語。

三、羅馬教宗的角色

　　文藝復興運動在義大利展開後，羅馬教廷開始走俗世政府路線，也採取俗世政府的財政政策。在財政方面，教廷比一般俗世國家享有一項特別優勢。它有一種收入，為一般國家所無法取得的。信徒可以向教會奉獻捐款，來換取只有教會方能給予的恩賜。教會於指派聖職後，又可從聖俸中收回一部分金錢。此外，還可以在朝聖者身上接受一筆相當可觀的收入，尤其在舉行重大慶典的年度中，此項收入之數額更多。

　　不過，教廷也有一項最大的不利，就是教廷的職位無法由某一特定的家族連續主持。曾經有幾位教宗，將親戚子侄任命為樞機主教❼。即使如此，也未必能夠完全操縱下任教宗的選舉。此外，教宗在位時，必已高齡，其精神體力無法像青年那樣充沛，因此無法與一般世俗君王互爭高下。

　　然而，以教宗所擁有的能力和財力，要當藝術文學贊助者時，就非一般君王所能比擬。在將近一個世紀中，除了少數幾位外，教宗們一方面從事羅馬的建設，同時也全力支持和贊助許多人文主義作家和古代典籍的翻譯家。

　　教宗西克斯圖四世 (Sixtus IV, 1414–1484) 在位十三年期間，盡量保護和獎勵文學家和藝術家，重修梵諦岡圖書館，興建西斯丁教堂 (Sistine Chapel)，延聘最偉大的藝術家將西斯丁教堂加以雕飾❽，更擬訂了擴建羅馬城的一套龐大計畫❾。他對藝術的愛好和對藝術家的贊助，為後來

---

❼　例如教宗 Paul III（俗名 Alessandro Farnese）在位期間曾任他的兩個孫子為樞機主教，其一為 Alessandro Farnese (1520–1589)，十四歲即擔任樞機主教，為教廷最重要人物之一達半個世紀之久。

❽　西斯丁教堂今為世界聞名的博物館。

❾　Stewart C. Easton 著，李邁先譯，《西洋近世史》(一) (*The Western Heritage*)（臺北：幼獅，民國六十五年三版），頁 17–19。

的朱利厄二世（Julius II，1503–1513 在位）和李奧十世所效法。

　　朱利厄二世是教宗西克斯圖四世的外甥，受舅舅提拔為樞機主教，並於 1503 年當選教宗。他在位時，重組和整頓教會財務和行政，改正買賣聖職、聖物及引用親戚的風氣，即使他自己也曾從此得過好處。此外，他是慷慨的藝術贊助者，聖彼得大教堂和西斯丁教堂的米開朗基羅（Michaelangelo, 1475–1564）的壁畫，以及拉斐爾在梵諦岡宮的壁畫，皆創作於朱利厄二世任內。

　　1513 年，教宗朱利厄二世逝世，由李奧十世繼任，他出身佛羅倫斯的麥迪西家族，作風不同於前任教宗。李奧十世的教育背景，是極富藝術文化素養和薰陶的環境。擔任教宗後，他雖然好大喜功，但卻是本性喜好奢華之美，而非僅為了宣導政教的功能，因此在品味和程度上的層次就高多了。在教廷內，經常聚集眾多的藝術家、音樂家、文學家，或有古文物學者展示陳列文物資產等交流活動❿。難怪他當選教宗之時，就特別受到全歐人文學者的佳評，被視為一位潛力十足的文藝保護者。

第二節　佛羅倫斯的藝術

　　十五世紀，佛羅倫斯是文藝復興運動的藝術中心。

　　佛羅倫斯於 1434 年至 1494 年，由麥迪西家族統治，模仿宮廷的騎士文化。佛羅倫斯的定位複雜而曖昧，能否被視為宮廷，至今爭論不休。就算答案是肯定的，也別忘了麥迪西家族是銀行家，而非接受騎士教育的軍人；但另一方面，他們所贊助的藝術卻頗具宮廷藝術的特色，甚至比真正的宮廷藝術更刻意強調貴族氣息。佛羅倫斯藝術的特殊風格，深受應用數學、讀寫和計算能力等智識的影響，而這些智識又是佛羅倫斯商業倫理的產物。當地完成於十五世紀初的公共藝術，大多是由關心這類智識的公會——包括絲綢羊毛商公會和石工木匠公會——所贊助，並

---

❿　何政廣主編，《拉斐爾》（臺北：藝術家出版社，民國八十八年），頁 134。

受到他們的嚴格監督。

這些公會與王公貴族一樣，為了贏得更大的聲望而彼此競爭不已。他們所依附的富裕企業家，則爭相為自己建造宮殿和私人禮拜堂，而且愈建愈精緻❶。

對於文藝復興時期的君王而言，能將金錢揮霍於藝術和建築是一件很光榮的事。即使像佛羅倫斯這麼一個不鼓勵鋪張浪費的共和國，也逐漸可以接受位高權重的麥迪西家族中的老科西摩，以令人嘆為觀止的建築物美化佛羅倫斯城的作風❷。

一、建　築

脫離中古藝術風格最顯著的就是建築，而佛羅倫斯建築師布魯內勒斯基則最具代表性。布魯內勒斯基是義大利文藝復興開創者之一。他為教堂、禮拜堂、宮廷、堡壘的建造設計，開創後來歐洲文藝復興的流行趨勢，對透視學的興起有決定性貢獻。

類似許多其他十五世紀著名的藝術家，布魯內勒斯基原先受過金匠訓練，1404 年加入佛羅倫斯金匠行會 (Goldsmiths' Guild)。之前，他已開始從事雕刻工作。1401 年，參加佛羅倫斯洗禮堂舉辦的銅門浮雕競賽，敗給吉貝爾提 (Lorenzo Ghiberti, 1378–1455) 後，布魯內勒斯基前往羅馬。他藉此機會徹底研究羅馬古蹟的構造原理，想出建造佛羅倫斯大教堂圓頂的方法。此一成就使其名聲在佛羅倫斯永垂不朽。

布魯內勒斯基通常被譽為建築的「文藝復興風格」創造者。他是最早去理解古典建築的結構系統，並將它應用在當代需求的人。他所設計的大教堂圓頂，是十五世紀時任誰都不可能完成的工程偉績。布魯內勒斯基設計了不用中央支撐的圓頂，而由八角形拱所構成，形狀全依結構

---

❶ Alison Cole 著，黃珮玲譯，《義大利文藝復興的宮廷藝術》(*Art of the Italian Renaissance Courts*) (臺北：遠流出版公司，民國八十六年)，頁 13。

❷ 同前書，頁 17。

需要而定。這是建築實用主義早期的一個實例。然而，大教堂的圓頂還是帶有歌德式的精神，因為當時沒有確實可行的辦法能夠解決圓頂本身的靜力學問題。

布魯內勒斯基個人建築原理的第一次呈現，也是第一件真正文藝復興作品，就是「棄嬰收容所」(Foundling Hospitol)。這棟世界上第一個棄嬰收容所，建於 1419 至 1424 年間，由布魯內勒斯基所屬的行會——絲綢商人和金匠行會，出資興建。

從建築的觀點來看，該建築重要的部分是室外拱廊 (loggia)。此一走廊是由一連串圓拱圈構成，上方是水平構件，拱頂係由支承在拱廊的柱子，以及主體建築牆面斜撐的小穹窿構成❸。這種正面是典雅的連拱廊的設計，成為文藝復興的建築特色之一。

布魯內勒斯基曾將聖羅倫佐教堂 (San Lorenzo) 改建為麥迪西家族的教堂。他採幾何構圖建造新教堂，各部分協調統一成整體，內部優雅、肅穆，形成寧靜祥和的效果。

在十五世紀，麥迪西家族長期壟斷佛羅倫斯的統治權，其結果之一是，從 1434 年起，許多豪門能夠將原本用於政治鬥爭的金錢和精力，改花在建造考究的華宅。麥迪西宮即為一例。據說，老科西摩原來請布魯內勒斯基為他的家族設計一棟新豪宅。布魯內勒斯基幾乎沒有機會設計此類住宅作品，因此欣然接受，而且製作了一個非常精緻華麗的宮殿模型。然而老科西摩觀察的結果，認為太講究了。他說，「嫉妒是株不必澆水的植物」，唯恐遭忌，麥迪西宮的建築師因而改為米開洛佐。

米開洛佐深受布魯內勒斯基的影響，因此當他在 1434 年左右開始投入建築時，風格有很大成分是根據布魯內勒斯基的原則。因此，麥迪西宮乃顯示受布魯內勒斯基觀念影響的豪宅設計。

---

❸ Peter Murray 著，蔡毓芬譯，《義大利文藝復興建築》(*The Architecture of the Italian Renaissance*) (臺北：地景企業，民國八十九年)，頁 37–38。

二、雕　塑

　　從歌德式過渡到文藝復興雕塑，並非急遽突發的。在義大利歌德式雕塑時代，新的觀念就已萌芽，然後逐漸發展成優勢地位。此種情形始自佛羅倫斯，且發展為十五世紀文藝復興雕塑的領導中心。

　　過去社會地位只相當於工匠的藝術家們，在十四世紀的佛羅倫斯得以與哲學家、作家和音樂家等，同列為知識分子。他們敞開胸懷，接受人文主義的洗禮。人文主義以新理性和質疑探究的態度，對自然現象的關心，對古代世界思想的興趣，以及對人類心智和身體能力的信心，影響了佛羅倫斯的知識界。贊助者的性質也有所改變。當強大的商業行會和富有的私人開始委託製作雕塑品時，教會失去它的獨占地位。

　　此一時期佛羅倫斯的名雕塑家有吉貝爾提、唐那太羅和維洛及歐 (Andrea del Verrocchio, 1435–1488)。

　　從精神層面而言，吉貝爾提基本上是一位歌德式藝術家，但是，在他的傑作——佛羅倫斯大教堂洗禮堂的兩幅青銅雙扉大門浮雕，卻具有強烈的文藝復興精神。在雙扉大門浮雕中，他對透視繪圖空間技巧的運用，更具有文藝復興雕塑的特色。

　　吉貝爾提為金匠之子。1403 年在激烈的競賽中贏得佛羅倫斯大教堂洗禮堂的青銅色大門製作之權。1425 至 1452 年，他為洗禮堂多創作兩扇門，即著名的「天堂之門」。

　　他為洗禮堂設計的第一道門，以皮薩諾 (Andrea Pisano, 1290?–1349?) 原設計為藍本，由二十八塊鑲板構成，描繪基督生平、四福音作者、教堂四神父，簡化背景以暗底襯托浮雕的高貴肖像。三尊較真人更大的雕像分別為「施洗約翰」、「聖馬太」和「聖史蒂芬 (St. Stephen)」❶❹，呈現出他自歌德式的高貴風格，轉變為文藝復興早期精力充沛的特色。

　　第二道門取材於《舊約》十景，顯示出他在浮雕方面的才華。以淺

❹　聖史蒂芬為基督教第一位殉道聖徒。

浮雕像和建築透視為背景，主題人物則以深浮雕凸顯。

　　吉貝爾提的青銅雕塑，簡潔、高雅、技巧精湛，為當代及後世立下典範。

　　唐那太羅是當時極具天分，也可能是雕塑家中最具創意且多才多藝的一位。他曾深入探討當時基本的藝術創作問題，例如造形與空間的關係，以及寫實主義和理想主義的對峙關係。他所找出的獨特見解，對當時文藝復興藝術的發展影響甚為深遠。

　　唐那太羅原來有意成為金匠，但十七歲時卻到吉貝爾提工作室拜師學藝，並協助其師完成佛羅倫斯洗禮堂著名的北門。1407 年，轉往修建主教座堂（大教堂）的工作室，因而在風格和興趣方面受到布魯內勒斯基的影響。

　　1408 年，唐那太羅第一件作品──大理石像「大衛」，洋溢著吉貝爾提的精巧優雅，同時也顯示出他對寫實風格的注意。此一特色在他各階段的作品皆可見到。在佛羅倫斯大教堂和奧珊米基利教堂 (Church of Osanmichele) 中有不少他早期的大型人物雕像。1409 年左右，與布魯內勒斯基同往羅馬遊歷時，他開始接觸到上古藝術對運動和光影的處理。他為奧珊米基利教堂製作的「聖喬治」大理石雕像，姿態是古典的，但風格上則有新意。雕像的站姿神勇機警、年輕、神態又充滿信心，不僅實體逼真，且與四周空間相互對應，為文藝復興的代表作。

　　他的浮雕板「聖喬治屠龍記」(St. George Slaying the Dragon)，放在「聖喬治」雕像基座，是浮雕創作使用新式透視法的首例，其雕面非常的淺，但表現出深遠的感覺和多變的層次感。此為早期文藝復興淺雕透視法的試驗作，與布魯內勒斯基的精密式透視法不同的是，唐那太羅的深度感是以光線明暗對比所造成。

　　1420 年代，唐那太羅嘗試將布魯內勒斯基的古典風格與自己的寫實風格融為一體，並製作了許多大型陵墓和建築物雕像。此時期，唐那太羅的淺浮雕，顯現出強烈的布魯內勒斯基的遠近法。

到了 1430 年代，他的藝術風格漸與布魯內勒斯基分道揚鑣。唐那太羅為聖羅倫佐教堂所製的「使徒之門」(Door of the Apostles) 和「殉道者之門」(Door of the Martyrs)，其中活潑生動的人物造型無形中干擾了莊嚴寧靜的古典建築設計。同樣的不和諧情況，也出現在以古典造型為模式的銅像「大衛」，其中光線明暗效果交錯複雜，是最早的獨自站立的裸體巨型雕像。

1447 至 1453 年間，他在帕度亞製作的加塔梅拉塔 (Gattamelata) 騎馬像，是描述威尼斯傭兵隊長納爾尼 (Erasmo da Narni) 的青銅雕像，是文藝復興時期首次採用羅馬人用以表揚英雄之騎馬造型的作品。

晚年，唐那太羅為佛羅倫斯聖羅倫佐教堂所雕的悲傷憔悴的「瑪格達琳像」(Magdalene) 以深刻表現人物心理為特色。

唐那太羅的自然主義，包括了抒情和激動的表達，並認為明暗與律動是形態不可或缺的兩要素，影響到後世畫家、雕刻家和建築師。

第三位著名雕塑家維洛及歐（原名 Andrea di Michele di Francesco Cione），除了是雕塑家外，還是金匠和畫家。在雕塑方面，他可能是唐那太羅的學生。

如同唐那太羅，維洛及歐是一位寫實主義者。但是除了在細微末節與唐那太羅有許多相類似之外，他很少受到古風的影響。

在雕塑方面，維洛及歐只有十一件作品，其中「大衛」銅像和「男孩和海豚」(Boy with a Dolphin)，表現出他的特有風格，同時也是他最受歡迎的作品。他最出色和最受稱讚的作品則是傭兵隊長科萊奧尼 (Bartolommeo Colleoni) 的騎馬雕像。許多權威人士認為「科萊奧尼」是迄今保存最佳的騎馬雕像作品。

三、繪 畫

喬托 (Di Bondene Giotto, 1266–1336) 的繪畫可說是文藝復興的鼻祖，但是真正的文藝復興運動開始於 1420 年代的佛羅倫斯，進而逐漸

席捲全歐洲。

喬托為新風格、新藝術而努力，他企圖在畫面上表現遠近的層次，使人物和背景有立體感。他在人物形象的心理描寫和情緒表現方面比前人深刻許多。喬托在畫中體現了人的情感，還努力追求著空間透視及構圖的運動感等繪畫表現手法。他生前聲譽已傳遍全義大利，逝世後仍為後人崇敬❶❺。

文藝復興初期的畫家，仍近似拜占庭藝術的傳統，一般在教堂和宮殿的灰泥牆上作壁畫。這種水性顏料畫法可以作到色彩鮮明，線條精確。文藝復興時期最早的繪畫傑作是馬薩奇奧 (Masaccio, 1401–1428) 在佛羅倫斯新聖瑪利亞教堂 (Santa Maria Novella) 所作的三位一體壁畫。

馬薩奇奧的風格，讓人想到喬托那種人物莊重和空間結構基調清晰的風格。他的壁畫具有布魯內勒斯基所提倡的古典建築形式的特色，空間係依據一貫採用的精確的透視畫法則來構圖。他的形式語言及其對光線的用心處理，被後來的一些佛羅倫斯畫家進一步加以發展。

法蘭契斯卡 (Piero della Francesca, 1416–1492) 進一步具體化馬薩奇奧的空間幾何學，並吸取馬薩奇奧的光線觀念。他在 1465 年的「耶穌復活」(Resurrection)，人物形態嚴肅，不僅將幾何學運用於空間的構圖，而且更有意將它運用於人物本身。此種將形體還原為幾何圖形的方法，乃是探求自然外貌基礎的幾何規律所努力的一部分，承襲畢達哥拉斯 (Pythagoras, 580–500 B.C.) ❶❻和柏拉圖的傳統。他在晚年放棄繪畫，改從事寫作。除繪畫理論性著作《繪畫透視學》(De Prospectiva Pingendi) 外，尚有一些重要的數學論著❶❼。

---

❶❺ 郭文堉，《古典畫巨匠》(臺北：藝術圖書公司，民國八十四年)，頁 10。

❶❻ 畢達哥拉斯有一幾何學的重要發現，稱為畢氏定理 (Pythagoras' theorem) 在建築結構上幾乎每日皆會應用到。畢氏定理為，直角三角形中，以斜邊為邊的正方形等於其他兩邊為邊的兩個正方形面積的和。

❶❼ Tatjana Pauli 著，汪若蘭譯，《法蘭契斯卡》(臺北：貓頭鷹出版公司，民國八

　　十五世紀晚期，麥迪西家族藝術贊助人的品味愈來愈宮廷化，導致吉蘭達約 (Domenico Ghirlandajo, 1449–1494) 等佛羅倫斯畫家，傾向於放棄初期古典風格的莊重嚴肅，改採比較細緻且富有裝飾性的手法。在波提且利的藝術中，這些傾向得到充分的發展，它將一種新的優美線條與文藝復興初期的理想結合起來。

　　早年，波提且利在形體上與前代畫家尚無顯著的不同，但他已注入抽象的線條。加上畫中人物寧靜又憂傷的表情，顯示他與十五世紀初畫家們寫實華麗的世界觀有所不同。

　　他與生俱來的超脫性情與當時在宮中流行的柏拉圖哲學理論不謀而合，這可從他中期神話作品中獲得證實。最有名的兩幅寓言畫是「春」與「維納斯的誕生」。兩幅圖中，維納斯女神不僅是「美」、「春」與「愛」，而且是「靈魂之愛」的化身。此種想法結合柏拉圖學說和基督教傳統，而且這兩個傳統頗為佛羅倫斯的柏拉圖學者所強調。

　　在「維納斯的誕生」中，女神從海上誕生，被象徵神聖的藍袍風神輕輕往岸邊吹送，代表愛的推動者。維納斯至上無瑕的美是世俗之眼無法透視的。一般人所見的只是藝術的外殼——世俗之美。然而，它無形中所散發出來的神聖靈氣，引發上帝在創人之初，賦與人的一股原初精神。因此，人可藉著「愛」與「美」提昇人的精神與聖靈結合為一。這種感化力與靈觀可藉維納斯身上高貴不凡的金色頭髮來表示。

　　在「春」中，維納斯主持春季之始。她立於眾神之後，表示她不可侵犯的身分。圖最右是風神追逐著花神，前行者有春神在散播玫瑰花朵。兩幅畫皆有風神在推送，人物則朝所謂聖靈之光的方向緩緩移去。兩幅畫的人物皆有如清風一般飄浮而過，顯示波提且利不為當時強調穩重厚實的風格所染。線條優美，充滿律動，展現細膩、活潑的特質，把圖畫昇華到抒情夢幻的境界。

　　波提且利將聖母像的表現方法，用在神情憂傷的維納斯身上，強化

十九年)，頁 120。

圖 6: 波提且利「春」

了柏拉圖學派一心所提倡的維納斯與聖母瑪利亞同體，且為「靈魂之愛」象徵的學說。他在晚年的作品，線條剛強有力，人物心醉神迷，但多偏重於心理狀態的描寫。

　　波提且利與其同時代的曼帖那 (Andrea Mantegna, 1431–1506)，重新整合古典風格與繪畫題材路線。曼帖那主要在帕度亞和曼圖亞 (Mantua) 從事創作活動，他刻意汲取文藝復興時期考古學的發現，開創出一種新風格❶。

　　曼帖那是 1400 年以後在佛羅倫斯開始發展的新文藝復興風格的領導人。在他成長時期，雕塑家唐那太羅和畫家利比 (Fra Filippo Lippi, 1406–1469) 等許多佛羅倫斯藝術家活躍於帕度亞的藝術界，從而使他接觸到最進步的藝術發展成果。1458 年，他在帕度亞伊里米坦尼教堂 (Church of the Eremitani) 的奧維塔里禮拜堂 (Ovatari Chapel) 所作的壁畫，描繪聖雅各 (St. James) 和聖克里斯多夫 (St. Christopher) 一生的人物形象，刻劃十分有力。在這些壁畫中，有凱旋門、古遺跡和碑文，以及傳統的人體造形。由此可見，曼帖那對於羅馬古蹟之尊崇。

---

❶　郭文堉，前引書，頁 24。

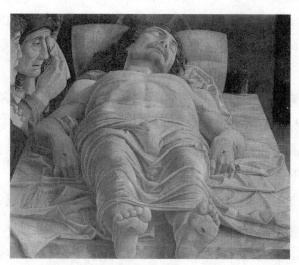

圖 7：曼帖那「基督之死」

曼帖那致力於透視法的研究，解決了各種透視表現的難題，如他的「基督之死」(Cristo morto) 就非常成功地表現了強烈的透視縮影，描繪人們在耶穌屍體前痛悼的場面。這幅畫構圖特殊，是採用從屍體的腳看過去的大正面透視，顯示著畫家十分純熟的掌握了人體解剖和透視的技巧。曼帖那的人物形象具有古典雕塑寧靜和清楚的輪廓。

第三節　羅馬的藝術

十六世紀，羅馬繼佛羅倫斯成為文藝復興運動的藝術中心。

一、時代背景

十五世紀末起，佛羅倫斯由於劇烈的政治鬥爭和本身勢力的衰落、古羅馬遺跡的吸引力，以及教宗的積極態度，導致羅馬取代佛羅倫斯，成為十六世紀義大利的藝術重鎮。

佛羅倫斯的統治者偉大的羅倫佐於 1492 年去世後，繼承其位的長子皮葉羅 (Piero II de Médici, 1472–1503) 對法王查理八世 (Charles VIII,

1470–1498) 顯現出溫馴和懦弱的行為，因而在一次由狂熱的道明會修士薩瓦納羅拉 (Girolamo Savanarola, 1452–1498) 主導的人民暴動中被迫流亡國外。

在薩瓦納羅拉的影響下，佛羅倫斯於 1494 年制訂一部新的共和憲法。然而，內政和外交困境立即顯現。薩瓦納羅拉的改革狂熱，引起教廷的不滿，最後被教宗亞歷山大六世 (Alexander VI, 1431–1503) 逐出教會。他也因而下臺，並於 1498 年被視為異端而遭到火刑。

麥迪西家族於 1512 年再度統治佛羅倫斯，但六年後又被驅逐。1530 年神聖羅馬帝國皇帝查理五世 (Charles V, 1500–1558) 征服佛羅倫斯，並在其軍隊的干預下，麥迪西家族方能再度掌權。然而，佛羅倫斯藝術的盛世已不再。

除了上古時期留下令許多藝術家印象深刻的偉大建築外，有錢有勢，又有旺盛企圖心的教宗，吸引或延攬偉大藝術家們來羅馬工作。教宗們，尤其是朱利厄二世和李奧十世，懷著把古希臘全盛時期的雅典再現於羅馬之夢想，而藝術家們從內亂頻繁的佛羅倫斯，乃至義大利各地，蜂湧至羅馬[19]。

如果說，注重舒適、秀麗和年輕氣息的佛羅倫斯藝術是義大利文藝復興藝術的「青少年期」；那麼，顯現高貴和偉大的羅馬藝術則是義大利文藝復興藝術的「成熟期」。在後一時期，布拉曼特 (Donato Bramante, 1444–1514) 和有義大利文藝復興三傑之稱的達文西[20]、米開朗基羅和拉斐爾，皆充分發揮其藝術天才。

二、建　築

文藝復興初期以來，以復古為目的之建築和對古代遺物之研究愈來

---

[19]　參閱嘉門安雄編，呂清夫譯，《西洋美術史》(臺北：大陸書局，出版年不詳)，頁 209–210。

[20]　達文西主要工作場所並非在羅馬，因此留在下一節討論。

愈熱烈，不但用於建築物的裝飾，還用在建物的整個結構。十五世紀的建築中，雖然採用上古樣式的柱子或穹窿，但其處理仍然是表面的，中古風格的纖細性等並未被摒棄。到十六世紀，教堂建築的平面圖上開始出現許多希臘十字型。建築物已有了勻稱和平衡的美。

十六世紀的義大利建築以布拉曼特和米開朗基羅的作品最具代表性。他們帶來建築上巨型的樣式化和理想化，其作品中帶有高貴的性格，以及對厚重、莊嚴和宏大的熱望。此種典型的產生，一方面是教廷對它的要求，另一方面是藝術家內在的理想與古代的典型合而為一。這種傾向與特色，不限於建築，可以說是十六世紀文藝復興整個藝術的特質❷。

教宗西克斯圖四世已邀請波提且利和吉蘭達約到羅馬裝飾西斯丁教堂。教宗朱利厄二世決定建造一個令人耳目一新的教堂，亦即一座羅馬聖彼得大教堂，作為教廷權力的象徵。布拉曼特為該大教堂的第一位建築師。

布拉曼特原在米蘭工作。1499 年，法國的入侵，使他離開米蘭到羅馬。布拉曼特一生的最後十五年，在羅馬創造了文藝復興巔峰時期的建築。

布拉曼特新的建築風格是在羅馬蒙特利奧 (Montorio) 小山聖彼得 (San Pietro) 教堂內小廟上建立的。這個小教堂 (tempietto) 建在聖彼得被釘十字架的原址。根據 1500 年以後的設計，它矗立在一個圓形的天井中，旁邊有廊柱圍著，如果根據最初的設計來建造的話，那麼小廟就不會像今天那樣與周圍的環境顯得格格不入。

布拉曼特當時的設計是要將它放在一個經過處理的露天空間中，這種處理方法像教堂本身建築一樣，非常大膽且別出心裁。有人為這個小教堂取個綽號叫小廟，這是十分貼切的。這座小廟建在壇上，有三個臺階，上面的廊柱採多利克式圓形柱。這個建築實際上較接近上古的廟宇，而不像任何十五世紀的建築。布拉曼特還應用經過「雕刻方式處理」的

❷ 嘉門安雄編，呂清夫譯，前引書，頁 212–213。

牆放在小廟和天井之中。

　　自從布魯內勒斯基的聖瑪利亞教堂 (Santa Maria degli Angeli) 之後，小廟是第一次在這種很厚的磚塊結構上挖建很深的龕。這些龕上面裝上凸出的圓頂、廊沿和花邊裝飾，一凹一凸形成強烈對比。小廟雖然體積不大，但給人一種巨大沉重的感覺。

　　小廟在建築上是一個很大的成就。此一偉大作品，使羅馬在十六世紀初期成為義大利藝術中心。此一時期的重要藝術作品大概都產生於1503 至 1513 年間，亦即教宗朱利厄二世在位的時候。朱利厄二世決定要建造一座新聖彼得大教堂，要比已破舊得搖搖欲墜的羅馬帝國時的舊建築更為輝煌。這個工程很自然的就交給當時羅馬最出名的建築師布拉曼特。

　　布拉曼特想要建一個巨大的基督教教堂，不但要具有歷史上空前的規模，而且要遠超過古羅馬兩個最出名的建築[22]。此一設計乃因朱利厄二世是一個野心家。他不但要統治整個義大利，而且對當時的政治十分熱衷，要將教宗的精神領域和政治領域結合在一起。布拉曼特當時的設計，的確具有羅馬帝國時代的輝煌。在其設計中，有一個巨大的圓頂，而整個教堂以圓和方形作為基本形態，很嚴謹地成為一種對稱的結構。

　　聖彼得大教堂的工程，進行很緩慢，1514 年，布拉曼特去世時，只完成四個位於交叉口的方柱。後來三十年的工程由他的學生負責，但這些學生猶疑不決，將他的設計一再更改。直到 1546 年米開朗基羅接手，大教堂的建築工程才有新的決定性進展[23]。

　　米開朗基羅是一位全能的藝術家。他精於雕刻、繪畫和建築，也是一位工程師和詩人，因而被視為文藝復興運動的代表。米開朗基羅支配

---

[22]　亦即萬神殿和康士坦丁會堂 (Basilica Constantine)。

[23]　H. W. Janson 著，曾堉、王寶連譯，《西洋藝術史③，文藝復興藝術》(*History of Art, part three, The Renaissance*) (臺北：幼獅文化公司，民國七十年再版)，頁 76–78。

義大利藝術達六十年之久，統合了十五和十六世紀所有的藝術發現，並決定其未來的發展。虔誠的信仰與非凡的學識❷❹，使他力圖融合傳統基督教信仰和源自人文主義新哲學的古典理想。

　　米開朗基羅一生最後三十年中最重要的是建築工作。在聖彼得大教堂之前，他接受了自己一生最龐大的工程，就是羅馬首都山 (Campidoglio) 的改建。這片山頭是古代羅馬中心的象徵，向來是人們敬仰的地點。現在它要改建成一個廣場，而改建後的廣場要能配合它在歷史文化上的聲譽。米開朗基羅終於有機會，經營如此大規模的工程。這個計畫雖然在他死後很久才完成，但整個工程差不多能按其藍圖進行。這可以說是歷史上最雄偉的行政中心，也是後來許多建築師爭相仿傚的典範。

　　首都山的建築，確定了巨大柱型 (Colossal Order)❷❺，成為巨大建築公認的形式。米開朗基羅裝飾聖彼得大教堂的外表，同樣應用了這種巨大柱型，並獲得非常突出的效果。

　　高達一百二十三公尺的教堂圓頂，雖然大部分在米開朗基羅死後才建，但大致上還是依照他的設計來完成。布拉曼特設計的圓頂是以階梯的形式來增高，下面有一個很窄的圓鼓，當人在下面時會感到圓頂壓迫著下面的教堂。然而，米開朗基羅的設計給人的印象正好相反，他的圓頂讓人感到從建築本身發出了上昇的力量❷❻。他的圓頂設計有嚴謹的邏輯推理，在 1600 至 1900 年間所造的圓頂，很少不受其影響。

三、雕　塑

　　文藝復興盛期的雕塑，仍然是由米開朗基羅主導。他被公認為世界雕塑史上最偉大的天才。他將一種全新的情感，引介到雕塑之中；一股

---

❷❹　米開朗基羅於 1492 年重回佛羅倫斯父親家中。為學習更多解剖學知識，他解剖了許多由聖靈修道院附屬醫院提供的屍體。

❷❺　巨大柱型，亦即用半露方柱，自飛簷 (Cornice) 直下，方柱有整個牆的高度。

❷❻　H. W. Janson 著，曾堉、王寶連譯，前引書，頁 83–86。

挫敗的困頓感，伴著強壯有力的軀體，掙扎著欲超脫自身肉體的局限。

　　由於米開朗基羅將他的雕像視為自大理石監獄中解放出來的身體，因此他認為人體是靈魂在世界上的監獄。人體不論長得如何高貴、雄偉，事實上只是一個約束靈魂的所在。這種肉體和精神對立的看法，使得他所雕塑的人像給人一種特別悲壯的感覺。這些人體，外表看來非常平穩，事實上是被一種內在心理的矛盾所震撼，此種內在矛盾無法在肉體的動作中解脫。

　　十五世紀末，米開朗基羅首次在羅馬停留期間，受到一位法國主教之託，創作了「聖母慟子」(Pietà) 大理石雕像，以作為這位主教留在聖彼得大教堂的永久紀念品。

　　米開朗基羅在金字塔形的框架中，安排聖母坐在那兒，抱著自己死去的兒子。為了實現「心靈中的形象」，米開朗基羅以大膽的創造精神和完美的雕刻技藝，創作出富有理想光彩和生氣盎然的形象。精心打磨的大理石材質，閃耀著玉石般的潤澤，更為雕像增加了美感。整個作品於哀傷的情調中，融入了高貴典雅的氣息。受盡折磨的基督，只藉助僵硬的軀體和淡淡的傷痕來暗示。此種不破壞理想美的節制態度，正是所謂古典藝術的基本特徵❷。

　　米開朗基羅的學生，藝術家和藝術史家瓦沙利 (Giorgio Vasari, 1511–1574) 曾說，這件「聖母慟子」揭示了所有雕塑藝術的可能，因此，很難有人在大理石雕刻上超越其既有的成就。這件作品的諸多特色中，最引人注目的應是耶穌的軀體。人們很難找到另一件人體雕塑比它具有更美妙的組合和更豐富的藝術性。它的肌肉、血脈和神經，展布在整副骨架上，像極了死去的屍體；而那臉部堪憐的表情，臂、腿和身軀間關節的美妙銜接，以及血脈的跳動感，都令人懷疑一位藝術家的手竟能作出如此完美、如此驚人的成品。能從一塊石頭裡展露出血肉中亦復難見

────────────

❷　歐陽英編，《畫壇巨擘──世界十大美術家》（臺北：年輪文化公司，民國八十九年），頁 41–42。

的自然美感，實在是個奇蹟❷。米開朗基羅的雕塑作品能如此維妙維肖，應歸功於其豐富的人體解剖知識。

由於米開朗基羅在這件作品中投入前所未有的愛心和血汗，因此他在聖母胸前的飾帶上刻了自己的姓名。這是米開朗基羅唯一留有刻名的雕像，當然也是由中古的匿名藝術走向近代個人藝術的表現。

1501 年，米開朗基羅應邀返回故鄉佛羅倫斯，並完成藝術史上最著名的雕像「大衛」(David)。在他之前，佛羅倫斯的著名雕塑家唐那太羅和維洛及歐已先後創作了兩尊青銅的「大衛」。只是這兩位雕塑家為忠於《聖經》的記載，將這位以色列的英雄，表現為年少的男子。

圖 8：米開朗基羅「大衛」

米開朗基羅則把內在精神的展示放在首位。他不拘陳規，將大衛塑造成一位發育成熟、體型健美、手持投石器、無畏地注視前方的青年男子。此一大膽新穎的處理，極為圓滿地實現了年輕雕塑家心中的理想，讓大衛的雕像成為捍衛佛羅倫斯共和國的象徵。

高達五公尺左右的大理石雕像「大衛」，左手臂彎曲在上，拿著投石器的左手幾乎與肩膀平，手臂上的肌肉緊張地凸出。右臂下垂，抓著石子的右手緊靠大腿。兩隻手臂上的血管，在繃緊的筋骨上交錯凸起，似乎能看見沸騰的血在迅速流動。平靜秀美臉上的堅毅神色，自然放鬆的健美軀體，顯示出沉著冷靜的勇士風度。「大衛」身體大部分比例的精確，即使用解剖醫師苛刻的眼光去衡量，也不得不佩服米開朗基羅的

❷　瓦沙利著，黃翰荻譯，《文藝復興的奇葩——拉菲爾、米蓋蘭基羅、達文西》（臺北：志文出版社，民國六十八年），頁 48。

精確水準，彷彿在大衛的肌肉下還蘊藏著最細微的血管和神經❷❾。

「大衛」完成後，瓦沙利認為，這件雕像掩蓋了所有其他作品的光彩，不論古代或現代、希臘或羅馬的。它腿部的輪廓線，以及身體側面細長的線條都雕刻得十分精巧。四肢和軀幹的銜接十分美妙，全身各部分的比例非常勻稱，相貌的優雅和意態的從容，更是無與倫比❸❿。

1505 年，教宗朱利厄二世邀請米開朗基羅去羅馬。他幾乎不可能拒絕這個邀請，因為好戰的朱利厄二世也是歐洲藝術最重要的資助者。教宗請米開朗基羅為他設計一個巨大的陵墓。建此陵墓需要四十年，但米開朗基羅仍然設計了一個三層，飾有許多人像的巨大陵墓。整個冬季，他都在採石場尋覓最好的大理石。

不久，教宗決定拆除聖彼得教堂，並要布拉曼特為他建造一個更大的教堂，以便罩住陵墓。因無法支付兩項工程，教宗停止了陵墓的付款。偉大的「摩西」(Moses) 和「垂死的奴隸」(The Dying Slave)、「反叛的奴隸」(The Rebellious Slave) 等少數作品，為這座長期折磨他的「永遠建不完」的陵墓留下僅有的成果。

朱利厄二世去世後，繼任者是米開朗基羅熟悉的麥迪西家族的成員。自 1520 年至 1534 年，他完成了麥迪西家族的聖羅倫佐教堂內麥迪西禮拜堂的兩座陵墓，分別為教宗李奧十世和克里門七世 (Clement VII, 1478–1534) 之父親。

陵墓最突出的部分是雕像。每座陵墓有三個雕像——上方的陵墓主人和下方一對斜靠在石棺上的象徵性形象，它們在一個三角形內組成富於變化的和諧整體。

四、繪　畫

「舊約‧創世紀」和「最後的審判」(The Last Judgment) 是米開朗

---

❷❾　丁言模編著，《米開朗基羅》(香港：三聯書局，民國八十九年)，頁 44–46。

❸❿　瓦沙利著，黃翰荻譯，前引書，頁 52。

基羅在繪畫方面的名作，也是巨作。

1508 年，在教宗朱利厄二世的逼迫下，繪畫經驗不多的米開朗基羅硬著頭皮，接了西斯丁教堂天花板的裝飾工作。他在四年中，又創造了一件劃世紀的重要作品。教堂天花板的繪畫，像一個充滿活力的泉源，上面數百個人像有韻律的分布在天花板的樑柱間。這一大片天花板的壁畫，使教堂內早期壁畫因而失色。

此一布滿西斯丁教堂天花板約五百四十平方公尺的宏偉作品，主體部分描繪的是《舊約・創世紀》的故事，由相互關聯的九幅大畫組成，其中最有名的一件可能是「創造亞當」。

這件作品裡，上帝在幾位隨侍天使的簇擁下，戲劇性地穿過蒼穹，點化了亞當的生命。亞當則躺在光禿禿的小丘上，巨大的形體似乎輸入了無比的力量。畫中每個人物都遠超過真人的尺寸，所以參觀者能在那樣的高度下，看得十分清晰❸❶。這些畫雖然是宗教題材，但與中古時期的宗教畫卻有很大不同。那一個個全裸或半裸的人體，那一個個富於人性的形象，那瀰漫在整個作品中的無限生機和氣勢，都在在顯示著人的創造精神和巨大能力，這只能屬於文藝復興這個時代❸❷。

瓦沙利曾提到此一作品在藝術史的重要地位。他說，為了在每塊分隔構圖裡形成遠近透視的效果，米開朗基羅既不肯遷就原有格局去繪製人像，也拋棄了定點透視法則，而是盡可能調整每塊不同的格局去適應本來人物的造形。其中心思的巧妙，不僅其他的作品無法比擬，就是要模仿也幾乎是不可能的事。它的確可以稱得上是藝術的經典作品，照亮了幾個世紀的沉黯，也為無數畫家指出一條新路。從此，畫家們無須再追求新的題材、新的構圖、新的表達方式，甚至新的造形，因為在這件作品裡，幾乎包含了一切完美的可能性。在人體方面，米開朗基羅展露

---

❸❶　波納・梅爾著，黃翰荻譯，《50 位偉大藝術家》(50 Great Artists) （臺北：志文出版社，民國七十年），頁 62。

❸❷　歐陽英編，前引書，頁 47。

圖 9：米開朗基羅「創造亞當」

了精湛與驚人的遠近透視和圓滾滾的奇妙線條，造形優美、窈窕而又中乎比例❸。

　　1534 年，新教宗保羅三世委託米開朗基羅在西斯丁教堂祭壇後方，繪製一幅大壁畫，取代原來的舊壁畫。此後五年內，他就在二十多年前親手完成的天花板畫下面，繪製這幅可與之媲美，但在情調和風格上又與它相異的「最後的審判」。

　　在一百六十七平方公尺的大壁面上，年逾六旬的米開朗基羅，懷著深切的感情，運用多年累積起來的豐富經驗和精湛技巧，展現一幕驚心動魄的末日審判場景。以畫面上威風凜凜的基督為中心，不同形貌、不同動態的眾多裸體人物被精巧地組織成騷動不安的整體，每一細節都與總的氣氛密切相連。擁擠的肉體、雜亂的線條、對比的色彩、明暗的團塊，這一切極為繁複多變的視察印象，留在觀賞者心上的是一股難以消除的哀傷和悲觀的感覺。

　　文藝復興盛期義大利藝術那種單純、和諧、寧靜、莊重的風貌在「最後的審判」中已蕩然無存。它那富於戲劇性的動亂場景，正是時代的變化和藝術家心境的真實反映。羅馬不久前遭到外來勢力洗劫的情景，以及正在歐洲展開的宗教改革和反宗教改革兩股力量的鬥爭❹，這一切無

---

❸　瓦沙利著，黃翰荻譯，前引書，頁 67–68。以瓦沙利和米開朗基羅的關係，這些讚美之詞，難免有時會言過其實。

不在米開朗基羅深感苦悶的心靈上投下更暗的陰影。他相信自己生活在罪惡之中，並希望得到拯救。這種心情導致他用盡力宣洩感情的方式，創作「最後的審判」。

在「最後的審判」中，坐在基督下面一塊浮雲上的，是門徒巴托羅繆 (Bartolomeo)，他的手中提著一塊人皮，表示他殉難時是被人剝皮。事實上，畫中的人皮上那張臉不是巴托羅繆的肖像，而是米開朗基羅的自畫像。人皮上這張可怕殘忍的自畫像是米開朗基羅要表示他對自己罪惡的懺悔❸❺。

另一位羅馬文藝復興畫家拉斐爾，於 1508 年年底移居羅馬，翌年年初就開始為教宗朱利厄二世工作。他似乎長期定居羅馬城，只有在 1515 年回過佛羅倫斯。後因高燒，突然在羅馬死亡，被葬在羅馬萬神殿。

如果說米開朗基羅代表的是一種孤獨天才的典型，拉斐爾則很顯然是一種社會名流的藝術家。兩位畫家都有其基本觀眾，生前也都享有幾乎相等的聲譽。由於拉斐爾在事業上一直很成功順利，其作品有毫不費心的典雅氣氛，而米開朗基羅的一生卻充滿悲劇性的風波。如果以藝術上的創見來看，拉斐爾就沒有達文西、布拉曼特或米開朗基羅那麼偉大。拉斐爾的藝術，基本上是脫胎於這三位藝術家的發現。然而，他可以說是文藝復興巔峰時期最有代表性的畫家。

事實上，一般人對於文藝復興盛期整個風格的觀念，大部分是基於拉斐爾的作品。他的天才是能融合達文西和米開朗基羅兩人的優點，並創造出一種非常有詩意、戲劇性、豐富和結實的形態。

拉斐爾在佛羅倫斯時期的作品，部分顯現達文西式的輕霧迷漫的氣氛。在拉斐爾後期的作品，則可見到米開朗基羅的影響，尤其當他在羅馬時所受的影響更為明顯。

---

❸❹　1527 年 5 月，神聖羅馬帝國的軍隊劫掠羅馬城，使羅馬的文藝復興突然終止。自教宗保羅三世起，羅馬成為天主教改革的中心。

❸❺　H. W. Janson 著，曾堉、王寶連譯，前引書，頁 82。

　　西斯丁教堂的「舊約‧創世紀」公開發表時，善於模仿的拉斐爾看
了米開朗基羅的作品後，馬上改變自己的風格，在和平聖母瑪利亞教堂
(Santa Maria della Pace) 畫了一幅「先知和女預言家」❸❻。

　　當米開朗基羅開始畫西斯丁教堂的天花板時，教宗朱利厄二世將拉
斐爾從佛羅倫斯召來。拉斐爾的第一個任務就是為羅馬教廷中的簽字室
(Stanza della Segnatura) 畫壁畫。這個房間是教宗的藏書室兼辦公室。

　　壁畫的主題是按文藝復興時代藏書室的正規劃分法區分。天花板是
四藝，亦即「神學、法學、哲學、詩學」的擬人化表現，而在這些形象
之間的角部則以圖來表現它們的結合，如在「法學」和「哲學」之間是
「所羅門斷案」(Judgment of Solomon)。下面的四面牆上是半圓形的大
幅壁畫，表現人類對四藝的最高度運用。

　　在這些畫中，「雅典學院」(The School of Athens) 一直被公認為是拉
斐爾的傑作，充分表現了文藝復興的古典精神。畫中人物為一群著名的
希臘哲學家，每人皆有其獨特的姿態和動作。他們圍繞著柏拉圖和亞里
斯多德討論哲學問題。

　　此時的拉斐爾一定已經看過西斯丁教堂的天花板。他從米開朗基羅
那裡學到力量的表現，體格上的魄力，以及人物戲劇性的聚合。然而，
拉斐爾不僅是借用米開朗基羅畫中人物的姿態和手勢，還將之融入自己
的作風中，再給予不同的意義。肉體和精神，行動和感情，在拉斐爾的
作品中皆能得到調和與平衡。這幅畫所表現幾何上的正確性和偉大的空
曠感，已達透視學傳統的高峰。

　　拉斐爾早期的繪畫已表現出他對肖像畫有獨特的天分。此一特長也
顯示出他能融合其他藝術的天才。他將十五世紀肖像畫的寫實主義和文
藝復興盛期人文主義的理想融合在一起。在繪畫領域裡，只有提香
(Tiziano, 1489–1576) 的肖像藝術能與拉斐爾相提並論。拉斐爾的創作，
大大擴展肖像畫的天地，把肖像畫提高到今日公認應享有的地位。他創

---

❸❻　瓦沙利著，黃翰荻譯，前引書，頁 65。

圖 10：拉斐爾「雅典學院」

作了大量肖像，但不諂媚討好他的模特兒，或以俗套來處理其肖像畫。

拉斐爾被後世稱為「古典主義」大師，不僅影響了「巴洛克風格」，而且對十七世紀法國的古典學派也產生深遠的影響❸。

第四節　達文西與威尼斯畫派畫家

一、達文西

文藝復興三傑中，唯有達文西逃脫了羅馬的吸引力。達文西出生於佛羅倫斯附近，在維洛及歐的畫室習畫和工作，隨之轉往米蘭，最後在法國去世。

達文西少年時即具異常的觀察力，並具有一種能超越環境的悟性。他的老師維洛及歐是當時一位多才多藝的藝術家，精通透視圖法和人體

❸　何政廣主編，《文藝復興畫聖──拉斐爾 (Raphael)》（臺北：藝術家出版社，民國八十八年），頁 166。

解剖學，是具有敏銳觀察力的寫實畫家。達文西就是在這種優越環境下，學習自然現象的敏銳觀察和正確的描寫，而集當時寫實主義的知識與技巧於一身。

達文西的藝術成長過程中，心性上具有二元性特質，這顯示他一方面要面對優雅和想像力，另一方面又要面對科學自然主義的嚴格訓練。他非常努力想把此兩種衝突的力量予以調和。他的首件未完成作品「賢士來拜」(Adoration of the Magi)，為文藝復興初期最具戲劇性又具高度構成性的畫作，讓後來好幾代的藝術家在欣賞之後大為讚嘆。

1483 年，達文西在米蘭的第一幅畫作「岩窟中的聖母」(Virgin of the Rocks)，成功地融合了想像力與科學自然主義世界。它似乎在展示一處神祕的世外桃源，有流水的洞穴，洞口與天空相連，並可庇護著聖母瑪利亞、聖嬰、聖約翰與天使。人物優雅而安祥，植物生態寫實逼真。

在此作品中，達文西綜合了他過去的學習心得，洞穴外的風景表現了空氣透視，眾人物形成了金字塔結構，其頂端是聖母的頭部。天使的面容表達出達文西的理想美，其表情特徵，散發自內心。人物以明暗表現法來描繪，技法已達出神入化的境界。這表示達文西已向文藝復興初期告別，並開始向文藝復興盛期邁進 ❸⁸。

1495 年，米蘭公爵史佛札在聖瑪利亞感恩修道院 (Santa Maria delle Grazie) 的餐廳，製作壁畫「最後的晚餐」(Last Supper)，也就是耶穌基督和十二門徒相聚的最後時刻。

以耶穌為中心，達文西運用水平與垂直的線條，構築著那莊嚴的畫面。攤開雙手的耶穌，恰好構成一個穩定的金字塔形，從而加強他坦然無畏的精神風貌。圍繞在他兩側的門徒，分成四組，每組三人。他們錯落有致的動態，就像詩歌的韻律、樂曲的節拍，使整體人體組合，既有變化又顯得和諧。整幅畫就像餐廳的室內空間的延伸，令人有一種能走

---

❸⁸　何政廣主編，《全能的天才畫家——達文西 (Da Vinci)》(臺北：藝術家出版社，民國八十八年)，頁 54–61。

進去的感覺。這種既真實又理想的均衡靜態場面，為後人確立了古典美術的典範。

在畫中，達文西捨棄了在神聖宗教人物頭上加光環的虛構程式，把一個個人物描繪成面貌不同、神態各異的「普通人」，致力表現出聽到耶穌說出「你們中間有一個人要出賣我了」時，十二門徒種種心態和表情 ❸。

整幅畫中最細微的部分也經過非常仔細的處理，例如那塊桌布的質感是如此逼真，恐怕連真的桌布都無法取代。在畫中，達文西創造了藝術與自然的和諧，展現了生活與藝術的密切關係。他試圖呈現給觀眾一種強烈的矛盾感，藉由耶穌身上的光潔、沉靜，與門徒身上的紊亂、焦慮和恐懼之對比，造成畫面上巨大的震撼力 ❹。

1503 年，達文西為佛羅倫斯商人喬孔達 (Francesco del Gioconda) 的妻子畫一幅肖像。喬孔達夫人的閨名是麗莎，因此此畫又被稱為「蒙娜麗莎」。

對於一幅肖像畫來說，形象本身是主體。達文西利用深暗的衣裙來突出她的面孔和雙手。那雙畫得極美的手，不僅有助於展示人物的特徵，而且也與上部明亮面孔呼應，又可消除大面積深色衣裙的沉悶感。

在「蒙娜麗莎」中，達文西運用自己創造的「暈染法」(sfumato)，著力再現被光線和空氣籠罩和包容的一切事物。它的外輪廓再也沒有早期文藝復興畫家筆下那種生硬感，而是若隱若現地與周圍的空間環境交融在一起。與十五世紀的作品比較，「蒙娜麗莎」不是繪畫的形象，而是真實的生命，她生活在充滿光線和空氣的環境中，在呼吸、在感受、在思索，與現實的人一模一樣。達文西生動地捕捉蒙娜麗莎生理和心理上的特徵，用細緻的筆觸描繪她形象上的起伏變化，恰到好處地把握住

---

❸ 歐陽英編，前引書，頁 22–24。

❹ Yves Pinguilly 著，高實珩譯，《達文西》(*Leonard De Vinci*) (臺北：牛頓出版公司，民國八十三年)，頁 38–40。

那些能揭示人物心理最為重要的部位。那雙閃耀著光彩的眼睛，那微微上啟的嘴角，把一種永恆的神祕微笑留在人間❹。

二、威尼斯畫派畫家

1527 年神聖羅馬帝國皇帝查理五世的軍隊洗劫羅馬後，羅馬畫派的光彩已被威尼斯畫派所掩蓋。

威尼斯畫派以貝利尼父子 (Jocopo Bellini，約 1400–1470；Givovanni Bellini，約 1429–1516) 為開山祖。雅各布·貝利尼的作品色彩很美，其子不但繼承了父親的畫風，還利用從法蘭德斯傳來的油畫顏料作畫，畫出了感情柔和、色彩豐富而漂亮的畫。喬凡尼·貝利尼畫了許多幅聖母像和祭壇畫。這些作品有著抒情和優美相結合的特色。

文藝復興全盛時期威尼斯的繪畫，遠不及佛羅倫斯繪畫雄渾的、結構完整的古典主義作風。威尼斯繪畫，強調自由、自然，和重視色彩。它主要繼承古代的田園式、詩般的傳統。威尼斯文藝復興全盛期的第一位畫家吉奧喬尼 (Di Castelfranco Giorgione, 1477–1510) 創作的「暴風雨」(Tempesta) 就能喚起一種強烈的詩歌意境。它是最早的現代風景畫之一。

以吉奧喬尼和提香為首，威尼斯畫家發展出一種在畫布上用油彩作畫的方法。這種方法比起壁畫或蛋彩畫，色調更加不同，畫面結構更加寬闊，而且更加依靠靈敏的筆觸，而非已畫好的清晰輪廓線。直接在畫布上作畫，可以作大幅修改，也可以重新再畫，這點是壁畫無法做到的。他們創立的油畫技法，直到今日仍支配著歐洲藝術。

在十六世紀，繪畫史上尚找不到像提香的色彩那麼豐富生動。對他來說，色彩已成為其繪畫的基本要素。他以此來建構氣氛，傳達感覺，並用色彩來引發欣賞者的反應。提香運用色彩，不論是大膽奔放或優雅柔情，乃至於任意不調和，均能為他的作品注入跳動的生命力。他是第

---

❹　歐陽英編，前引書，頁 28–30。

一位將色彩當成主體表現的藝術家，為後來的畫家打開一條新途徑❷。

提香可說是威尼斯最偉大的藝術家。他先與吉奧喬尼共同創作，風格多有類似之處。吉奧喬尼去世後，他又繼續作畫六十六年。他畫有宗教內容和古典題材的風景及肖像畫。他擅長金色的色調。

晚年的提香，以及維羅尼斯 (Paolo Veronese, 1528–1588) 和丁特列托 (Tintoretto, 1518–1594) 稱霸文藝復興晚期的威尼斯畫壇。

維羅尼斯是提香的弟子，性格活潑。他喜歡畫那些愉快歡樂的場面，特別擅長用銀色的優雅色調作畫。威尼斯是一個貴族和商人的城市，人們追求的並非宗教的禁慾，而是自由的世俗享樂生活。每逢節日，全城人民都要狂歡跳舞。維羅尼斯的作品，真實反映了當代人們的生活。在宗教題材方面，他喜歡把神、人混在一起，強調世俗的生活氣氛。他的作品中閃耀著人文主義思想❸。

丁特列托也是提香的學生。他以「具有提香的色彩和米開朗基羅的形象」為自己的目標。他是傑出的色彩大師，也是義大利文藝復興最後一位人文主義畫家。

丁特列托生活和創作的年代，正是義大利在經濟上由盛轉衰、政治上外敵入侵的時期。義大利的文藝復興日趨沒落，人文主義優良傳統逐漸退化，藝術創作缺乏新意，盛行模仿文藝復興盛期藝術大師的風格，這些藝術家因而獲得「模仿主義者」的稱號，人們又稱這種藝術為「風格主義藝術」。那時，人文主義的寫實藝術受到嚴重挑戰，而形形色色的頹廢的藝術流派卻風靡一時。

當時只有威尼斯仍是一個獨立的城邦國家。由於它的富裕和強大，阻擋了外國侵略者和天主教會，以及世俗封建勢力的進攻，保存著自己神聖的獨立和光榮的文化傳統。在此一有利客觀環境中，丁特列托堅持

---

❷　何政廣主編，《威尼斯畫派大師──提香 (Tiziano)》（臺北：藝術家出版社，2000），頁 8。

❸　郭文堉著，前引書，頁 48。

文藝復興的光榮傳統，亦即人文主義思想內容和現實主義的創作方法，完成了反映那個時代的作品。

丁特列托的作品，多以宗教、神話和歷史為題材，充滿世俗氣息。他的繪畫具有深刻的思想性，充滿著反抗精神，洋溢著矛盾和叛逆氣氛。勞工階級的人物形象經常出現在其畫中。

他的作品構圖宏大，氣勢磅礴，色彩豐富，且充滿急速的節奏和強烈的運動感。丁特列托善於運用強烈幻覺般的光影對比，來表現劇烈運動和戲劇性效果。他的作品令人望而目眩，往往帶有緊張、激烈和不安的情緒。這是畫家個性和風格的表現，也明顯地反映了十六世紀後半期威尼斯社會思想上的矛盾和鬥爭，尤其是反映了宗教思想上的騷動和不安[44]。

第五節　北方文藝復興時期的藝術

1500 年左右，義大利藝術的影響像巨浪一般湧向北方，同時北方的文藝復興藝術也逐漸取代中古的「歌德式晚期風格」。然而，北方文藝復興不像歌德式晚期風格那麼簡單明顯。因此，阿爾卑斯山北部的藝術有不同的趨向，實際上比十六世紀義大利藝術更為複雜。

一、尼德蘭的藝術

十五和十六世紀的義大利文藝復興，直接影響了尼德蘭地區，即現在的荷蘭、比利時、盧森堡和法國的東北部。尼德蘭文藝復興早期最重要的畫家是胡伯特‧凡‧艾克 (Hubert van Eyck, 1366–1426) 和楊‧凡‧艾克 (Jan van Eyck, 1380–1441) 兄弟，他們是法蘭德斯繪畫的奠基者，將中世紀書籍插畫的精密手法，發展成油畫形式。畫面人物寫實、筆法細膩、色彩燦爛，發揮了油彩的特點，構圖富有裝飾性。

[44]　吳澤義、吳龍，《丁特列托》(臺北：藝術圖書公司，民國八十八年)，頁 9。

　　楊・凡・艾克最著名的是肖像畫。「拿石竹花的男人」臉和手的皺紋都畫得很逼真，充滿感情。他還有一個重大貢獻，就是改進油畫顏料。這種顏料可以多次敷色，易於塗改，又使畫面色彩豐富豔麗。此一經驗曾傳至義大利，使威尼斯畫派受益匪淺。

　　從十五世紀下半葉起，尼德蘭繪畫逐漸走出早期那種單調、沉悶和拘泥於寫實的圈子，題材與處理方法變得豐富而多彩多姿。隨著國內宗教改革運動的發展，人們對宗教和教會權勢開始有了嚴重懷疑。知識界首先起來進行抨擊，藝術界也出現像博斯 (Hieronymus Bosch, 1450–1516)❹❺這樣與往昔尼德蘭繪畫風格截然不同的大畫家。另一方面，隨著資本主義經濟的發展，新興資產階級的勢力愈來愈大。尼德蘭的藝術不再是教會的附庸物，而漸走出被控制的困境，變成多方面的私人藝術品。換句話說，尼德蘭藝術開始成為資產階級生活的一部分。

　　十六世紀初的尼德蘭藝術，引進義大利的繪畫技法，改造尼德蘭的傳統文化，使其寫實技巧提高和完善。此一時期的尼德蘭畫家，在人體比例、透視法則等方面，比傳統的繪畫有很大的進步，但在藝術感染力方面卻較過去遜色。

　　尼德蘭十六世紀文藝復興的最高成就，表現在布呂蓋爾 (Pieter Bruegel, 1530–1569) 的創作中。他的作品中常常表現農民，因而有「農民畫家」之稱。

　　布呂蓋爾受博斯的影響，常從尼德蘭民間諺語中汲取題材，並以詼諧、幽默的筆觸，刻畫有社會意義和現實感的形象。他的藝術語言有時簡潔樸實，有時又宏偉壯麗，其色彩絢麗而富於變化。他採用散點光源，很少畫物體的投影，因而畫面顯得乾淨而清晰❹❻。

---

❹❺　博斯的畫以民間寓言為題材，或是諷刺人的盲從，如「愚人船」；或是鞭撻宗教和教士，都有警世的作用。

❹❻　朱伯雄主編，《世界美術史》第六卷 (山東：山東美術出版社，民國七十九年)，頁 551–557。

　　博斯和布呂蓋爾在繪畫上所表現的以誇張和幽默來傳達某種深刻寓意的畫風，使尼德蘭的繪畫在整個歐洲繪畫史中顯得獨樹一格。

二、日耳曼的藝術

　　日耳曼的文藝復興藝術發端於十五世紀。因為政治權力的不集中，日耳曼文化藝術中心也十分分散。在十五世紀，科隆、紐倫堡、奧格斯堡、烏爾姆等城市，逐漸發展成地方美術流派中心，這與其他國家有顯著不同。

　　在十五世紀初期，日耳曼的繪畫與雕塑很難劃出歌德式晚期與文藝復興的明顯界限。在歌德式晚期的藝術中已蘊含著某些文藝復興因素。此一時期的藝術家熱心於吸收義大利、尼德蘭藝術中的進步要素，並運用到自己的作品中。從十五世紀中期起，藝術家表現出對人的生活環境的關切，喜歡描繪自然環境，人物造型則強調真實感。這些都反映了文藝復興時期人文主義者對現實生活的肯定、對大自然的歌頌。

　　在日耳曼文藝復興藝術中，成就最輝煌的應是版畫，它影響著整個歐洲的藝術。在當時日耳曼知名畫家的作品中，版畫創作都占相當大的比重。

　　十五世紀前期，木刻作品因製作簡便、價格便宜早已廣受歡迎，其中木刻祈禱圖特別受到窮人的歡迎而廣為流傳。十五世紀中葉，古騰堡將中國的活字印刷加以改進，使日耳曼書籍印刷業產生根本性的變化。借助印刷術的進步，銅版與木刻作品得以迅速傳播。

　　杜勒 (Albrecht Dürer, 1441–1528) 是日耳曼文藝復興藝術的劃時代人物。他和義大利的畫家一樣，研究過數學、透視、人體解剖、藝術理論、軍事工程等。他寫過不少論文，其中的《論人體的比例》(*Vier Bücher von menschlicher Proportion*) ❹，所闡述的問題與達文西類似。

　　十六世紀初，杜勒完成一系列重要的油畫作品，其中有「哀悼耶穌」

---

❹　該著作分四冊，於 1528 年以未完全的刊式出版。

和「博士來拜」。他的構圖受威尼斯畫派的影響，但他較喜歡多人物的構圖和較多的細節描寫。在杜勒的聖畫中最有名的是他的「四使徒」，描寫約翰、彼得、保羅和馬可四位聖徒。此畫以精確的造型技巧和厚重的油彩，生動地刻畫了人物的精神面貌。

杜勒在聖像畫中常有風景描寫，其水彩風景畫兼有雄偉氣魄和抒情氣息。他的藝術成就最充分體現在其版畫中。他是擅於運用線條和黑白的大師，是一位在木版畫和銅版畫領域內表現社會生活、表現人文主義時代精神的巨匠。

格呂內瓦爾德 (Mathias Grünewald, 1455–1528) 是一位與杜勒同時代的大畫家。他以人文主義思想的油畫創作馳名。格呂內瓦爾德特別強調人物的表情和運動，追求奇特和狂烈效果，藝術表現力很強。他在色彩的造詣上較杜勒更勝一籌。

荷爾拜因 (Hans Holbein D. J., 1497–1543) 為十六世紀日耳曼另一頗負盛名的畫家。他從小就受到藝術的薰陶和訓練，對人文主義的俗世文學和古典文學產生濃厚興趣，宗教意識比較淡薄。

荷爾拜因以肖像畫家、書籍裝飾設計家、插圖家和裝飾畫家，聞名於世，尤以肖像畫最為出色。他在吸收義大利藝術成果方面比同時代畫家大膽，且有成效。他將日耳曼的寫實性融化在理想化的境界中。雖然他精細寫實，但色塊的節奏悠揚不迫，活潑生動，沒有焦躁和狂暴的感覺。因此，他的作品頗受上流社會歡迎❹⁸。

三、法國的藝術

在英法百年戰爭之後，法國國內政治統一，經濟復甦，從路易十一（Louis XI，1461–1483 在位）開始加強王權統治。到法蘭西斯一世時，專制王權已經確立。自十五世紀末至十六世紀中葉，一再入侵義大利，

---

❹⁸　邵大箴、奚靜之編著，《歐洲繪畫簡史》（天津：人民美術出版社，民國七十六年），頁 85–89。

並長期占領義大利北方大片領土。戰爭也是文化交流的一種媒介，它將義大利文藝復興藝術帶到北方。法蘭西斯一世對義大利文化非常感興趣，設法吸收義大利藝術家到他的宮廷為他工作。義大利文藝復興建築的古典主義氣質，正符合他要建立象徵強大君權的紀念碑式建築物的需要。

到了十六世紀，義大利文藝復興成為歐洲人文主義者的熱門話題，建築師們紛紛將義大利文藝復興的建築風格運用到自己的作品中。在這股潮流中，法國比其他國家更直接受到義大利文藝復興建築藝術的影響。

法國是歌德式建築的故鄉，擁有最傑出的歌德式建築❹。此一中世紀傳統，在宗教建築或世俗建築中，皆根深蒂固，使得法國文藝復興建築深深留下歌德式痕跡。

1520、1530 年代以後，法蘭西斯一世不斷延聘義大利藝術家到法國工作，同時也派遣法國建築師到義大利學習，加速了義大利文藝復興對法國的影響。

由於受到義大利的影響，法國建築逐漸出現了新面貌。舊的城堡發展為宮殿和府邸。建築的正面和庭院開始採用義大利式的古典柱子，平面構圖也開始講究對稱和均衡。然而，林立的塔尖、凸出的老虎窗、纏繞扭結的欄杆、高而陡峭的屋頂仍帶有深厚的歌德式氣息❺。

自 1530 年代開始，義大利藝術家到法國參加楓丹白露 (Fontaine-bleau)❺ 的建築工程，使法國文藝復興建築進入一個新的發展階段。義大利藝術家羅索 (Il Rosso，原名 Givovanni Battista dé Rossi)、普里馬蒂喬 (Francesco Primaticcio) 先後抵達法國，領導當地的雕刻家和畫家從事楓

---

❹ 巴黎聖母院 (Notre Dame de Paris) 即為其中一例。

❺ 朱伯雄主編，《世界美術史》第六卷，頁 599。

❺ 楓丹白露原為路易六世 (Louis VI) 於 1137 年左右所建的狩獵行宮。1528 年，法蘭西斯一世命 Gilles Le Breton 主持重建工作。

丹白露的裝飾工作，後來被稱為「楓丹白露派」❷。羅索的壁畫改變了原先畫面騷動不安的基調，而趨向優雅和嫵媚。他們共同在楓丹白露宮創造了灰泥高浮雕與繪畫相結合的新裝飾手法。在著名的法蘭西斯一世廊中，畫面周圍的高浮雕人物彷彿要從牆壁上跳出來。

亨利二世（Henri II，1547–1559 在位）時，列斯寇 (Pierre Lescot, 1515?–1578) 在擴建羅浮宮 (Le Loure) 過程中，完成其西邊靠南方的一半建築，這是法國文藝復興古典時期最精美的建築，其特點是將法國傳統城堡建築與文藝復興宮殿建築融合為一。

---

❷ 在亨利四世時期，出現了以 Ambroise Dubois、Toussaint Dubreuil 和 Martin Fréminet 為主的「第二代楓丹白露派」。

第三章 歐洲的殖民

　　在十五世紀末，西歐由於陸路方面受到伊斯蘭教國家的阻攔，海路則因受航海技術所限制尚無法遠行，以致於被孤立起來，過著閉關自守的生活。歐洲人只能透過十三世紀曾在中國居留過二十年的威尼斯人馬可波羅 (Marco Polo, 1254–1324) 而對中亞和東亞稍有瞭解。他的遊記向西歐揭露這個神祕世界的驚人財富。顯然地，在十世紀左右，挪威的航海家曾到達北美海岸 ❶，但這些航行仍未為西歐世界所知。直到十六世紀，航海家才開始從事發現新世界的探險活動。

　　世界大發現的倡導者——西班牙和葡萄牙，彼此妥協壟斷新發現的土地。1493 年，教宗亞歷山大六世頒布一項詔書，同意在亞速群島 (Azores) 西邊一百哩處劃一直線，以西之所有發現的島嶼或陸地給予西班牙。根據 1494 年的〈托德希拉斯條約〉(Treaty of Tordesillas)，葡萄牙獲得此界限以東之地；然而其他國家並不承認此種瓜分。1529 年，另一西葡條約在摩鹿加群島 (Moluccas) 東部，劃一瓜分太平洋之界限。

　　西歐國家的殖民不但為她們帶來巨額的財富，而且也在文化、社會和經濟等方面產生很大的衝擊。

---

❶　Edward M. Burns, *Western Civilizations* (臺北：新月，民國五十六年)，p. 486.

第一節　歐洲殖民前的非洲、美洲和亞洲

一、近代以前的非洲

　　儘管許多證據證明人類源自非洲❷，但主要的世界文化卻幾乎與非洲無關。曾產生輝煌非洲文明的尼羅河流域，在人類歷史上還是無法與蘇美或愛琴海文明相提並論。埃及的主要文化影響，很少超越其地理界限。如果不包括埃及在內，非洲，直到最近，所能提供給世界的，除了自然資源外，其實不多。

　　非洲在人類文明所扮演的角色是那麼微不足道，或許最重要的因素是史前一次氣候的改變，造成其大部分地區不易生存。西元前三千年左右，撒哈拉 (the Sahara) 地區為大象和河馬的活動舞臺。它是放養牛群、綿羊和山羊的游牧民族的家。在那些日子裡，目前是沙漠和不毛峽谷的地區，曾是一片肥沃大草原，受到縱橫交錯河流的滋潤。這些河流綿延數百英里，注入查德湖 (Lake Tchad) 或匯入尼日河 (The Niger)。住在山丘的民族，曾以岩石畫留下其生活的紀錄。此一紀錄也顯示出，撒哈拉地區在當時為一聚會處，不同的民族曾在那裡接觸過，其中還有一民族帶著馬和馬車來自北非的的黎波里 (Tripoli)。由上述可知，非洲的植物生態曾有一度與後來相差甚大的時光。然而，邁入歷史時代之時，撒哈拉地區已經沙漠化。曾經有過繁榮日子的居住地被廢棄，動物也離去。

　　在非洲，史前的狩獵和採集文化，與農業並存，且一直延續到近代。當然，隨著食物的大量生產，人口的增加改變了非洲人口的型態。在尼羅河流域的人口已相當密集❸之後，農耕造成西元前第二和第一千年，

---

❷　根據 J. M. Roberts 的說法，人類約在三、四百萬年前出現在東非坦尚尼亞的 Olduvai。約二百萬年前，此地石器製造技術開始萌芽。見 J. M. Roberts, *A Short History of the Word* (New York: Oxford University Press, 1993), pp. 2–4.

撒哈拉以南，亦即沙漠和赤道森林間廣大草原的黑人人口的增加。農業似乎已往南擴展。尼羅河流域以小麥和大麥為主要農作物，而較適合大草原的熱帶氣候和土壤的粟和米則成為此地的主要糧食。

金屬的出現加速非洲大陸文化趨勢的多樣化。西元前第二千年晚期，銅似乎開始在撒哈拉地區使用，而其原料則來自現今稱為茅利塔尼亞 (Mauritania) 和塞內加爾 (Senegal) 的礦坑。在西元前第六世紀之前，卡坦加 (Katanga) 的採銅業仍持續經營。西元前第二千年結束時，鐵由西亞民族透過埃及傳入非洲，但經過一段很久時間才在當地使用。於是在非洲大陸的部分地區，開始出現初步的金屬技術。某些非洲民族，不經過銅器時代，直接由石器時代進入鐵器時代。西元前第五世紀，在今日的奈及利亞北部，煉鐵技術出現。此一技術或許由北非沿岸的腓尼基城市，穿過撒哈拉傳入。

鐵的影響力很大。最早的影響之一，似乎是政治的。最早開採非洲鐵礦的是埃及之外的非洲最早獨立國家，與埃及為鄰位於尼羅河上游的庫希王國 (Kingdom of Kush)。庫希於西元前一千年前為一獨立王國，但深深帶有埃及文明的色彩，其居民為哈姆人 (Hamite)❹，那帕達 (Napata) 是其首都。西元前七百三十年前，庫希強大到足以征服埃及。埃及第二十五王朝，或稱衣索匹亞王朝，就有五位法老是庫希王國國王所兼。他們無法阻擋埃及的衰亡。一旦亞述人攻擊埃及，庫希王國也告終結。

埃及文明繼續影響庫希王國，下一個王朝的一位法老於西元前六世紀初期侵略過該王國。此後，庫希人也開始往南發展，並因而發生兩項重大改變。他們變得更接近黑色人種，其語言和文學顯現的埃及特徵更為微小。此時，鐵開始影響庫希人的命運。庫希擴充疆域新獲得的土地，蘊藏鐵砂和熔化鐵砂所需的燃料。煉鐵術於第七世紀習自亞述人。庫希首都後來成為非洲冶鐵中心。鐵製武器使庫希人能勝過其鄰居。鐵製用

---

❸　尼羅河流域人口的密集，成為埃及文明的先決條件。

❹　哈姆人傳為 Noah 的次子 Ham 的後裔，為東非和北非若干黑種民族的族人。

具能拓展耕種面積。

在西元前，鐵器製造術曾由撒哈拉南部擴展到奈及利亞中部，大約一千二百年之後才到達東南海岸。鐵器有助於擴展至先前無法耕作或無法接近的部分非洲，因此刺激人口的成長。然而，到西元元年，非洲的人口總數或許尚未達到二千萬人。

鐵器製造術和農業技術輸入非洲後，使其尼羅河流域和地中海沿岸為數不多的居民，生活更為容易。但是，直到歐洲人來臨之前，非洲南部仍或多或少停留在石器時代。創新會克服天候、土地和疾病在文明之途中所築起的巨大障礙。有一段很長的時間，撒哈拉以南的非洲仍然與農業密不可分，而且由於缺乏輪子，使得製陶、磨坊和交通相當落後。直到近代，非洲的識字率仍非常低。

從文化方面，非洲大約可分為伊斯蘭的北部和非伊斯蘭的南部。二者之外的衣索匹亞高地，居住著非黑人民族。西元前三百年左右，衣索匹亞人推翻庫希王國。在第四世紀，衣索匹亞變成世界上最早的基督教王國之一。在阿拉伯人入侵埃及，並使之改信伊斯蘭教之後，衣索匹亞在往後多少個世紀中，成為非洲唯一的基督教國家，以及唯一知識水準高的非伊斯蘭社會。但，直到五、六百年前，衣索匹亞與外在世界很少接觸。

同一時期，在北非，羅馬時代所建立的基督教社團全被穆斯林所滅。阿拉伯人以武力征服北非沿岸之後，伊斯蘭教隨著尋求黃金和奴隸的阿拉伯商隊和探險家，越過撒哈拉。十一世紀末，伊斯蘭教已根植於尼日河流域和西非。此時，東非的索馬利亞也被伊斯蘭化。

根據阿拉伯旅行者的敘述，西非一個由柏柏 (Berber) 王朝統治的王國——迦納 (Ghana)，出現在第四世紀。迦納被阿拉伯作家描繪為「黃金之地」(land of gold)。黃金由阿善提 (Ashanti)❺ 和塞內加爾流入迦納商人手中，再由阿拉伯商隊連同鹽和奴隸一起運到近東。迦納王國最盛

---

❺　阿善提為迦納共和國之一地區。

時的疆域，從大西洋一直到尼日河上游，而自八世紀至十一世紀中葉的三個半世紀期間為其繁榮時期。

迦納最後被馬利 (Mali) 所滅。馬利是一個更大的伊斯蘭王國，涵蓋整個塞內加爾河流域。馬利國王非常富有，據稱其馬廄養有一萬匹馬。當他於 1307 年到麥加朝聖時，他的財富在阿拉伯世界引起極大的轟動。到了十五世紀，越過撒哈拉的貿易受到松海 (Songhai) 帝國 ❻ 控制，而馬利王國也告崩潰。松海帝國的盛世延至十六世紀末。鄰近撒哈拉的西非幾乎全由伊斯蘭的酋長和國王控制。黑色非洲的改信伊斯蘭教是由社會上層階級開始，因此下層階級一直存在著許多異教儀式。除了沿海地區，伊斯蘭教並未觸及非洲南部地區。

南部非洲的王國如何發展，由於缺乏文字記載，一直無法清楚瞭解。某些王國疆域很大，但也未發展出主要宗教。根據葡萄牙人的記載，十五世紀末，在剛果河下游有一個巴剛果王國 (Kingdom of Bakongo)，其統治者曾要求傳教士來該國、派遣使節到里斯本，且歡迎歐洲人。國王於 1491 年受洗，稱阿爾風索一世 (Alfonso I)。此一時刻，一個新的世紀已經展開。歐洲人即將成為下一階段非洲歷史發展的關鍵。

不久，葡萄牙人又發現另一個東非的重要國家，統治著尚比西河流域 (The Zambezi Valley) 廣大地區 ❼。此一考古學家稱之為「阿札捻」(Azanian) 的國家，留下進步的採礦、開鑿運河和造井的痕跡。這些活動曾開發此一地區的礦產財富，而其出產的黃金用以支持一個至少延續四個世紀，而且留下南非唯一大的石塊建築物廢墟的王國。在「大辛巴威」(Great Zimbabwe)，有最早建造於第八世紀的首都和埋葬場。到辛巴威探險的早期歐洲人，發現這些雄偉細緻的石塊建築，很難相信這些是非洲人的成品。

---

❻　松海帝國於十五和十六世紀期間，由尼日河中游的松海民族所建，高 (Gao) 為其首都。

❼　此一地區後來稱為羅德西亞，二十世紀後期獨立易名為辛巴威 (Zimbabwe)。

在 1500 年，大部分非洲仍然未受到阿拉伯人和基督徒的外來影響。然而，他們已經帶來知識和其他高度文明的技術。此類接觸也產生某些令人不愉快的現象。數世紀來，阿拉伯奴隸販子蒐購大批黑人男子、婦女和小孩，往北送往尼羅河流域和近東，或者送到海岸搭船到阿曼、波斯、印度、甚至廣東，充當奴隸。在西岸，葡萄牙人於 1441 年擄獲黑人，並帶回國。一年之後，開始首批非洲奴隸的交易。到 1500 年，葡萄牙人從非洲帶走十五萬左右的黑奴。

二、歐洲人來臨前的美洲

美洲的人類歷史比起非洲短很多；事實上，除了澳洲外，較任何其他大陸都短。或許在三萬年前，黃種人經陸上由亞洲走到北美洲❽，並在往後的幾千年中逐漸南徙。美洲的氣候和地理環境，各地區差異性甚大。考古學證據顯示，美洲人的生活型態幾乎也有同樣的差異性，有的狩獵、有的採集食物，有的以捕魚為生。有些早期美洲人發展與舊世界 (Old World) 不同的農業。西元五千年前左右，墨西哥開始種植玉米，但是到了西元二千年前在中美洲才改良成今日我們所知的作物。大聚落才形成。更往南，馬鈴薯約在同一時期出現。不久之後，玉米已從墨西哥往南擴展。

在北美洲，歐洲人來臨之前，很少地區發展農業，但已能充分適應狩獵和採集的生活。直到住宅被美洲白人摧毀之時，平地的印第安人都能過著安樂的生活。愛斯基摩人也在非常惡劣的自然條件下，尋求生存之道。

在中南美洲，農業文明初現。因為長期的孤立，美洲文明還是與其他地區有別。雖然玻里尼西亞人 (Polynesians) 和其他太平洋民族偶而來到美洲西部海岸，但未能看出他們對美洲文化有任何影響。美洲與其他主要文明中心的距離實在遙遠。冶金術能夠由美索不達米亞傳到古埃

❽　此一時期，歐亞大陸與美洲大陸尚未被海隔離。

及，而基督教也能由地中海地區透過中亞傳到中國，但在 1492 年之前，美洲與其他重要文明中心並無持續性接觸。在第九世紀，維京人在格陵蘭建立的基地，在十五世紀之前已消失甚久，或許是被愛斯基摩人摧毀。

美洲文明因此具有非常特殊和明顯的特徵。最早的美洲文明是墨西哥東部海岸的歐美克 (The Olmecs) 文明。在此一地區，發現重要的儀式場所。在這些巨大的土造金字塔中，有巨型紀念性雕塑和精緻玉雕人像。歐美克風格相當獨特。在西元前八百年之後的幾個世紀裡，它似乎已越過中美洲，南至今日的薩爾瓦多。後來西班牙人發現支配墨西哥的阿茲特克人 (Aztecs) 信奉的神，就是源自歐美克。歐美克文明仍然是中美洲大部分地區人民生活的基礎，例如紀念性的雕塑、都市計畫、小型的玉雕等。中美洲的早期象形文字系統，或許也源自歐美克時期，儘管此一象形文字最早的遺跡出現於西元前四百年左右——歐美克文明消失一個世紀後。

約在歐美克文化消失二千年後，西班牙人在新大陸登陸。此時，他們發現美洲大部分的居民仍然使用石器。然而，此時馬雅 (Maya) 文明早已經過了高峰期。猶加敦半島 (The Yucatan peninsula)、宏都拉斯和瓜地馬拉等曾經繁榮過的地區，大部分已不再適合人類居住。雖然有些高山和氣溫溫和地區，但大部分還是低海拔且布滿熱帶雨林。後者到處是凶惡的昆蟲和野獸，且易招致疾病。然而在這些地區，馬雅人曾建造與古埃及幾乎同樣巨大的廟宇和金字塔。許多中美洲文化似乎祭祀源自較早時期的相同的神，且對日曆和大祭祀儀式場所的維持賦予類似的重要性。在這些中美洲文化中，馬雅文化，無疑的，是最令人印象深刻。

馬雅文明雖然可以追溯到西元前兩千年，

圖 11：馬雅的象形文字

其最早的遺跡約來自西元一百年，而其最佳的創造時期約在西元六百年至九百年間。馬雅人未曾留下城市遺址，他們住在小村莊。但是他們有廟宇、金字塔、墳墓和法庭，而且大的宗教儀式中心的遺跡有意以遠離眾神而令人心生敬畏。他們重視登上很高的階梯到金字塔頂，以與神溝通。在此一時期，馬雅社會似乎被一個戰士貴族階級和世襲祭司所統治。宗教依據日曆來進行祭祀和紀念儀式等事務，而日曆又以星象觀測為基礎。許多學者認為這是馬雅文化已達高水準的最好證據，因為它是根據數學的主要原理。馬雅人以二十為計算單位，有一套與我們今日類似的計數系統，亦即依照其位置，同樣的符號能代表不同的價值，如 10，1，0.1，0.01……等等。馬雅的宗教領袖擁有時間觀念，較當時任何其他文明更為廣泛。他們思考到一個數十萬年前的古代，甚至可能已經有時間無起點的觀念。馬雅人留下三卷樹皮紙的書。從這些祭祀和紀念儀式的書可以瞭解馬雅年代表。不過有關馬雅人歷史和預言的書尚未被發現。

　　馬雅人的成就並非普遍化。雖然他們有技術很好的工藝家，也輸出美麗的玉雕作品到中美洲其他地區，但馬雅人未曾發明輪子或拱門。馬雅文明自十世紀起開始式微。一次大地震或火山爆發，導致許多中心地區的廢棄。不久之後，來自墨西哥高原，使用金屬器的民族，入侵馬雅領域。十三世紀，馬雅社會似乎分裂成許多小國家。十七世紀末，西班牙人攻陷馬雅人在猶加敦半島的最後堡壘，馬雅文明宣告終結。除了一些令人著迷的廢墟和今日有二百萬人仍在使用的語言，馬雅並未留下重要的傳統和技術。

　　在歐洲人抵達美洲之前夕，秘魯無疑是西半球文明最發達的地區。當時的秘魯人已繼承和改良其他較早民族的技術。他們開採金礦和銀礦，並能善加利用。秘魯人使用銅刃的鋤頭來耕種，但是沒有犁，也未使用獸力。除了高超的建築技術外，秘魯的印加民族 (The Incas) 是技術高超的織工，有人認為是當時最好的。他們也是高明的外科醫生，對被麻醉的病人進行困難和危險的手術。然而，他們社會最顯著的特徵是其

組織。透過印加民族自 1200 年起的征服建立一個大帝國。到十五世紀末，印加帝國已涵蓋北自厄瓜多爾，南至智利中部，總面積達七十二萬平方公里。這是約七十年快速擴張的成果。

此一帝國由印加首領專制統治。印加人為統治階級。帝國境內的運輸系統是一萬六千公里的公路網，其中有供公差使用的休息站，有跨越峽谷的吊橋。國內人口以十戶為單位，不准旅行或離開原居留地。然而，印加人卻將新征服地區的居民遷出其故居，並以較溫馴的民族取代，以便能順利控制。國內沒有私人財產或金錢。唯一的地方性交易只是手工藝品的以物易物。野生動物被視為公共財產。透過一起狩獵，偶而可以分配到肉。農業和手工業產品由國家收購和再分配。

在此一嚴密控制系統下，普通的秘魯人並不覺得生活無趣。或許偶而被徵召從事採礦或從事公共工程的義務勞動，反而是一成不變的日常生活的快樂漣漪。雖然一個男子可以選擇自己的妻子，但也只能在自己所屬團體中擇偶，因為旅行受到限制。他不能買或賣，因為他沒有錢。至於被征服民族的領導分子之子女則被帶往帝國首都，接受一套能支持印加統治的教育。印加軍隊隨時準備對付叛亂。儘管印加政府工作很有效率，但卻未能平息臣民的不滿情緒。

約在 1100 年，墨西哥河流域和某些舊有馬雅土地，被一個稱為「托爾得克」(Toltec) 的民族支配著，首都設在層拉 (Tula)。托爾得克人為一以軍事為重的民族，依賴奴隸鄰近民族，壓榨其勞力來進行和維持重要建築工程。不久之後，托爾得克勢力式微。約 1350 年，一個稱為阿茲特克 ❾ 的新統治階段崛起。他們在特茲克克湖 (lake Tezcoco) 畔的一個村莊建立帝國首都，並在隨之而來的一個半世紀，征服了整個墨西哥中部。根據後來西班牙征服者首度目睹特諾其提蘭 (Tenochtilan) 時所留下的深刻印象，他們稱該城市之壯麗超越羅馬或君士坦丁堡。一條引水渠從五公里遠的地方，引良質泉水到該城市。該城市充滿廟宇，以及巨型

❾ 阿茲特克，現在通常稱之為 Mexica。

金字塔。這些似乎是依賴被征服民族的技術和風格建造的。

如同托爾得克人，阿茲特克也是一個軍事帝國。帝國依賴臣民來維持。阿茲特克人似乎毫無發明和創造的天分。在墨西哥文明中，沒有一樣發明和創新可以確定是出現在此一時期。最大的墨西哥宗教中心，特歐提華坎 (Teotihuacan)，距離阿茲特克首都約三十公里，有五公里半長和三公里長的廣大範圍。此地所有建築都建於西元六百年之前，而在此之前約一千年有些建築就已存在。特歐提華坎在極盛期的人口或許高達二十萬人。如同美洲其他地區，這是一個以金字塔為基礎的宗教儀式中心。

歐洲人來到時仍然繼續擴展的阿茲特克帝國，以歐洲人的看法，的確令人印象深刻、怪異，甚至十分恐怖。經選舉產生的阿茲特克首領和宗教領袖，治理一個由十二個部落組成的國家。他們使用象形文字，有高度發達的農業，且生產棉花。墨西哥的手工藝工人精於製造陶器、珠寶、紡織和皮革，但並沒有有輪子的交通工具之記載。他們也擅長銅和金的工藝作品，並知有鐵。在阿茲特克社會，戰士的軍事技巧最受推崇。

在目睹其財富和壯麗之後，早期歐洲人對阿茲特克社會印象最深的是它的殘忍。它的宗教要求用活人來祭祀，其作法是將活生生的人砍頭、剝皮和挖出心臟。據說在 1489 年特諾其提蘭大金字塔的祭典中，就有二萬多人被犧牲。根據阿茲特克的神話，眾神被迫犧牲自己，以血獻給太陽來換取食物。因此經常需要新的犧牲品，否則阿茲特克帝國就永遠無法和平。其實，阿茲特克人並不真正在意對其臣民控制鬆散，也不在意叛變經常發生。叛變成為搜捕更多囚犯作為犧牲品的最好藉口。然而，它卻也讓歐洲人來到美洲時，在非阿茲特克人中容易找到現成的盟友和助手。

三、歐洲殖民前的亞洲

對於歐洲人來說，十六世紀以前的亞洲，與非洲和美洲完全不同。亞洲有些地區擁有量少價昂的物品如香料等。亞洲的中國、日本和印度，

皆為擁有強大軍事資源如火藥、大砲等的帝國所統治。這些國家人口眾多，而且有讓歐洲人豔羨或自嘆不如的文化和藝術成就。因此，除了東南亞和蒙兀兒帝國崩潰後的印度，歐洲人只占有某些貿易據點，並未能真正殖民。

與埃及、美索不達米亞和中國同列為世界四大古文明地區的印度，在歐洲人來到之前的四個世紀裡，分分合合。

古印度最偉大的統治者，也是第一個有完備資料的印度統治者——孔雀王朝的阿育王（Asoka，約 274–232 B.C. 在位），他繼承了一個西北到興都庫什山與包括現今的印度和巴基斯坦的廣大帝國。擴張領土的血淋淋戰爭，改變了阿育王的一生。由於受到佛教教義中戒殺生的影響，他誓言不再戰爭，並把他的一生及其帝國的資源奉獻於宣揚佛陀的教誨。他組織一個佛教宣教團，走遍整個印度半島和錫蘭，可能也傳到東南亞、西亞、北非、東歐等地。希臘化城邦的貴族曾接見這些來自印度的佛教僧侶。由於阿育王的努力，使佛教不僅是印度的地區性宗教，還逐漸發展成為世界性的宗教。從前，他因擁有一個大帝國為傲，而今則因宣揚佛教而備顯榮耀。然而，阿育王死後，孔雀帝國開始分裂。

到了第四世紀初期，笈多王朝統治了印度的大半江山。三慕達羅基多 (Samudragupta, 330–380?) 更將帝國勢力帶向最巔峰。他身經百戰，有「印度的拿破崙」之稱。笈多時代被喻為印度的黃金時代或古典時代。此期的藝術、文學和科學均臻於最高境界，後代的印度人望塵莫及。中國高僧法顯曾於 405 至 411 年，亦即笈多時代，旅居印度。他對印度的讚嘆，頗令人印象深刻。

中國僧侶玄奘曾在第七世紀哈夏（Harsha，606–647 在位）統治整個北印度時，訪問並遊歷印度各地達十五年之久，且留下許多珍貴紀錄。

自十世紀後半期，穆斯林（習稱回教徒）開始入侵印度半島。1206年，艾伯克（Qutb-ud-Din Aibak，1206–1210 在位）成為印度第一個蘇丹，以德里為首都。巴爾班（Ghiyas-ud-Din Balban，1266–1287 為蘇丹）

圖 12: 泰姬瑪哈陵

致力於鎮壓反叛，以恢復秩序。他以鞏固穆斯林勢力，代替開疆拓土；在西北邊境大量修築防禦工事，以對抗蒙古人；提昇王室權威，奠定穆斯林統治印度的基礎。

十六世紀，阿富汗貴族巴伯爾 (Babur) 建立蒙兀兒王朝，其父系是帖木兒的後裔，母系則來自蒙古的成吉思汗家族。阿克巴（Akbar，1556–1605 在位）是蒙兀兒王朝最偉大的皇帝。他征服孟加拉、喀什米爾及其他各省，實行寬容和通婚的結盟政策，任命印度人擔任高級文武官員，因而頗受人民擁戴。1628 至 1658 年在位的沙·賈漢 (Shah Jahan, 1592–1666)，在位期間被認為是蒙兀兒王朝統治印度的黃金時期，以輝煌的建築著名，其中泰姬瑪哈陵即被視為世界七大奇蹟之一。

十八世紀初，蒙兀兒王朝中央政府式微，印度各王邦彼此鬥爭。在印度廣設商業據點的歐洲列強，開始關心印度的情勢。無疑的，歐洲人商業活動的增加，促使許多重要商業據點變成武裝堡壘而脫離印度的控制，無形中也削弱蒙兀兒帝國的力量。事實上，英國東印度公司的董事們並未考慮過利用印度局勢混亂，在當地建立殖民帝國。他們只關心商務。此時期，他們用歐洲的貴重金屬和羊毛，來交換印度的手紡棉絲布料、生絲、以及胡椒等香料。他們並未料到拓展貿易的結果，卻為歐洲人後來控制亞洲地區奠下基礎。

第九世紀的東南亞，部分印度教—佛教中心開始形成，並統治其附近地區和控制該地區的食物和人力資源，建立更大的寺廟，其中最大最著名的是建於 1150 年的吳哥窟。在大乘佛教統治者闍耶跋摩七世（Jayavarman VII，1181–1219 在位）的統治下，吳哥王達到高峰。該國

疆域東至占婆，西至今天泰國部分地區。

　　東南亞大陸上其他重要的政治和宗教中心，還有建於九世紀位於緬甸北部的蒲甘王國。十一世紀中期到十三世紀中期，該國建造許多宏偉的寺廟。蒲甘王國的宗教是不講究排場的小乘佛教，而非印度教，其國王與印度、斯里蘭卡的其他佛教徒保持友好關係。

　　東南亞海洋國家中，只有爪哇的大規模產米區和寺廟建築中心能與中南半島相比。據說在九世紀初期，一位大乘佛教國王在該地區建造圓形的波羅浮塔，其北部的迪恩高原也有一些印度教—佛教寺廟。到十三世紀，印度教還遠傳到巴里島。

　　此一時期，東南亞其他海洋地區有些國家商業發達、國力強大，但稻米產量和寺廟建造並不鼎盛，其中較著名的有室利佛逝王國。該王國在蘇門答臘極為昌盛，還控制了馬來半島的部分地區❿。

　　十三世紀中葉以後，建造寺廟的大帝國開始衰弱，東南亞進入新的歷史時期，小國之間爭戰不斷。有些以後成為較強國家，形成該地區近代國家的雛形。從十三世紀到十六世紀，小乘佛教成為該地區的重要宗教。這些地區包括現在的緬甸、泰國、寮國和柬埔寨，只有越南在中國明朝的影響下，接受儒家文化的影響。同時，伊斯蘭教傳入今日的印尼、馬來西亞和菲律賓南部。

第二節　歐洲人發現了「世界」

一、世界大發現的原因

　　無疑地，好奇是此一時期人類的特徵之一，但是其他方面的考慮才是這些航行的主要原因。

---

❿　據信它就是中國人記載的三佛齊，約於 900 年至十三世紀派遣使者至中國。

1.基督教的理想

　　1453 年君士坦丁堡的陷落是基督教世界的一大失敗,而十字軍精神
的殘存，使葡萄牙人在其王子「航海家亨利」(Henry the Navigator, 1394–
1460) 的鼓勵下，設法與可能居留在非洲或印度的基督教君王，一位神
祕的教士普里斯特・約翰 (Prester John) 取得聯繫。他認為使黑人和印度
人改奉基督教，似乎也是一種神聖的義務。

　　十五世紀葡萄牙人派遣船隊到非洲海岸探險，打開了一條通往印度
和遠東的航線。在 1480 年代之前，葡萄牙人會從事這些非洲的航行，
尋找此一傳說中的教士約翰❶，是因為當時的歐洲人相信，如果能找到
他，就可以與之結盟來對抗穆斯林。在十二和十三世紀，歐洲人曾在亞
洲找過；但自 1340 年代起，人們相信這位基督教君王住在衣索匹亞，
或更廣泛的說法，是在「非洲某處」。

2.打破伊斯蘭世界對東西貿易的獨占

　　十一世紀末至十二世紀後期，以神聖羅馬帝國為中心的西歐國家，
曾與近東和北非的伊斯蘭勢力，進行長達一個多世紀的宗教戰爭。這固
然是由於雙方之間的宗教狂熱，多為其所信奉的宗教而戰，但實際的政
治和經濟利益之爭奪，依然是其重要背景。1187 年第三次十字軍之戰，
埃及蘇丹薩拉丁 (Saladin, 1138–1193) 擊敗歐洲十字軍,奪得聖城耶路撒
冷。此後，以埃及為重心的伊斯蘭勢力，已奠定未來若干世紀伊斯蘭勢
力控制東西交通的基礎。當時，西方世界得自東方醫療和烹飪用的香料
如胡椒、肉桂、丁香和生薑等等，都來自東南亞，由阿拉伯商船運到波
斯灣或紅海，接著由沙漠駱駝商隊運到敘利亞的的黎波里、貝魯特
(Beirut) 或亞歷山卓，供應壟斷西歐香料貿易的威尼斯人。威尼斯人、熱
那亞人和葡萄牙人都希望自己能以最有利的方式獲得香料。

---

❶　"The Legend of Prester John"，參閱 Judith G. Coffin 等著，*Western Civilizations*
　　(N.Y.: W.W. Norton & Company, 2002), p. 443.

3.威尼斯與熱那亞貿易競爭的影響

十三世紀時，義大利境內威尼斯和熱那亞的國際貿易競爭，十分激烈。威尼斯的商人在開羅方面取得特別的便利，因而得以壟斷東方商品轉運到歐洲的代理權，並獲得紅海地區的貿易優勢。威尼斯商人善於航海經商，在海外建立商業王國，但他們不過問威尼斯的政治。一切對外交涉與戰爭，均由政府辦理。熱那亞的情勢則不同。此地商人為了和威尼斯商人競爭，他們直接影響政府的決策。他們一方面提供鬥爭的經驗和航海技術，為政府效命；另一方面也利用政府作為國際貿易的後盾。因此，熱那亞政府對外擴張的野心，也隨著高漲。他們渴望能開闢一條東西方之間的貿易新航路，直達印度，可避免穆斯林的干擾，也能繞過威尼斯商人在北非和紅海之間的勢力範圍。熱那亞商人的此一努力，雖未達到開闢新航路的目的，但其累積的經驗，卻是西方世界最珍貴的知識❷。

4.找尋歐洲所需的黃金

對於那些急於發財的歐洲國家，那些貴重金屬，尤其是黃金，最富有吸引力。在歐洲，金、銀等貨幣金屬的缺乏，有礙發展中的商業。因為馬可波羅傳奇性的敘述，顯示出那遙遠的地區擁有這種貴重的礦產，為什麼不設法到那兒去找尋呢？這是一個相當強烈的動機，就如同冒險家畢札羅 (Francisco Pizarro, 1475–1541) 對一位反對讓印度人認識上帝的教會人士所說的那句話：「我到那裡並非為那些原因，而是為向他們拿金子。」

葡萄牙的亨利王子數度到非洲探險，其主要目的乃在於意圖自源頭攔截，並壟斷穿越撒哈拉沙漠的非洲黃金貿易。為達到此一目的，他沿著非洲海岸線建造一連串的堡壘，其中最有名的是在阿奇姆 (Arguim)。亨利王子希望穿越撒哈拉載運黃金的商隊能在此轉向。他在加納利群島 (The Canaries) 的殖民也是有相同的目的。亨利王子將這群島視為遠征非

---

❷ 吳俊才，《東南亞史》（臺北：正中書局，民國六十六年），頁 110–111。

洲內陸的一個基地。

西方國家在南太平洋的探險，黃金的尋求也是主要動機之一。古代流傳下來的南半球存在「未知的南方大陸」的傳說，一直吸引著歐洲人。十五世紀後半期以來，隨著西歐資本主義生產關係的逐步發展，對鑄造貨幣的黃金的需求愈來愈大。南太平洋地區存在「黃金島嶼」和「南方大陸的傳聞」，不斷吸引和推動著他們前往探險⓭。

西班牙人不斷湧入南美洲的最主要動機，同樣是為黃金。他們在讚嘆當地文明之輝煌燦爛之餘，最感興趣的就是將其財富帶走。有很久一段期間，人們毫不懈怠地在南美洲探險，尋找西班牙人稱之為「黃金之國」(El Dorado) 的傳說中城市。

二、世界大發現的條件

歐洲人到世界各地的探險活動，如果航行的條件仍未改善，恐怕無法進行。

自十四世紀起，船隻的形態開始發生轉變。人們較樂意利用卡斯提式 (Castilian caravels)，接著是葡萄牙式的快船，以取代笨重而緩慢的船和樓船 (galleons)。快船體輕，而且由於舷板高可避免大西洋大浪的衝擊而覺得更安全。船舵也有相當的改良。後來發明的船舵比船側舵更有效率，也更易於操縱，並且可使這類船隻造得更大。

同時，確定方位技術的進步，使人們能夠遠離海岸：中國人發明而由阿拉伯人傳入的指南針，確定了北方的方向；傑可布測量棒 (baton of Jacob) 和測量儀 (astrolabe) 可用來測量緯度。然而經緯度還是很難於測知，時間的計算仍然利用沙漏。

希臘托勒密 (Claude Ptolemy, c. 100–170) 的地理學，藉著印刷術而傳播他的「地圖」⓮。巴罕（Martin Bahaim，約 1459–1506）的地球儀

⓭ 黃鴻釗、張秋生，《澳洲簡史》（臺北：書林出版有限公司，民國八十五年），頁 18。

簡述歐洲人在大發現前夕對地理瞭解的情形。較精確的地圖已繪成，但通常是祕密保存。在葡萄牙，傳出地圖者，會被處死。

三、葡萄牙人向東航行

有「幾內亞君主」(Lord of Guinea) 稱謂的葡萄牙國王約翰二世 (John II, 1481–1495 在位) 的登基，給予葡萄牙人之航行探險極大的鼓勵。1487 年，狄亞士 (Bartolomeu Diaz，約 1450–1500) 率領著三條船開始遠航；在暴風雨中，他繞過非洲南端的海岬，航行到印度洋，繞了半圈，掉轉頭來才發現他剛經過時未曾見到之海岬，因而名之為「暴風角」(Cape of Storms)，但是約翰二世卻命名為「好望角」(Cape of Good Hope)。此次航行使一些令人恐怖的傳說變為不足採信，根據這些傳說，沿岸都是一些焦土，而且一定會遇到妖魔鬼怪，同時必須在沸騰的海面上航行。

此後，葡萄牙王派遣一個傳教會到「普里斯特‧約翰」那裡。柯維郝 (Petro da Covilhao，死於 1545 年左右) 先到埃及，再到印度，然後又回到非洲，最後在衣索匹亞王宮裡定居。他送到里斯本的情報證實了人們可以繞過非洲而抵達印度。

達伽馬 (Vasco da Gama, 1469?–1524) 的航行是最具決定性的一次探險。他繞過好望角，1494 年 12 月 25 日在納達爾 (Natal，現為南非聯邦濱印度洋之一省) 登岸，並在當地得到一位領航員。因受印度洋季節風之助，他於 1498 年 5 月抵達印度的卡利刻特 (Calicut)。達伽馬於 1499 年 9 月返回里斯本；他發現經東方通往產香料國家之路。

四、西班牙人向西航行

如果說葡萄牙人之航行為一集體之行動，西班牙人之航行則由個人所發起。

---

❹　托勒密的地圖透過阿拉伯學者而流傳下來。他的作品在 1410 年左右被譯成拉丁文，此後約再版了一百次。

圖 13：哥倫布航向新大陸所搭乘的聖塔瑪莉亞號

　　一位身世不甚為後人所知的熱那亞人 (Genaese) 哥倫布 (Christo-pher Columbus, 1446?–1506) 由於讀到達利（Pierre d'Ailly，1350–1420 左右）於 1483 年出版的《世界之形象》(*Image of the World*) 一書，而深信地球是圓的。他認為可以從西邊到達中國和日本，而獲得馬可波羅所描述的奇珍異寶。然而，因為托勒密的錯誤⓯和經度計算不準所產生的錯覺，使他未能計算好西歐到亞洲海洋航線的距離。

　　向葡萄牙和英國兩國國王毛遂自薦不成之後，他從卡斯提爾 (Castile) 女王伊沙貝拉 (Isabella I, 1451–1504) 那裡獲得一個由三條小快船組成的船隊。他自認身負一項神聖使命：他發現通往印度之路應該是解救聖地的十字軍東征的一段插曲。哥倫布於 1492 年 8 月 3 日開始向西航行，在克服無數的困難，其中包括一次船員的企圖叛變之後，於 10 月 12 日抵達巴哈馬群島 (Bahamas) 的瓜那哈尼 (Guanahany)。

　　另外三次航行使哥倫布能瞭解安地列斯群島 (Antilles)，奧利諾科河 (Orinoco R.)⓰和中美洲的一部分，他相信已經到達亞洲。由於獨斷獨行，

⓯　托勒密所估計的地球圓周比實際的小四分之一；他記述印度洋為一內海，其周圍為非洲、中國和一塊南極大陸。他視熱帶的熱是無法忍受的。

⓰　擁有奧利諾科河河口的委內瑞拉 (Venezuela)，其意即為小威尼斯。

引起許多人的不滿，並在失寵的情況下很落魄地去世。到他去世為止，他還不知道他已經發現了一個新大陸。

　　探險性的航行，繼續不斷。一位替葡萄牙人服務的佛羅倫斯人維士波西 (Amerigo Vespucci, 1454–1512) 發現巴西的海岸，並認為這是塊繼續向南延伸的新大陸；1507 年，一位聖迪葉 (Saint-Dié) 的繪製地圖專家華爾西穆勒 (Martin Walseemuller) 在其書中給這塊陸地「亞美利加」(America) 之名，後來這個名稱擴充指整個大陸❶。1513 年，西班牙人巴博雅 (Vasco Nunez de Balboa, 1475–1519) 從陸地上穿過巴拿馬地峽 (the isthmus of Panama)，發現一望無際的太平洋，這使新大陸又得一明證。

　　然而，尋找從西方通往印度之路的工作仍待繼續。為西班牙王服務的葡萄牙人麥哲倫 (Ferdinand Magellan，約 1480–1521) 於 1519 年 9 月率領五條船出發，沿著南美海岸航行，穿過以他之名為名的海峽。在 11 月 28 日進入他們名之為「太平海」(Pacific Sea)❶的「大海」。經歷食物缺乏和疾病的打擊之後，麥哲倫一行終於駛過太平洋，在馬利亞納群島 (Marianna Islands) 登岸，接著到菲律賓。麥哲倫就在那兒跟當地土人的戰鬥中被殺死。在加諾 (Juan Sebastian del Cano，約 1460–1526) 的指揮下，探險航行繼續向前推進。1522 年 9 月，僅剩的一條船❶重返西班牙的塞維爾 (Seville)。

圖 14：麥哲倫

---

❶　Herbert H. Rowen, *A History of Early Modern Europe, 1500–1815* (Taipei: Shin-Lu Book Co., 1970), p. 127.

❶　亦即今日所稱的「太平洋」。

❶　此船之名為「維多利亞號」(Victoria)。

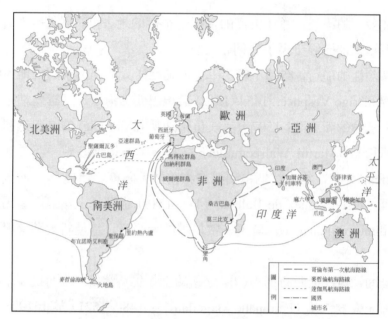

圖 15：地理大發現航海路線圖

首次環繞地球一周的壯舉於焉完成，它顯示出地球是圓的 ❷。

第三節　歐洲殖民的經過

一、葡萄牙的殖民

　　新發現的世界之開發，可以殖民帝國的形成來說明。葡萄牙殖民帝國的組成是為了眼前的商業利益，一個只有一百五十萬人口的國家，經營著巴西、非洲、印度等地海岸上所設的商行。攔住阿拉伯人和威尼斯商人的貿易之路，葡萄牙人獨占了商品，尤其是香料的貿易。全世界的糖有半數以上在他們的控制之下。但是這個帝國十分脆弱。全國人口過少，對當地土人很刻薄，而又漫不經心的葡萄牙人，在西班牙人野心的威脅下，要維持這個帝國就有點顯得困難重重。

❷　R. Altamira, Y. Crevea, *Histoire d'Espagne* (Paris: Colin, 1965), pp. 150–151.

　　葡萄牙人在亞洲的殖民是點而非面，例如中國的澳門、印度半島的果阿 (Goa)、馬來半島的麻六甲，這是葡萄牙早期的殖民政策。葡萄牙的海外殖民貿易據點距離母國很遙遠，實在沒有足夠力量掌握廣大陸地，因此只能保持海上交通線的暢通。藉沿海據點的固守，也就可以構築海上長城，不虞被攻擊。

　　葡萄牙人在東南亞的拓展，自十五世紀末葉至十七世紀中葉，1498年抵達印度的加爾各答，迅即占有果阿。1641 年被荷蘭人擊敗，喪失麻六甲。在這一百多年期間，葡萄牙人建立了歐洲人在東南亞的第一個殖民霸權，也改變了西歐國家歷史發展的方向。

　　海外探險和貿易使葡萄牙在短暫時間內財富充斥，但損失也很大。在歷次航行和對抗穆斯林以及各地原住民的戰爭中，人員傷亡無數。葡萄牙雖然想把非洲黑人運入本國以彌補人口的損失，但事實上無法繼續維持其優勢地位。葡萄牙在非洲繼續占有很多殖民地，並在其他地區控制少數據點。此後，葡萄牙人的主要貿易只限於在非洲捕獵黑奴，然後將他們輸出。此種奴隸貿易，能使少數人獲得暴利，但對於國家經濟卻無益處。

　　葡萄牙在南美東部占有一片廣大地區，亦即巴西。此一地區由一位葡萄牙船長加布拉（Pedro Alvares Cabral，約 1460–1526）於 1500 年 4 月 22 日所發現，並獻給葡萄牙國王曼紐爾一世（Manuel I, 1495–1521 在位）。加布拉原來正向印度航行，此為其意外發現。十七世紀，荷蘭人擬驅逐當地的葡萄牙人，但並未成功。因此，巴西始終是葡萄牙人的殖民地。在往後幾個世紀，葡萄牙由非洲運來大批黑奴，協助開發巴西。

二、西班牙的殖民

　　與特別對航路感興趣的葡萄牙人相反的是，西班牙為了開發新發現的世界，就得征服廣大的領土，屈服被征服的民族，並組織所征服地區的政治和經濟。

1.征服的工作

　　征服的工作首先從安地列斯群島開始，接著是墨西哥高原和安地高原 (Andian Highlands)；這是那些尋找神話中黃金遍地的樂園之冒險家，也就是南美征服者 (Conquistadores) 之成績。被征服的地區曾有過燦爛的文明：中美的馬雅種植玉米，並瞭解建築大金字塔的方法；墨西哥高原的阿茲特克人曾採用其所征服的民族托爾得克人之輝煌文化；這個戰士之國的首都為墨西哥。

　　在秘魯高原上，印加族 (the Incas) 曾建立一個十分特殊的帝國，其最高領袖依照各個家庭的需要，將土地分配給臣民。這是一個一切皆受嚴格控制的共產國家。由於這些在哥倫布發現新大陸以前就已存在的帝國十分脆弱，及其所奴役的民族隨時準備反叛，使得人數甚少的西班牙人之征服工作變為可能。

　　1519 年，柯得茲 (Hernan Cortes, 1485–1547) 率領五百人在墨西哥登陸。為馬匹和武器所驚嚇的阿茲特克人，很快就投降。1532 年，畢札羅從事印加帝國的征服。但是這些殘暴、渴求光榮和利益的南美征服者，時常忘記當初激發他們動身的那股宗教熱誠，他們摧毀了哥倫布發現新大陸以前的文明。這樣做有時是為了基督教的傳播，但通常幾乎都是帶

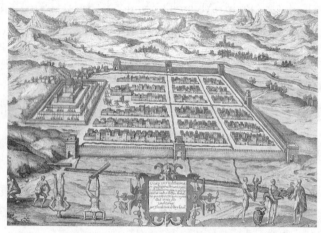

圖 16：西方人眼中的印加首都庫斯科

著令人憎恨的殘酷。

　　麥哲倫於 1521 年 3 月 16 日發現菲律賓群島。4 月 27 日，他參與島嶼之間的戰鬥，受傷而死。餘眾分兩部分返回西班牙。由於麥哲倫發現了東方的菲律賓群島，西班牙國王開始嘗試遠征和占領的工作。1564 年，從墨西哥出發的西班牙艦隊，抵達菲島海面後，決定用武力正式占領宿霧島，作為殖民統治的基地。1570 年，西班牙勢力擴展到馬尼拉灣，發現呂宋島南端的馬尼拉。此處不僅地位適中，而且附近為富庶地區，足可解決補給方面的困難。1571 年，西班牙艦隊攻占馬尼拉，並以之為殖民地首府❷❶。

2. 組織工作

　　殖民地的組織工作是西班牙國王查理一世 (Charles I, 1500–1558)❷❷的傑作。他妥善安排所有機構，使西班牙國王能永久擁有這些新征服地區。在政治方面，西屬美洲在馬德里由「印度委員會」(Council of Indies) 指揮，在當地則由墨西哥總督和利馬 (Lima) 總督統治❷❸，在經濟方面，與西班牙殖民地之貿易權保留給西班牙本國，貿易收入的一部分由王庫直接徵收。

　　每年兩次由專載寶貴金屬的西班牙大船組成的船隊從加的斯 (Cadiz) 出發到維拉克路士 (Vera-Cruz) 和卡達基納 (Cartagena)，然後，滿載貴重金屬返航。1545 年在秘魯和 1546 年在墨西哥發現銀礦之後，所載回的貴重金屬以白銀為主。

　　征服地區的開發需要許許多多的幹部和勞工。在十六世紀，有十五萬西班牙的移民在美洲定居；當地土著都被強制工作。因受到教士和教

---

❷❶　1898 年，美西戰爭結束後，西班牙將菲律賓割讓給美國。

❷❷　查理一世於 1516–1556 年為西班牙國王。1519–1556 年擔任神聖羅馬帝國皇帝，稱查理五世。

❷❸　Crane Brinton, John B. Christopher, Robert Lee Wolff, *Civilization in the West* (Taipei: Yeh Yeh Book Gallery, 1971), p. 299.

宗的抗議，西班牙政府限制了那些最受批評的不當和不人道的措施。然而，自十六世紀初期起，黑奴就已經被人從非洲帶到安地列斯群島。這是黑奴買賣的開始。

三、荷蘭的殖民

在西班牙統治時期，荷蘭商船只能在里斯本將西班牙和葡萄牙自東方運往歐洲的貨物，轉運到北歐各地。1581 年，荷蘭脫離西班牙，成為獨立國家。西班牙❷❹禁止荷蘭船隻前往里斯本載貨，荷蘭人因而決心向東方發展。

1595 年，一支荷蘭船隊自阿姆斯特丹出發，翌年抵達爪哇的萬隆，1597 年回到荷蘭。此後荷蘭商人前往東印度群島冒險經商者日多。

荷蘭政府為避免從事海外貿易的本國商人互相爭奪，因而給予東印度貿易公司壟斷特權，且得締約、建軍和自設法院。1619 年，公司為確保貿易獨占權，乃正式占領雅加達，並更名為巴達維亞 (Batavia)，作為東印度公司的首府。

1624 年，荷蘭占領臺灣，1641 年再占麻六甲，1658 年擴展至錫蘭❷❺。1664 年，荷蘭被逐出臺灣，但保有自錫蘭至摩鹿加群島的海上優勢。

十七世紀期間，在建立繁榮的商業帝國方面，荷蘭人比英國人和法國人還要成功。除了東南亞的商業冒險外，他們在非洲南端的好望角成功建立一個殖民地。

在西半球，荷蘭人的成就很少。經過一連串與英國的貿易戰爭，1667 年荷蘭人正式劃割北美洲新阿姆斯特丹 (New Amsterdam) 給英國人。英國人隨之將該地易名為紐約 (New York)❷❻。荷蘭人只保留南美洲北部海岸的蘇利南 (Surinam)，以及西印度群島的古拉索 (Curaçao) 和托貝哥

---

❷❹　1581 年西班牙國王腓力二世 (Philip II) 兼葡萄牙國王。西、葡兩國合併。

❷❺　錫蘭為今日的斯里蘭卡。

❷❻　英國中部有一城市稱約克 (York)，故新取得之地稱「新約克」。

(Tobago) 等島嶼。

四、英國的殖民

　　1580 年代，英國人試圖在北美洲沿海地區殖民，但未能建立永久性的殖民地。十六世紀最後十年間，英國人沒有新的殖民企圖，然而一些因素的改變，卻使他們得以在北美洲殖民。

　　第一項改變是大家愈來愈瞭解到金銀等貴重金屬和珠寶並非唯一可以帶來財富的物品。糖、棉花、可可、咖啡、煙草，甚至魚類，也逐漸被視為有相同的價值。此一認識使大家瞭解到，要在新世界獲利，必須有一種不同的作業方式。海盜行為❷❼或許可以搶奪載運金銀的船隊，但不能收割農作物。

　　此時，股份公司 (joint stock company) 的興起，給與新世界的殖民另一種重要激勵。此類公司可以募集許多個人資金，進行較大規模和較長期性的投資。這些公司的發展，不但反映了金錢財富的日漸集中，也反映了不斷增加的商業機會。

　　1604 年，西班牙在 1588 年無敵艦隊 (The Armada) 被英國擊敗後正式與英國簽訂和約，因而使英國的殖民和貿易的機會大增。西班牙雖然不承認英國有權破壞〈托德希拉斯條約〉❷❽，可是此一協議的確開啟一個英國殖民事業有較大成功機會的新時代。西班牙人含蓄的承認，他們

---

❷❼　在十六世紀後半期，英國的水手經常在大西洋上掠奪西班牙載運美洲貴重金屬返回歐洲的船隻，其中最有名的是 Francis Drake、John Hawkins 和 Martin Frobisher。

❷❽　西班牙和葡萄牙的海外探險事業，遠在其他國家之前，如此廣大的新領域如何劃分，乃請教宗決定。1493 年，西班牙籍教宗亞歷山大六世 (Alexander VI) 將其決定頒布，劃分兩大殖民國家之分界線，亦即亞速群島 (The Azores) 和佛德角群島 (Cape Verde Islands) 以西約三百英里。分界線以東全部領域屬葡萄牙，以西則屬西班牙。此一決定又於 1494 年簽訂的〈托德希拉斯條約〉中加以確定。

控制現有的殖民地已經夠麻煩，不想干涉其他國家在更北面的活動。

此時，對於英國海外殖民的另一刺激，是人口的成長和失業情形的日益嚴重。失業問題因田地圈圍成較大面積土地，以便經營較大規模的農牧業而更加嚴重。此一政策使許多佃農失去其土地。這些佃農中有一部分願意到別的地方尋找機會。

宗教衝突也造成許多人離開英國。為安撫天主教徒，伊利沙白一世（Elizabeth I，1558–1603 在位）曾嘗試設計一套宗教問題的解決辦法，但仍有許多人不滿意。清教徒認為英國國教不夠淨化，仍然含有許多腐敗的天主教因素，因此開始想到離開英國，在一個沒有這種腐化的地方成立一個新國家 ❷。

1607 年，英國人在維吉尼亞的詹姆士敦 (Jamestown) 建立第一個永久的殖民地。在往後的四十年間，八萬英國移民來到新世界的二十餘個自治殖民地。宗教自由與經濟利益的獲得，通常是這些移民來美洲的動機。1620 年登陸新英格蘭海岸，建立普里茅斯殖民地 (Plymouth Colony)的清教徒 (Pilgrim Fathers) 為其中最著名者。宗教在西班牙殖民中、南美洲，以及法國滲入北美內地的過程中，也扮演重要角色。天主教的耶穌會傳教士為讓美洲原住民改信基督教，參加皮草商人穿越大陸抵達五大湖地區和密西西比河流域的旅程。

英法兩國很快自其擴大中的殖民帝國獲益。英國的農業殖民地生產全歐需求量很高的作物。殖民地農業經營者的成功，鼓勵克倫威爾 (Oliver Cromwell，1599–1658；1653–1658 擔任英國護國主) 和查理二世（Charles II，1630–1685；於 1660–1685 為英王) 的政府，介入其海外經濟的管理。1651 年和 1660 年通過的《航運法》(Navigation Acts)，規定所有自英國殖民地運到母國的輸出品必須由英國船隻載運，而且禁止某些特定產品由殖民地直接輸出到歐陸港口。

---

❷ Richard Middleton 著，賈士蘅譯，《殖民時代的美國史》(Colonial America: A History. 1607–1760)（臺北：國立編譯館，民國八十七年)，頁 9–14。

　　這些產品最有價值的是糖和煙草。糖，對於十五世紀前的基督教歐洲，可說未曾見聞，但到了十六世紀卻成為一項廣受歡迎的奢侈品。在歐洲，糖一度被視為奇珍異寶，甚至是一種藥品。在十五世紀，歐洲人首度在其地中海和非洲島嶼殖民地開始生產糖。然而，唯有在新大陸，糖才能大量生產。到十七世紀中葉，英國自其西印度群島殖民地進口的糖的價值，超過自中國和印度進口的總值。

　　糖的生產受到地理和氣候條件的限制。煙草的適應性則較高。在發現美洲之後大約五十年，西班牙人才將煙草輸入歐洲。當歐洲人習慣吸煙時，則又過了半個世紀。最初，煙草被認為具有神奇療效，因而被稱為「神聖的煙草」(divine tabacco) 和「我們的尼古丁藥草」❸⓿。政府原先聯合教會譴責吸煙，認為它在精神和社會方面有不良影響；然而在十七世紀結束前，瞭解其經濟利益後，則大加鼓勵。

五、法國的殖民

　　1534 年，法王法蘭西斯一世委派卡狄埃 (Jacques Cartier, 1491–1557) 出海探險，並為法國取得傳說中盛產黃金和其他貴重金屬之地。卡狄埃在 1534 年至 1541 年間，三次來到北美洲。他是第一個來到聖羅倫斯灣 (Gulf of St. Laurence) 的歐洲人，並聲稱聖羅倫斯灣及其附近地區為法國所有。

　　1604 年，亨利四世（Henri IV，1533–1610；1589–1610 在位）派遣德蒙 (Pierre du Gua de Monts) 經營大西洋地區，給予十年貿易專利權。德蒙也答應為法王拓建殖民地和傳播天主教教義。他的手下向普蘭 (Samuel de Champlain, 1567–1635) 為法國在加拿大建立第一個永久性殖民地──魁北克，因而有「新法蘭西之父」(Father of New France) 之稱❸❶。

---

❸⓿　尼古丁 (nicotine) 一字來自將煙草帶進法國的法國駐葡萄牙大使 Jean Nicot。

❸❶　王曾才，《加拿大通史》（臺北：五南，民國八十九年），頁 53–54。

法國殖民政策在路易十四（Louis XIV，1638–1715；1643–1715 在位）的重商主義財政大臣柯爾白 (Jean Baptiste Colbert, 1619–1685) 主導下，已經成熟。柯爾白認為海外擴張與國家經濟政策密不可分。他組成股份公司，以與英國競爭。他鼓勵西印度群島高獲利產糖殖民地的發展，其中最大的殖民地是聖多明各 (St. Domingue)，亦即今日的海地。法國也控制北美洲內陸。在從東北部的阿卡地亞 (Acadia) 和聖羅倫斯河 (The St. Laurence River) 到西部的路易斯安那 (Louisiana) 的廣大地區，法國人向原住民購買皮草，還向他們傳播基督教教義。然而，財政方面的收入卻與此一地區廣大的面積，完全不成比例。皮草、魚類和煙草輸出到法國市場，但其利潤卻遠不及加勒比海的糖殖民地，或者來自印度的法國貿易據點。

第四節　歐洲殖民的影響

歐洲的殖民對於歐洲殖民國家和殖民地，在人口、經濟和文化等方面產生深遠的影響。

一、人口的影響

西班牙人來到美洲，對於當地的人口產生嚴重影響。他們帶來的疾病，尤其是天花，對於毫無免疫力的原住民的殺傷力很大。死亡的陰影隨著西班牙人的足跡，由海島蔓延到內陸，原住民的人口大幅減少。據估計，1548 年墨西哥的人口總數約六百三十萬，但到了 1580 年則只有一百九十萬❷，折損三分之二以上。

---

❷　Marcel Reinhard, André Armengaud, Jacqucs Dupaquier, *Histoire générale de la population mondiale* (Paris: Montchrestien, 1968), p. 273. 到了十八世紀人口總數逐漸回昇。1750 年為二百五十萬人；1800 年為五百三十萬人；1825 年為六百五十萬人。

　　島嶼人口減少，殖民者所需的勞工不足，但他們卻盡情壓榨殘存的原住民之勞力。教士雖抗議殖民者的殘忍作法，但也無力保護這些印第安人。疾病加上工作過度，對當地人口的打擊可謂雪上加霜。殖民地官員和殖民者還一起設法阻止勞工離開農場。

　　過了兩個世紀之後，西班牙美洲殖民地的人口，才因自然增加和來自歐洲的移民，而緩慢增加。大部分帶有歐洲血統的中、上層階級，支配著印第安人占大多數的拉丁美洲社會。儘管西班牙人或葡萄牙人並不在意與原住民通婚，然而殖民社會還是尊重歐洲血統。歐洲血統愈純，政治、經濟和社會地位則愈高。主要帶有歐洲血統，而在美洲出生，被稱為克雷歐 (Creoles) 者，成為殘存的印第安人的統治者和地主。美洲的燦爛古文明消失不見。許多印第安人開始講西班牙話，而且成為基督徒，至少在姓名上是如此。

　　在葡萄牙統治下的巴西，情況也類似。此外，大批黑奴被帶進生產甘蔗的農場。在巴西，非洲的黑人文化遺產不久就與印第安文化同等重要。另外，如同在西班牙殖民地，巴西也是教堂林立。

　　西班牙和葡萄牙的美洲帝國，幅員廣闊，但人口稀少。有很長一段期間，只有少數的歐洲移民在當地經營，而印第安人口數又大幅滑落。1600 年，整個拉丁美洲人口總數約一千萬人。甚至到 1800 年，這一大片土地仍然只有零星的聚落，其中大多數見不到西班牙人。此一地區人口較多的少數傳教所或堡壘，後來有些發展成重要城市。

二、經濟的影響

　　如果說西班牙人將牛、羊、馬等歐洲的動物和小麥、糖、棉、靛藍等產品傳入美洲 ❸，美洲也讓歐洲認識了玉米、可可、青豆、馬鈴薯和煙草。此外，這些殖民地是增加西班牙國力的重要資源。美洲的礦產使查理五世和腓力二世（Philip II，1556–1598 在位）得以維持龐大的軍隊

❸　Roland Mousnier, *Les XVIe et XVIIe Siècles* (Paris: PUF, 1967), pp. 457–458.

和船隊，同時得以重大的代價在重要的競爭中獲勝（如競選皇帝）❸。在整個歐洲，白銀的大量流入，造成通貨之增加比透過貿易方式供應消費者產品之增加更快時，通貨膨脹於焉形成，產品的價格自然而然就提高。

通貨膨脹的幅度以西班牙為最高，其他地方則較少。西班牙的經濟因而遭受很大打擊，其他國家反而間接獲得利益。西班牙的工業基礎原來就很脆弱，通貨膨脹更使西班牙商品的成本比他處更高。西班牙廣大的消費市場，是由貴族階級構成。他們擁有大量由殖民地運來的金銀財寶，可以向外國購買昂貴的物品。各個出口國家彼此競爭，紛紛降低商品價格，這樣對西班牙的經濟打擊更大。

大發現和殖民在經濟方面的影響尚有三：

1.打破海上貿易型態

葡萄牙和西班牙商船從東方和西方帶回珍貴的貨品，殖民地的開發為伊比利半島的國家所獨占；里斯本變成大香料市場，而塞維爾成為與美洲的聯絡港。

歐洲的香料，需要重新分配，並且以各種商品（小麥、帆布、武器……）供應葡萄牙人和西班牙人。漢堡 (Hamburg)、布里斯托 (Bristol)、大西洋岸的法國港口，尤其是安特衛普 (Antwerp) 是這項貿易的主要受惠者。但是衰退中的地中海港口並不如想像中那麼淒慘；威尼斯雖然失去香料貿易的獨占性，但還是跟以前一樣繼續與近東和中東地區的國家交易，同時將東方的絲織品賣給歐洲。

2.以商業為媒介刺激工業發展

為逃避那些保證品質，但卻阻礙產量的生產行規，呢絨製造商大量增設鄉村的工廠；因此，在盧昂 (Rouen) 的傳統呢絨工業之外，又在鄰

---

❸ 神聖羅馬帝國皇帝由三位大主教和四位世俗公侯等七位選帝侯選舉產生。1519 年，西班牙王查理一世和法王法蘭西斯一世為競選皇帝，各自撒下大筆銀子，而最後查理當選。

近地區出現另一種生產質地更輕的呢絨工業。免受行會規則拘束的新行業如絲業、印刷業、槍砲製造業等，陸續出現；這些需要昂貴設備的行業，落入幾個擁有巨額資金的企業家手中。

3. 透過資本的累積，有利於資本主義的發展

擁有資金的人，供應他人工作必需的工具，並自己保存產品中相當重要的一部分。

在一種被金融問題所支配的經濟中，銀行家往往擔任一項重要角色。這些人以鉅額的財富資助所有企業：

⑴商業方面，奧格斯堡 (Augsburg) 的銀行家，威爾塞家族 (the Welsers) 控制葡萄牙的香料貿易。

⑵工業方面，其他奧格斯堡的企業家，著名的福格家族 (the Függers)，這個因與威尼斯商人做生意而致富的家族，經營銅礦和銀礦的開採，並擁有冶金工廠和鐵工廠 ❸❺。

⑶政治方面，福格家族資助西班牙國王查理一世競選皇帝；義大利銀行設在里昂 (Lyon) 的分行成為法國國王法蘭西斯一世競選基金的供應者。

交易不再只限於臨時的市集。1531 年，一個商品和股票的永久性市場──安特衛普股票交易中心 (Bourse of Antwerp) 正式誕生。金錢的交易逐漸與商品的交易分開。

為應付對資金要求的不斷增加，銀行家轉而吸收個人的存款；此項對私人儲蓄的募集，很快就為各國君王所仿傚。1522 年，法蘭西斯一世以巴黎的收入，作為支付利息的保證，而向巴黎的資產階級告貸二十萬鎊。

資本主義的起飛有利於資產階級。這個有財富和權勢的階級，開始在法國為國王服務，捐官和購買地產，以擠入貴族之林。

---

❸❺ Carlton J. H. Hayes, *A Political and Cultural History of Modern Europe*, vol. I (N.Y.: Macmillan, 1932), p. 83.

三、文化的影響

　　歐洲的殖民產生十分重大的影響：它創造一種新文明，這將成為後來的拉丁美洲文明。

　　西歐的文化傳統早在殖民初期就隨著政治軍事的征服，而在拉丁美洲確立其統治地位。經過三百多年的不斷移植和發展，西歐文化成分已主導拉丁美洲的意識形態、宗教、教育、語言、文學藝術、習俗等各個文化領域。

　　地理大發現後，西歐殖民者和傳教士在征服和占領美洲的過程中，一方面無情殺戮或奴役印第安人，掠奪或摧毀其文化遺產，消滅其宗教；另一方面又把自己的文化帶進美洲，並強加給原住民。

　　為讓歐洲文化和知識能一代代傳下來，西歐殖民者在軍事征服後不久，便在拉丁美洲建立各種文化設施。由於天主教傳播，以及殖民地政治經濟發展的需要，歐洲式的高等教育首先在殖民地發展。從十六世紀起，西屬美洲在建立西班牙式大教堂、修道院之同時，也建立神學院、學院和大學，其目的在於保持西歐的文化傳統。在葡萄牙統治的巴西，耶穌會創辦學校，給葡萄牙殖民者的子弟提供教育機會。

　　殖民時期，處於社會最下層的印第安人和黑人很少有機會接受教育。在西屬美洲，曾試行過印第安人的高等教育，但是遭到殖民地各種勢力的抗拒，因而成果十分有限。至於黑人則完全被排斥於教育之外。

　　現代拉丁美洲文化中另一個重要成分是美洲印第安文化。殖民時期，入侵的歐洲文化與美洲的印第安文化，由初期的衝突，逐漸走向融合。因此，一部分印第安文化遺產得以殘存，成為拉丁美洲一些地區文化結構中的要素之一。

　　非洲黑人文化也是現代拉丁美洲文化的一個要素。由於黑奴貿易，非洲黑人散布到大部分美洲殖民地。雖然黑人來自各地，習俗和語言、也不一，但是非洲的宗教、舞蹈、音樂、巫術、迷信、語言、習俗的不

少成分，幾乎同時散布到美洲各地，所以在民間文化領域，非洲人的影響十分顯著。特別是在安地列斯群島和美洲大陸一些沿海地區，如古巴和巴西東北部沿海，歐洲人與來自非洲的黑人共處，創造另一種類型的混合文化❸❻。

---

❸❻ 劉文龍，《墨西哥：文化碰撞的悲喜劇》（臺北：淑馨出版社，民國八十一年），頁 3-8。

第四章　宗教改革及其餘波

在中古時期，教權支配著整個歐洲。到了十六世紀，基督教的統一性被粉碎。馬丁路德揭開宗教改革運動的序幕，許多國家擺脫了教宗的宗教權威。天主教和新教互相敵對，並且造成國內和國際性的宗教戰爭。

第一節　宗教自由的追求——新教

一、宗教改革的起因

自十五世紀起，一種有利於尋求教會改革的氣氛已告產生。事實上，除了政治與經濟因素外，宗教改革的起因尚有四：

1.教會聲望的低落

到了十六世紀，統一的帝國已成遺跡，許多民族國家和較小的公侯瓜分了其遺產。教宗曾多年在法國境內居留❶，甚至有一段時間有三位教宗同時存在❷。1414 年至 1417 年，在西西里的康士坦斯 (Constance) 召開大公會議，結果大分裂。三位教宗全被廢，一位新教宗馬丁五世（Martin V，1417–1431 在位）受到整個基督教世界之承認，但教宗的聲威已遭嚴重損害。基督教世界長久分裂。國家的敵對和民族的誕生，造成國家性教會的出現。這是中古基督教世界統一的結束。教宗大都是義大利的公侯，其中有些像亞歷山大六世 (Alexander VI Borgia, 1431–1503) 私生活極其糜爛，但是大多數都特別關心外交和羅馬的美化，而

---

❶　1309 年至 1378 年，教宗們一直住在法國的亞維農 (Avignon)。

❷　這三位教宗是 Urban VI、Clement VII 和 Alexander V。

不在意教會的命運，朱利厄二世即為一例❸。

　　一般教士的素質很低。高級神職人員，尤其是主教，大部分來自貴族階級。他們視其職位為取得聲望權力的來源。日耳曼地區的情況最差，許多主教兼政治上的統治者，往往從世俗的觀點看待其宗教職位。頗受英王亨利八世（Henry VIII，1491-1547；1509-1547 在位）寵信的約克大主教 (Archbishop of York) 伍爾塞樞機主教 (Thomas Wolsey, 1474?-1530)，在 1529 年年底失寵和失去權力前，從未曾出現在其主教轄區內。

　　基層神職人員不但斂財，而且無知。在各教區，財務同樣吃緊。教士對於收取什一稅，變得更為積極。此一作法引起信徒的不滿和抗稅，而為保證收到付給教會的什一稅，教士則以拒絕幫信徒做各種聖禮，甚至要將信徒逐出教會，來威脅那些不繳稅的人。這在當時被認為是很嚴重的懲罰，因為信徒們相信，果真如此，他們將永遠在地獄遭到火刑。

　　貧窮也是教士無知的原因之一。成為一名本堂神父所需的人格和知識教育，皆定在最低程度，只要具有閱讀拉丁文和主持彌撒的起碼能力即可。本堂神父的酬勞相當少，許多神父不在自己的教區內，而將牧養職責交給素質更差的副手。自十二世紀以來，由於大學的興起，教士階級的教育水準已經提昇，但在 1500 年時的許多教區教士，還是與其教區信徒同樣無知或迷信。

　　此一時期的教士，喜愛爭論，更愛財物；修士則放棄集體清修生活而在修道院內收納朋友和親人。難怪一位巴塞爾 (Basel) 的主教會向其所屬教士訓示：「不得在教會從事商業活動，不得在教會喧鬧，不得收藏贓物。」

2. 人文主義的影響

　　在一個受基督教影響很深的社會，信徒們對於呈現在他們眼前的教會影像覺得十分震驚。人們轉而在這群少有建樹的教士之外去追求上帝；對於這些憂心忡忡的基督徒，人文主義者剛好提供一種保證獲得解

---

❸　參閱 Edward McNall Burns, *Western Civilizations*, p. 287.

救的方法。

　　以伊拉斯慕斯為首的人文主義者喊出反對教會。他們認為教會正帶領人們背離純粹而單純的基督教。他們反對士林神學 (scholastic theology) 對繁瑣詮釋的關注、信徒普遍對聖徒遺物的傾心，以及神職人員對浮華和名利的追求。基督徒應該按照耶穌一生的簡單形式生活。

　　因此，人文主義者鼓吹重返《聖經》。伊拉斯慕斯說：「我希望最平庸的婦女也能讀《聖經》和聖保羅的〈使徒書〉。」採用古代原本的批評方法，人文主義學者清理幾個世紀以來添在《聖經》上的附加物。接著，它追求一種內在的、純正的、福音的和省去大部分儀式的宗教。

3. 知識的廣泛傳播

　　十四世紀晚期，英國牛津大學神學家威克里夫 (John Wyclif, c. 1330–1384) 和捷克天主教教士胡斯 (John Hus, c. 1373–1415)❹，曾先後掀起教會的改革浪潮，但皆未成功。胡斯還為此遭受火刑。然而，十六世紀的宗教改革之所以會成功，學識的再興為其最重要因素。數世紀以來，人們從來未為自己而思考，而此時他們已開始改變。印刷術的發明，使知識的傳播更為廣泛。透過對早期基督教先聖先賢的著作，可以比較當時與十六世紀教會的教義和組織。對於學生來說，二者有很明顯的差異，因而刺激他們對現狀的省思。此外，《新約聖經》 (The New Testament) 的流傳，也造成有關宗教事務意見的多樣化。在歐洲某些國家，民族意識開始覺醒，人們希望其國內的教會事務能自行處理，而非受到遠在義大利的教廷控制。

圖 17：胡斯

---

❹　胡斯的教會改革理論，受到威克里夫的影響。約 1400 年，留學牛津的捷克學生將威克里夫的觀念帶回布拉格。

4.歐洲國家對羅馬的抗拒

　　整個歐洲人民的精神不安和不滿，使許多歐洲君王有了控制其國內教會和教會土地的慾望。民族國家的勢力變得愈來愈大，這些統治者對羅馬權威的挑戰也愈嚴峻。儘管這些統治者的意圖很少與教會改革有關，但其行動將削弱教宗的權力，也因而有助於宗教改革的成功。

　　在法國，查理八世鞏固其權力之後，於 1494 年入侵義大利，並於第二年成為那不勒斯國王。1516 年，法蘭西斯一世時的法國，國勢已強盛到足以迫使教宗李奧十世與他簽訂〈波隆那政教協議〉(The Concordat of Bologna)，承認法王為獨立的法國教會領袖。

　　1492 年，西班牙收復格拉那達 (Granada) 並驅逐摩爾人 (Moor)❺統治者，成功地結束數世紀以來的穆斯林統治。亞拉岡 (Aragon) 的斐迪南 (Ferdinand II, 1452–1516) 和卡斯提爾的伊沙貝拉，這兩位有「天主教君王」(The Catholic Monarchs) 之稱的統治者的結合，誕生了西班牙王國。他們將教會置於自己，而非教宗的權威之下。他們發動「西班牙宗教裁判」(The Spanish Inquisition)，以鞏固其帝國。宗教裁判導致成千上萬有異端嫌疑者，被捕下獄、遭受酷刑，有時甚至被處死❻。

　　雖然神聖羅馬帝國皇帝馬西米連（Maximilian，1493–1519 在位）和查理五世一直是虔誠的天主教徒，但是在帝國領域的中歐和尼德蘭，反教宗的情緒高漲。在斯堪地那維亞，對羅馬教廷的不滿也逐漸昇高，開啟了瑞典、挪威和丹麥的改革之路❼。

5.日耳曼公侯不願自己國人的錢流到教廷

　　日耳曼公侯對宗教改革的支持是改革能夠成功的主要原因之一，而這些公侯的支持是有其政治和經濟的因素。日耳曼公侯雖然名義上是神

---

❺　摩爾人是 Berber 與阿拉伯人的混血種，信奉伊斯蘭教，居住在非洲西北部。

❻　被視為異端者常被處火刑，亦即活活燒死。

❼　Michael Collins & Matthew A. Price, *The Story of Christianity, A Celebration of 2000 Years of Faith* (N.Y.: D.K. Publishing, Inc., 1999), pp. 130–131.

聖羅馬帝國皇帝的臣屬，但事實上則是各自獨立的國家。因此，他們可以公然反抗皇帝，對於皇帝頒發的詔令，甚至他們自己也派有代表參加的「帝國議會」(Imperial Diet) 所通過的政令，也可以拒絕遵行。

日耳曼公侯雖各自以其獨立地位自傲，但因轄區資源有限，所以財力薄弱。他們對自己國人辛苦經營所得的金錢流入一個外國勢力，亦即教廷之手，十分不滿。

教廷從信徒手中搜刮金錢的方法很多，搜括所得則運往羅馬。教宗正從事聖彼得大教堂的整建，需要大量的財源。教會在歐洲各地均擁有廣大田產，田產所得並未向所在國家的君王或公侯納稅。在司法方面，教士所涉及的民事案件，不受俗世法庭審理，而歸宗教法庭管轄，罰金所得歸教廷。本地聖職人員的俸祿，一部分歸教廷。此外，教宗常利用其特權盡量斂財❽。

歐洲其他較為強大的民族國家，已與教廷之間就教會之金錢榨取問題獲得協議，均分利益。日耳曼各邦國在其領域內，除了其直接封建附庸外，並無多大權力。由於國小力微，不太敢與如此龐大的國際性教會相抗衡。他們所受的痛苦和不滿，雖然不斷在帝國議會中向神聖羅馬帝國皇帝提出申訴，卻很少受到皇帝重視。因此，這些日耳曼公侯只有依賴聯合一致行動，才有希望在與強大教會的爭執中獲得成功。

二、馬丁路德

馬丁路德 (Martin Luther, 1483–1546) 帶來使教會發生危機的第一次震撼。他是位農家子弟，最初從事法律的研究，後來突然改變其志向。在一次狂風暴雨中，他曾許下如此的諾言：「聖安娜 (St. Anna)❾，假如妳幫助我，我將當一位修士。」1505 年，他進入一家修道院。心靈頗受折磨的

---

❽　例如教規禁止某些親等結婚。只有教宗特准方能破例，而請求特准則須獻納費用。

❾　當時人都以聖安娜為童女瑪利亞的母親，為一切礦工們的守護神。

圖 18：馬丁路德

他，生活在墮入地獄和上帝恐怖審判之憂慮中。接著他自己認為神的裁判並非毫無同情心，他在〈聖保羅使徒書〉裡發現一句話，這句使他平靜下來的話是：「因信稱義，不需善功。」

宗教改革運動的導火線是特別贖罪券事件 (affair of Indulgences)。先是李奧十世需款建造羅馬聖彼得教堂，他派遣聖道明修會的修士德茲爾 (Johann Tetzel, 1465–1519) 到日耳曼地區，允許他對出資助建教堂的信徒行特別贖罪。信徒因慈善事業而獲得特別贖罪原是常事。不過此次的特別贖罪，則類似一種公然買賣，而且德茲爾甚至還說，這種特別贖罪券可用來減輕煉獄 (Purgatory) 中所受之苦。因此路德譴責這種販賣為違反《聖經》，為不信神，因為他認為這是善功超乎信心之上。1517 年，他在薩克森 (Saxony) 境內威登堡 (Wittenberg) 的教堂門上，貼出九十五條譴責特別贖罪券的論點。

教宗李奧十世，認為這只是一種單純的「修士之爭」，他要求路德對此事表示悔過；然而路德公開焚毀譴責他的教宗詔書。幾天後，他被逐出教會 (1520)。皇帝查理五世召路德到伏姆斯 (Worms) 的帝國議會，但他拒絕自我反悔；因此，他也被逐出帝國。然而薩克森選帝侯將他藏在華爾堡 (Wartburg) 達一年之久，路德在那兒將《新約全書》譯成德文。這是德文的第一部文學巨著。接著他又回到威登堡，在那裡結婚和從事佈道團的組織工作。

三、路德派的教義

路德有一位比他較具自我約束力但較少想像力的門徒美蘭克東 (Philip Melanchton, 1497–1560)，他於 1530 年在奧格斯堡議會揭示路德派的教義，這就是〈奧格斯堡信仰聲明書〉(Confession of Augsburg) 的由來❿。其理論基礎就是「以信心來證明」：靈魂的拯救是因上帝的仁

慈，由信心而非由善功得到保證，但是人們也應該獲得神的寬恕。《聖經》是所有信徒皆能讀之。此後，再也沒有上帝與信徒之間的媒介。不再有受教廷任命的教士，而只有牧師，也不再藉聖女和聖徒的斡旋要求赦免。禮拜儀式減到只剩下《聖經》的講評和唱聖詩。聖禮分為兩部分——領洗禮和聖餐儀式 (Communion)。

四、路德改革的影響

路德所發動的宗教革命在日耳曼地區引起無數的社會困擾。1522 年起，那些舉債度日的小貴族衝向日耳曼西部的教會領域，演變成騎士戰爭；1525 年，日耳曼南部和西部為一次農民的叛亂所動搖，一些改革派的極端分子向這些農民宣稱土地即將重新分配，領主制度已告結束。

另一方面，路德將其教會置於公侯的密切監督下。利用改信路德派教義，這些公侯就將轄區內的教產還俗。薩克森、布蘭登堡 (Brandenburg) 和巴列丁奈特 (Palatinate) 等選帝侯即如此做。

改奉路德派教義的教宗代表，將自己轄區內的教產據為己有；因此，條頓騎士團 (Teutonic Order) 的團長——艾伯特 (Albert of Brandenburg) 將該團轄區變成「普魯士公國」(duchy of Prusse) 的一部分❶。

查理五世企圖干涉，並於 1529 年在史畢爾召開的帝國議會 (Diet of Spire) 提出一項妥協方案。路德派的公侯對此提出抗議，因此博得「抗議者」(protestants) 之名。他們於 1531 年組成史麥克爾德聯盟 (Schmalkaldic League)，並與法王法蘭西斯一世結盟。戰局一直未定，皇帝認為已不可能在日耳曼重建宗教的統一。失望之餘，他命其弟斐迪南（Ferdinand，1556–1564 在位）商訂〈奧格斯堡和約〉(Peace of Augsburg, 1555)：日耳曼公侯可以選擇路德派新教，並要其臣民信仰；1552 年以前所還俗的教產全部予以承認，但以後則禁止再有類似的行動。

---

❶ P. J. Helm, *History of Europe 1450–1660* (N.Y.: Frederick Ungar, 1961), p. 121.

❶ Herbert H. Rowen, *A History of Early Modern Europe, 1500–1815*, p. 302.

　　路德派同時在瑞典和丹麥獲勝。此外，比路德更激進的蘇黎世 (Zurich) 改革家茲文利 (Huldreich Zwingli, 1484–1531)，其思想盛行於蘇黎世、巴塞爾和伯恩。但他在跟其他天主教徒的鬥爭過程中去世❷。

五、喀爾文

　　喀爾文 (John Calvin, 1509–1564) 給了宗教改革一種新的衝力。由於其父為一位主教的總務人員，使他能在很年輕的時候就在巴黎、奧爾良和布爾吉 (Bourges) 等地研究神學。漸漸地他受到改革思想的影響，而不得不於 1534 年離開法國。他冷靜、堅決和沉思，與路德的性格完全不同。然而當他於 1536 年在巴塞爾發表獻給法蘭西斯一世的《基督教原理》(*Institutes of Christian Religion*) 時，他仍受路德的影響。後來，他的教義逐漸與路德的有別。除了因信稱義之外，他還傳播「救靈預定說」(predestination)：人性本惡，萬能的上帝同意某些人的赦罪而拒絕其他人。

　　他保存受洗禮，但是在聖餐贍禮方面只允許基督精神的存在；他要求由信徒選舉而非像路德派由國家任命的牧師之間彼此平等；他只准許在教堂擺設講壇和《聖經》，其他裝飾品一概不准。

　　1541 年，喀爾文在日內瓦定居。他在那裡擊敗所有反對者，實行一種真正的獨裁統治。路德派很難在公侯統治的國家中實現其理想；喀爾文卻能在日內瓦小共和國實行其教義。牧師和長老所組成的會議 (Consistory) 監督風俗、管理市務和宗教生活。教會和國家受同一機構指導。

六、喀爾文教義的擴展

　　日內瓦變成「新教的羅馬」。1558 年，貝茲 (Theodore de Bèze, 1519–1605) 主持一個研究院，教育了許多外國人，並將他們轉變為歐洲喀爾

---

❷　有關茲文利的活動請參閱 Richard Stauffer, *La Réforme* (Paris: P.U.F., 1974), pp. 55–70.

文派的生力軍。喀爾文派在瑞士、波希米亞、匈牙利和萊茵河沿岸等地擴展。蘇格蘭人諾克斯（John Knox，約 1514–1572）依照喀爾文的指示於 1559 年組織「長老教會」(Presbyterian Church)。喀爾文派的發展在英國、荷蘭、法國，卻遭到各國國王的壓迫。

　　儘管遭到各種程度不一的迫害，喀爾文派的勢力仍不斷在歐洲發展。在荷蘭，宗教改革初期，此一地區曾是各種新教運動誕生和傳播的沃土。在神聖羅馬帝國皇帝查理五世❸的統治下，尼德蘭❹仍然享有相當程度的宗教自由。1556 年，查理之子腓力二世繼任西班牙王位後，尼德蘭變成西班牙宗教裁判的恐怖舞臺之一。原為天主教徒的奧倫治親王威廉 (William of Orange, 1553–1584) 領導抵抗西班牙的戰爭。威廉於 1584 年被殺，但戰爭持續到 1648 年。尼德蘭終獲自由。

　　在這將近一個世紀期間，荷蘭的新教教會已組成，且開始茁壯。新教教會對其他宗教團體，包括天主教徒，皆能包容。它遵照長老教會的管理制度，接受 1561 年《比利時懺悔書》(*The Belgic Confessions*) 和 1563 年《海德堡教義問答》(*The Heideberg Catechism*) 的教義。這些新教懺悔書，使新教教會在聖禮、《聖經》的權威性、教會的角色、善功的重要性，以至靈魂命定論等問題，有了一致性。

　　在法國，那些曾在日內瓦學習的喀爾文新教牧師們❺，善於利用法王法蘭西斯一世集中全力與西班牙作戰，而暫時停止迫害新教徒之時機全力拓展勢力。法國的新教教會在 1559 年時不到五十所，但到了 1561 年卻已超過兩千所。

　　在蘇格蘭，喀爾文派的發展受到英國政治發展的影響。1553 年，虔

---

❸　查理五世於 1506 年以六歲之齡繼承其父為荷蘭統治者。1516–1556 年為西班牙國王，稱查理一世。1519–1556 年為神聖羅馬帝國皇帝，仍兼西班牙國王。

❹　尼德蘭通常也稱荷蘭。事實上，荷蘭是 1579 年組成的尼德蘭聯合省 (The United Provinces of the Netherlands) 七個省中最重要的一省。

❺　喀爾文派在法國又稱為休京拉派 (Huguenots)。

誠天主教徒瑪麗（Mary I，1553–1558 在位）繼承英國王位後，蘇格蘭
新教領袖諾克斯被迫逃到歐洲大陸。他先到法國，後來到日內瓦接受喀
爾文的教導。伊利沙白一世繼位後，許多流亡國外的新教徒又回到英國，
其中包括在日內瓦的諾克斯及其教友們。1559 年，諾克斯到蘇格蘭，任
愛丁堡的聖吉爾 (St. Giles) 教堂的牧師。此時，新教徒在蘇格蘭仍然是
少數。幾年後，新教徒和天主教徒爆發如同內戰般的流血衝突，雙方分
別受英格蘭和法國的支持。新教領袖與天主教徒的蘇格蘭女王瑪麗
（Mary Stuart，1542–1567 在位）也發生衝突。

1587 年，瑪麗因陰謀推翻伊利沙白而被處死。瑪麗之子，詹姆士六
世繼任蘇格蘭王位。後來，當詹姆士繼承伊利沙白為英王而改稱詹姆士
一世（James I，1603–1625 在位）時，諾克斯的長老教派終於成為蘇格
蘭的國家信仰。

七、英格蘭的宗教改革

英國宗教改革的起因是政治的，是由國王發動的，這顯然與歐洲其
他國家或地區有差別。

1213 年，約翰（John，1199–1216 在位）將英格蘭獻給教宗英諾森
三世（Innocent III，1198–1216 在位）作為其采邑時，英國貴族起來反
抗。在十四世紀，宗教改革先驅，英國牛津大學教授威克里夫痛批羅馬
教會種種弊端時，就受到英王的保護，以免遭到教會的迫害。此外，英
國王室也曾反對在其境內設置宗教審判的法庭。由此可知，英國反抗教
廷已成傳統。

英國與教廷的決裂，源自英王亨利八世的婚姻糾紛。亨利八世登基
後，與寡婦亞拉岡的凱薩琳 (Catherine of Aragon, 1485–1536) ❶結婚。此
椿婚姻曾經教宗的特准。兩人的婚姻純粹基於政治的考量。後來亨利八
世愛上寶琳 (Anne Boleyn, 1507–1536)，而凱薩琳只生一女瑪麗，並無男

❶　凱薩琳是西班牙國王 Philip II 的姑姑。

嗣。因此，亨利八世向教宗請求准其離婚。

英王認為其樞密大臣伍爾塞樞機主教為教廷駐英代表，透過此一關係，離婚之請求應可獲准。那知，凱薩琳的侄兒，神聖羅馬帝國皇帝查理五世此時正在義大利停留，對教廷握有實際的控制權力，因而使亨利八世的所有努力徒勞無功。亨利八世罷黜伍爾塞，另任命一位坎特伯雷 (Canterbury) 的大主教克蘭默 (Thomas Cranmer, 1489–1556)。克蘭默就職後的第一件工作，就是宣告亨利與凱薩琳的婚姻無效。

亨利與寶琳結婚後，又要求國會宣布任何外國勢力均不得在英國境內享有管轄權。國會在國王的壓力下，繼又制訂法律，一方面禁止再向羅馬教廷繳納神職人員就職後第一年的薪俸及其他財政捐輸，一方面規定今後凡有對國王婚姻的合法性質疑者均以叛國罪懲處。同時，國會還制訂一項法律，明定英國國王為英國教會的最高元首 (Supreme Head on earth of the Church of England)。

亨利後來解散修道院，將其地產出售，因而造成一批因宗教改革而獲得利益的階級。這些人成為英國宗教改革成功的一股不可忽視的力量。亨利雖與羅馬教廷斷絕所有財政、行政和司法等方面的關係，但是卻保留了大部分的天主教教義和儀式。

許多負責教會事務的大臣，引導英國的宗教往新教方向發展。克倫威爾將《聖經》放在教堂，以供信徒閱讀。克蘭默則著手逐步將新教的神學理論應用於英國。雖然維持天主教聖餐中的麵包和酒變成耶穌的肉和血的變質說 (Transubstantiation)，但已將七聖事簡化為洗禮、聖餐和告解三項。

克蘭默也是愛德華六世 (Edward VI, 1537–1553；1547–1553 在位) 攝政會議成員之一。在他的主導下，《公禱書》(Book of Common Prayer) 於 1549 年出版，這是一個新的禮拜制度。1553 年，克蘭默起草一份《四十二宗教條款》(Forty-two Articles of Religion)，後來減少為三十九條。它確定了英格蘭教會的信仰。

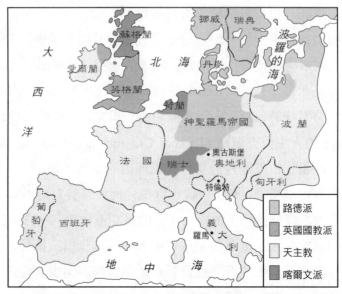

圖 19：1560 年歐洲主要宗教勢力範圍

　　愛德華的早逝，讓虔信天主教的瑪麗能登上王位。登基後，瑪麗進行一連串消滅新教的行動，處決數以百計的新教領袖❶。1558 年，瑪麗去世，她要恢復天主教的希望也告幻滅。亨利和寶琳所生之女，伊利沙白一世繼位時，英格蘭已是一個被天主教和新教的極端分子所撕裂的國家。她設法使兩種信仰妥協，因而成為英國國教 (Anglicanism)❶的真正建立者。在教義方面，英國國教接近喀爾文教派，但保留主教職位和衣飾等傳統要素。

第二節　天主教的改革

　　面對著新教改革運動的進展，天主教的反應可分為兩方面：

---

❶　克蘭默即遭火刑。瑪麗因大肆屠殺新教徒而有「血腥瑪麗」(Bloody Mary) 之稱。後來「血腥瑪麗」成為一種雞尾酒的名稱。

❶　Anglicanism 亦譯為安立甘教派。

　　1.天主教的改革——這是教會人士長久以來所希望，但卻不斷被拖延的內部革新工作。

　　2.反改革——這是天主教地盤的防衛，甚至是新教所占領的地盤之收復工作。

一、教宗的行動

　　如欲做好這雙重的工作，就需要有一些不再為義大利戰爭或羅馬的美化工作所吸引的教宗。保羅三世、保羅四世 (Paul IV, 1476–1559)、格列高里十三、西克斯圖五世 (Sixtus V, 1521–1590) 等精力充沛的教宗，皆曾使教會度過其歷史上最嚴重的考驗。

　　保羅三世❶為最先採取決定性行動的教宗，他起初過著一種輕浮的生活，但馬上自知悔改。他改革羅馬教廷，重新改組教廷行政，任命身具宗教熱誠和高尚生活的人士為樞機主教。

　　1541 年，在一次與路德派接近的嘗試中失敗之後，教宗轉而採取一種絕不妥協的政策；其殘酷無情的行動，禁止新教在義大利傳播。

二、特朗特大公會議 (Council of Trent)

　　舉行一次全球性大公會議，以革除教會缺點和確定面對新教教義所應採取的天主教教義，這是大多數公侯和教會人士的共同想法。然而，開會日期卻一再拖延。某些教宗擔心此一會議會有損其權威；至於法蘭西斯一世則唯恐其敵手查理五世可能取得對教會的影響力。1542 年，保羅三世決定在坐落於義大利的一個帝國城市特朗特，召開大公會議。1545 年方召開首次會議，那時已是查理五世和法蘭西斯一世重修舊好之後。

　　在會議中，主張與改革分子妥協的伊拉斯慕斯派 (Erasmians) 和主

---

❶　保羅三世因其姐與教宗亞歷山大六世之關係而被任命為樞機主教。他在擔任教職前，曾結婚並育有三男一女。

張採取強硬態度的清修派（rigorists，指 Carafa 樞機主教和一些耶穌會
士），彼此發生衝突。因此，教宗設法讓會議採用一人一票的原則，而
非依國別計算，使義籍的主教能在主張改革和對新教徒較富彈性的法國
和日耳曼主教之前，具有多數地位；相反地，保羅三世必須同意教義和
教會內部改革之研究。

一邊為皇帝，另一邊為法王和新教公侯，他們之間的爭鬥造成會議
兩次相當長時間的延期，大公會議至 1563 年，在教宗庇護四世 (Pius IV,
1499–1565) 時始完成其任務。

1. 確定教義

大公會議完全維持新教所譴責之事：信心之源為《聖經》和傳統；
拯救因信心和虔誠立善功而獲得；基督事實上存在於聖餐 (Eucharist)。
同時維持七種聖餐禮、聖母和聖徒的祭祀、教士獨身和拉丁文的應用。
會議也決定編輯一部《羅馬教義問答書》(Roman Catechism)。這本書在
兩年後由庇護四世之侄，米蘭總主教波洛米歐 (Charles Borromeo, 1538–
1584) 出版。

2. 整頓紀律

大公會議採取一連串消滅嚴重濫權的措施。禁止教會采邑的累積和
決定主教必須定居在教區內，以監視教區內之教士。創立教士訓練機構，
培養未來的教士（在二十五歲以前不能授神職）。最後，大公會議承認
教宗在教義和紀律方面的優越性。

基督教世界之分裂至此已成定局，但天主教會又重新在教宗權威之
下，團結起來。

為使反改革付諸實際行動，於是採取一些限制新教的措施。一種除
西班牙之外，已經是過時的古老制度——異端裁判所於 1542 年又重新
以宗教法庭 (Holy Office) 的形式出現。道明會 (Dominicans) 修士負責搜
索異端。然而，宣傳和說服等方式仍然繼續採用。

三、耶穌會 (Society of Jesus)

就如同在中古時代發生大危機之時，受威脅的教會轉而求助於修會。在許多新成立或經過改革的修會中，耶穌會是羅馬教會從事反改革最有效的工具之一，其特性有三：

1. 它是羅耀拉 (Ignatius Loyola, 1491–1556) 個人的成績

羅耀拉為一西班牙巴斯克貴族的八子中年紀最輕的兒子，他於 1521 年的一次戰爭中受傷變成跛子後，就立志信奉上帝。他騎著一匹滿載書籍的小驢子動身到巴黎大學。懷著滿腔熱誠，他集合另外六個伙伴，一起宣誓終身守貧和效忠教宗。這是 1540 年受到教宗贊同的耶穌會成立的由來。他們以一種特別的誓言，矢志參加特朗特大公會議所決定的再征服工作。在他所寫的《心靈的鍛鍊》(*Spiritual Exercises*) 一書，就是以自己的經驗替教會訓練一批像自己一樣的精神鬥士。

2. 該會是一個嚴密的組織

耶穌會士要經過十二年的學習生涯。權力的集中猶如君主政體一般，會長 (general) 經選舉後，任期終身，他對所有耶穌會士有一種近乎獨裁的權力。在紀律方面完全軍事化。在十六世紀末，耶穌會有會士一萬三千人；到了 1624 年則達一萬六千人以上[20]。

3. 行動方式皆經仔細擬訂

這些經驗豐富的懺悔師立刻在貴族中產生很大的影響力。他們也是能幹的佈道家，對路旁、廣場、甚至牢獄或樓船上的群眾傳播教義。耶穌會士傳道的範圍擴展至亞非國家。最後，耶穌會將教育當做一種再征

圖 20：羅耀拉

---

[20]　Herbert H. Rowen, op. cit., p. 114.

服的戰略性工具，在世界各地創辦學校。他們以討論和教授世俗生活的
課程，博得領導階級的欣賞。

　　創辦各級學校是傳教士為其祖國和宗教利益所從事的主要活動之
一。法國學者亨利葛第葉 (Henri Cordier) 說：「歐洲列強，除歐洲本土外，
競爭最激烈之點，厥為教育事業。廣布其言語，商業即隨其語言而蔓延。
故欲求商業之發達，勢力之擴張，政治行動之猛進，其法唯在廣設學
校。」❷

　　為了宗教利益本身，創辦學校也是一項必需而有效的措施。因此，
耶穌會士在二十世紀初期的上海就創辦了一所大學❷和十幾所中、小
學。

　　他們的影響力甚至還表現於藝術方面。隨著羅馬的格舒教堂
(Church of Gesu) 出現一種影響十七世紀的新建築形態。該會的成功和其
對教廷的絕對順從令各國教士和君王覺得不安，其中以法國為最。

　　天主教無法重建基督教的統一，但其精神的更新在下個世紀中將逐
漸確定。

第三節　新教結構的社會條件

　　宗教改革是否為一宗教事件？許多史學家從經濟、社會和政治的情
況中，尋求宗教運動的原因。三種主要的理論陸續出現：某些人認為新
教運動基本上是貴族和公侯對教宗、皇帝或國王權威的反抗；另外一些
則認為是被領主和大商人壓迫的小人物、手工業者和工人尋求解脫的嘗

---

❷　亨利葛第葉，〈上海之外人教育事業〉，《東方雜誌》，第十一卷，第三號，頁
　　17。

❷　1910 年，震旦大學 (Université l'Aurore) 有十八位教授和九十位學生。幾乎中
　　國各省都有學生到這所大學讀書。他們之中有商人、鄉紳、總督和其他滿清
　　大小官員的兒子或孫子。

試；最後一種理論則認為宗教改革是應乎大資產階級的需要。

有些史實似乎證明了第一種理論。人人皆知日耳曼的路德派公侯，如薩克森選帝侯和條頓騎士團團長等人，將教產還俗及對查理五世的鬥爭；英王亨利八世；在法國，親王和大領主擔任新觀念保護者的角色。

第二種理論的支持者強調，1524 和 1525 年從黑森林到奧地利的日耳曼農民之反叛❷；曼斯特 (Munster) 地區「再洗禮派」(Anabaptists) 新教徒所組成的共產式共和國；1545–1546 年在莫 (Meaux)，1557 年在巴黎及法國其他地區異端審判過程中，所發現的許多手工藝者、紡織工人、製鞋匠、修鞋匠和玻璃製造工人等等。

第三種理論則基於安特衛普、布魯日、盧昂、里昂和其他大商業城市，有許多商人改信新教，以及路德派和喀爾文派對於盈利活動所給予道德方面的便利。

以上這些事實皆千真萬確，但是卻支持三種相反的理論，因此必須做更深一層的探討。

首先或許應區別宗教改革的產生和新教義的傳播。宗教改革的產生完全是一個教會事件。此一運動的發起者為修士和教士。伊拉斯慕斯和路德為修士；喀爾文為教士。他們的動機基本上是宗教性的。我們應該承認有些人將他們與上帝之間的關係視為重要的事情，生活上的大事情。

在運動的擴展方面，首先還是修士，接著是教區的本堂教士，最後為教會學校教師，在扮演主要的角色。他們使那些人改奉新教？所有社會階級的男男女女，紳士、貴族、皇家官員、大商人、大銀行家、各行業的師傅和伙計、以及農民。或許有人會說，在新教中，小人物的人數比其他階級的人多。不錯，但是小人物也是構成社會體的一大部分。如果說小人物的人數比較多，那麼所應知道的是，他們與其他社會階層人

---

❷　參閱 H. Tüchle, C. A. Bouman et J. Le Brun, *Réforme et Contre-Réforme* (Paris: Seuil, 1968), pp. 78–83.

數之比例。然而，有關此一論證的社會結構之研究還沒有那麼發達，因此這種論證可能不會太令人信服。以現況來說，要想將每項改革與某個社會階級或某個特殊社會集團聯繫在一起，對某一特定社會運動加以表示，事實上不太可能。顯然地，宗教與所有人和整個人類生活息息相關，沒有任何人會想到十六世紀人們的宗教情感曾獨立於情緒、觀念和物質利益之外。對於每一種情況應該尋求其他的原因及其相互關係。宗教改革無論如何是一種宗教事件❷。

第四節　法國宗教戰爭

宗教改革運動，在歐洲導致區域性的法國宗教戰爭和國際性的三十年戰爭的爆發。法王亨利二世去世後的三十餘年期間，法蘭西王國受到宗教戰爭的毒害。這個在十六世紀的歐洲，兩種宗教觀念的區域性鬥爭，因政治的鬥爭、王權的鬥爭、王權的衰微及經濟和社會的危機而加甚。

一、法國新教的發展

在法蘭西斯一世統治時期，宗教改革精神存在於基督教人文主義學者所屬的階級。法王在「布告事件」(Affair of Placards) 發生後，方採取仇視的態度。此一事件發生於 1534 年 10 月 18 日。當天，在巴黎及其他幾個大城市，甚至在國王的臥室門上，出現了一些新教徒攻擊彌撒的布告。法蘭西斯一世對此一事件十分氣憤，大肆搜捕和焚死異教徒❷；他甚至頒布一道命令，禁止出版商出版任何未經許可的書籍，違者處以死刑。

在亨利二世時，喀爾文派教徒不斷增建教堂，同時組織法國的新教。此時，法國的新教因最重要貴族如納瓦爾王國 (Kingdom of Navarre) 的

❷　參閱 Roland Mousnier, *Les XVIe et XVIIe Siècles* (Paris: P.U.F., 1967), pp. 82–83.

❷　Charles Terrasse, *François 1er* (Paris: Grasset, 1948), pp. 235–238.

國王、王后和王弟的加入而勢力大增，而且經常舉行公共集會。

自即位後，亨利二世就進行迫害措施，當他在一次競技中重傷致死時，他正準備對新教發動一次大攻擊。

二、宗教戰爭

一直到 1589 年為止，連續三位年紀太輕或表現平庸的國王，有利於黨派的衝突和對王權的反叛。法蘭西斯二世 (François II, 1544–1560) 在十五歲登基，他只不過是王后的兩位舅父吉斯公爵 (François, duc de Guise, 1519–1563) 和洛林派樞機主教 (Charles, Cardinal of Loraine) 的工具。查理九世 (Chareles IX, 1550–1570) 十歲即位。這位伶俐，但不輕易暴露情感的幼主，卻受其母后凱薩琳 (Catherine of Medicis, 1519–1589) 之支配。最後，亨利三世 (Henri III, 1551–1589) 繼承王位時，已屆成年，但他的健康情況不佳，而且遇事猶豫不決。

內戰從法蘭西斯二世去世後開始。然而，攝政的凱薩琳在首相羅必達 (Michel de l'Hôpital, 1504–1573) 的輔佐下，想採取一項容忍政策。但天主教與新教的神學家之間絕對無法妥協；1562 年，吉斯公爵攻擊新教徒的聚會，也就是瓦西大屠殺 (massacre de Wassy)，更加深雙方陣營的仇恨。許多十分嚴重的威脅開始降臨到君主政體之上。

1.各「黨派」對國王的壓力

「天主教黨」對於王權有時支持，有時則加以反抗。1576 年正式以「聯盟」(League) 為名，它依賴著吉斯家族的野心，貴族階級獨立於君主政體之外的願望，和一種平民階級自發的運動。「新教黨」由康地親王 (Prince de Condé, 1530–1569) 領導，在他背後的是一些南方的商人，尤其是接近農民，在自己土地上生活的新教貴族。

2.各「黨派」向外國求援

天主教黨求助於想將女兒捧上法蘭西王座的西班牙國王腓力二世❷。新教徒則毫不遲疑地與英女王伊利沙白和日耳曼公侯結盟。

圖 21：聖巴跌勒米大屠殺

3.國王不斷被支配

這些國王有時在兩個黨派的壓力下，舉棋不定：1576 年，〈博留詔書〉(Edit de Beaulieu) 就像是新教徒利用日耳曼軍隊威脅著巴黎而獲得的降書；1577 年，在天主教徒的壓迫下又頒布〈波迪葉詔書〉(Edit de Poitiers)，限制已經同意給新教徒的自由。這些國王有時除了訴諸罪惡一途外，別無其他解決辦法。1572 年 8 月 24 日，凱薩琳因一位新教徒柯立尼海軍上將 (Admiral Coligny, 1519–1572) 對查理九世的影響力漸增而感不安，遂以各種手段，從其子身上得到消滅休京拉派 (huguenots) 領袖的旨意。連柯立尼在內，在巴黎和其他省份被殺的新教徒達萬餘人，這就是「聖巴跌勒米大屠殺」(massacre de la Saint-Barthélemy)❷❼。

軟弱的亨利三世也是以罪惡方式除掉蠻橫的吉斯家族領袖亨利 (Henri de Guise, 1550–1588)。1588 年，亨利三世召見後者進入自己的書房後，下令衛士將他刺死。

---

❷❻　腓力二世在 Mary Tudor 死後再娶法王亨利二世之女伊利沙白 (Elisabeth)。

❷❼　參閱 Georges Livet, *Les guerres de religion* (Paris: P.C.F., 1970), pp. 17–18; A. J. Grant, *A History of Europe from 1494 to 1610* (London: Methuen, 1951), pp. 403–405.

因此，國王的權力大為萎縮。某些總督甚至夢想著將自己的轄地轉變為公國或侯國。

三、亨利四世和宗教戰爭的結束

當法國的命運岌岌可危之際，新王亨利四世適時繼位，並開始收拾殘局。事實上，在 1588 年吉斯公爵被謀害之後，巴黎就已經發生革命，一個革命政府，「十六人委員會」(Conseil des Seize)❷，宣布國王亨利三世被廢。不久，在 1589 年 8 月 1 日，國王為一位偏激的道明會修士克雷蒙 (Jacques Clement, 1567–1589) 所弒。在逝世前，亨利三世因既缺後裔，又無兄弟，只好指定聖路易 (Saint-Louis) 幼子的一位後裔，納瓦爾的亨利為繼承人。納瓦爾的亨利為一新教徒，在聖巴跌勒米慘案時期曾很謹慎地皈依天主教，但很快又恢復原先的信仰。一位新教的國王，這是天主教聯盟所無法忍受的。但是亨利四世是位身心健康，精力充沛的人物，在四年期間，他已能控制整個局勢。他以談判或以黃金，取得天主教領袖的歸順，並於 1598 年與腓力二世簽訂〈維爾宛條約〉(Treaté de Vervins)，以結束西班牙的干涉。他又在同一年頒布〈南特詔書〉(Edit de Nantes)，以恢復國內和平。新教徒獲得信仰自由，禮拜自由（附有若干限制），司法保證及在八年內維持著一百餘處的安全自衛區 (Places of Safety)❷。

---

❷ 該委員會最初有委員十六人，代表巴黎的十六區，後來增至四十六至四十八人。請參閱 J. H. M. Salmon, "The Paris Sixteen, 1584–94: The Social Analysis of a Revolutionary Movement", *Journal of Modern History*, vol. 44, no. 4 (Dec. 1972), pp. 540–576.

❷ 另外一說為七十餘處。見 Duc de Lévis Mirepoix, *Henri IV* (Paris: Perrin, 1971), p. 480.

第五節　三十年戰爭

　　從 1618 年到 1648 年，甚至到 1659 年，一項流血衝突打擊著歐洲。衝突的範圍最初僅侷限於日耳曼地區，隨之波及大部分國家。哈布斯堡 (Habsburgs) 王朝失去對於基督教世界的控制，使得路易十四能支配歐洲達四分之一世紀之久。

一、衝突的轉變

　　最初，鬥爭似乎是十六世紀宗教危機的延長。

　　神聖羅馬帝國為三種宗教信仰所瓜分：路德教受到 1555 年〈奧格斯堡和約〉之承認；喀爾文教雖非合法存在，但某些公侯如巴列丁奈特和布蘭登堡選帝侯 (Elector of Brandenburg) 即信奉該教；最後，天主教經耶穌會士的激烈反攻，也收復許多公侯國，巴伐利亞即為一例。危機重重的情況將促使新教徒和天主教徒組成軍事聯盟。1608 年，信奉喀爾文教的巴列丁奈特選帝侯腓特烈五世 (Frederick V, 1596–1632) 召集一部分新教徒組成「新教聯盟」(Protestant Union)；信奉路德教派的薩克森選帝侯拒絕加入；巴伐利亞公爵則於 1609 年組成「神聖聯盟」(Saint-League)。

　　當向來主張妥協的皇帝馬提亞 (Matthias, 1557–1619) 在世時，和平尚能維持。然而，在他去世前一年 (1618)，信奉新教的捷克貴族叛變，揭開了敵對之頁。

　　受耶穌會士影響很深的斐迪南二世 (Ferdinand II, 1578–1637) 繼承帝位。他希望使天主教勢力擴大，但是也希望壓制日耳曼各邦國以增強皇家的權力，進而使神聖羅馬帝國名實相符。

　　哈布斯堡的勝利對歐洲的均勢將構成嚴重的威脅。利希留 (Cardinal duc de Richelieu, 1585–1642) 說：「基督教受到兩個有力派系的折磨：其

一為攻擊宗教的新教徒；另一為壓迫自由的奧地利王室。」

皇帝的政策將造成衝突的擴展：起源於波希米亞的衝突很快地蔓延到整個日耳曼地區，最後變為歐洲的戰爭。在整個敵對過程中，馬德里的哈布斯堡王室將支持維也納的哈布斯堡王室。

二、衝突的過程

1.波希米亞戰爭 (1618–1620)

1618 年，布拉格 (Prague) 的新教徒發動叛變。翌年，馬提亞皇帝逝世，波希米亞的三級會議排斥斐迪南，而選舉巴列丁奈特選帝侯腓特烈為波希米亞國王。1619 年 10 月，腓特烈五世到布拉格接受加冕時，群眾高聲歡呼，視他為新教和自由的救主。然而波希米亞人卻不讓新王有政治和軍事的全權，因此無法組成一支強大軍隊抵禦敵人的入侵。

1620 年 11 月 8 日，白山 (White Mountain) 之役，捷克軍隊被「神聖聯盟」擊敗後，波希米亞被迫接受斐迪南為王，並且必須信奉天主教。腓特烈五世被逐出境，其選帝侯的頭銜則讓給巴伐利亞公爵。

2.日耳曼戰爭 (1620–1625)

在未徵詢日耳曼公侯的意見而將腓特烈選帝侯逐出帝國是斐迪南所做的一項非法行動，此一行動使許多日耳曼公侯提高警覺，因此轉而支持巴列丁奈特。

1623 年，提利 (Johann Tserclaes, Count of Tilly, 1559–1632)，率領天主教聯盟軍，戰勝日耳曼新教公侯。斐迪南逐漸在帝國中採取一些集權措施❸⓪。

3.丹麥、瑞典和法國捲入戰爭漩渦

北日耳曼的新教公侯開始尋求外力支援，以對抗哈布斯堡王室。身為新教領袖，並對波羅的海 (The Baltic) 的控制深具野心的丹麥國王克利斯提安四世 (Christian IV, 1577–1648) 和瑞典國王古斯塔夫 (Gustavus

---

❸⓪ Helm, op. cit., p. 210.

Adolphus, 1594-1632) 相繼介入戰爭。丹麥軍隊於 1629 年被擊潰。古斯塔夫所指揮的瑞典軍隊，在 1631 年至 1632 年獲得幾次輝煌的勝利。國王戰死後，瑞典軍終歸失利。

　　法王路易十三 (Louis XIII, 1601-1643) 的首相利希留最初只是以祕密的方式支持斐迪南的敵人。然而瑞典的失敗使他瞭解「袖手旁觀」是不夠的，法國必須與哈布斯堡王室之間的鬥爭化暗為明，首先打擊以其領地包圍法國的西班牙，隨之於 1636 年開始與皇帝對抗❸❶。1642 年起，馬薩林 (Jules Mazarin, 1602-1661)，利希留的繼承者，繼續這場戰爭，一直到戰爭結束為止。

三、戰爭條件的困難

1.各國君王籌錢費周章

　　或許除了法王之外，其他各國財政制度不但相當原始，而且財政官員才幹平庸，通常操守不良。然而國家究竟如何來籌集那戰爭所不可或缺的軍費呢？其方式大致如下：維持和平的特別捐，一般稅的增加（這使身為主要受害者的農民因不堪負荷如此重稅而時起叛變），向占領區徵稅，以高利貸款，最後就是減少錢幣中寶貴金屬的含量。

2.軍隊沿途搶劫

　　在戰爭初期，敵對雙方的軍隊皆是既無信仰又乏紀律的傭兵，他們通常是在貧瘠地區以武力或以狡詐手段徵集而來的；隨之是一些忠於其首領而非忠於國家的士兵，其中最著名的將領就是野心勃勃和奢侈豪華的華倫斯坦 (Albrecht von Wallenstein, 1583-1634)，這位捷克大領主是為自己的財富而為皇帝效勞。最後，瑞典國王古斯塔夫率領一支具有崇高宗教情感的國民軍，及後來的法國軍隊相繼投入戰場。

　　這些來源不同的軍隊有一共同之點：他們持著「以戰養戰」的原則，依賴占領區的補給，因此在無助的農民眼中比在敵軍的眼中更為可畏。

❸❶　Georges Livet, *La guerre de Trente Ans* (Paris: P.U.F., 1972), p. 39.

軍隊路過之處，打家劫舍，殺人放火，幾乎無惡不作。在文學作品和藝術作品中，常留下有關上述罪惡的記載。當時的人們對於雙方的鬥爭毫不關心，所衷心期待的就是和平的早日來臨。

3.戰場相當廣闊

除了日耳曼地區為主要的戰場外，卡塔隆尼亞 (Catalonia)、荷蘭、法國邊界地區，阿爾卑斯山重要通道等等，皆為戰火所蹂躪。

四、戰爭的結果

在經濟方面是日耳曼，在政治方面則是哈布斯堡王室，為這次長期戰爭付出很大的代價。

1.日耳曼地區損失百分之四十的人口

損失最慘重的為中部和萊茵河地區：西利西亞 (Silesia) 的九十萬居民常逃至有城牆保護的城市，逃入森林或山中。危險解除後，某些人重返家園，但有些人則一去不復返。有時傭兵的定居可以彌補一部分人口的損失，因而造成人口的混合。

2.哈布斯堡王室的衰微

皇帝和所有參戰國於 1648 年 10 月 24 日在西發利亞 (Westphalia) 締結和約❸。西班牙是唯一拒絕簽字的國家，然而在翌年元月，她還是承認荷蘭的獨立。這些條約由法國和瑞典擔保，這兩國為使雙方尊重條約的規定，甚至可出面干涉。

和約對於哈布斯堡王室產生下列的影響：

日耳曼獲得宗教和平──喀爾文教正式被承認；三種宗教有同等的權利。

皇帝的權力侷限於日耳曼──這是皇帝野心的挫折。此外，日耳曼混亂局面的維持，也使法蘭西獲得了安全。皇帝由八位選帝侯（巴列丁奈特選帝侯之子重新取得選帝侯之頭銜，但巴伐利亞公爵仍得保持其頭

---

❸　Tüchle, op. cit., pp. 262–266.

衛）選出，他不能抗拒帝國議會。

領域的所有人發生變動——瑞典得到波美拉尼亞 (Pomerania) 大部分地區，這是日耳曼的土地，也是帝國議會所在地。布蘭登堡和巴伐利亞的領域擴大。法國獲得大部分的亞爾薩斯。對法國來說，洛林的取得或許更為理想，因為馬薩林希望在萊茵河打下基礎後，較易於監視哈布斯堡王室。然而，和平仍未完全恢復。

事實上，西班牙利用法國國內的危機，繼續維持軍事行動。馬薩林運用外交和軍事的勝利，迫使西班牙簽訂〈比里牛斯和約〉(Peace of Pyrenees)，並割讓許多土地。

面對著一個沒落的西班牙，一個殘破的日耳曼和一位重新面臨土耳其威脅的皇帝，法國依賴著其盟國，其常備軍和一千九百萬人民，一變而成為歐洲第一強國。

第五章　十六世紀的歐洲經濟

在世界大發現與殖民為歐洲帶來空前未有財富之同時,也造成物價的飛漲。然而這種資金的累積卻有利於十六世紀資本主義的發展,並逐漸導致重商主義 (mercantilism) 的興起。

第一節　人口增加和物價上漲

在十六世紀,人口的增加和物價的上漲為影響歐洲經濟的兩大因素。

一、人口的成長

1450 年之後的一百五十年間,歐洲人口似乎已從中古後期黑死病和其他瘟疫一再打擊所造成的慘重損失中逐漸復原。據估計,歐洲人口在 1450 年時約有四千萬至五千萬;在 1600 年,至少增加百分之八十,達到八千萬或八千五百萬❶。

歐洲人口能夠恢復的原因可能是:遭受瘟疫打擊的殘存者已經具有免疫系統,而且同時,棕色老鼠正將主要病毒攜帶者——黑色老鼠趕走;歐洲國家開始由政府負起對抗饑荒的責任,而國際穀物市場的成長更有

---

❶　Roger Lockyer, *Habsburg & Bourbon Europe, 1470–1720* (London: Longman, 1974), p. 52. 然而, 根據 Robert E. Lerner, Standish Meacham & Edward McNall Burns, *Western Civilizations, Their History and Their Culture* (New York & London: W.W. Norton & Company, 1998), p. 503. 1600 年左右, 歐洲人口約九千萬。

助於解決某些特殊地區的缺糧問題。一般人民的生活水平仍然很低，衛
生條件不良和醫藥知識貧乏讓人們不斷受到疾病的威脅。然而，死亡率
似已逐漸降低，更多的嬰兒可以長到成年。

人口增加的現象到處可見。在鄉村，原有耕地已嫌不足，必須向外
擴展，使許多未開發地區變成放養牲畜的草原，或是可種植作物的農地。
但是這些新開墾的土地，大多地質較差，無法充分供應新增加人口所需
的糧食。一個家庭擁有的農地，也無法滿足一代代愈來愈多子孫的需要。
農地的一再分割，每人所分配到的農地面積愈來愈小。為了生存，許多
人必須離開自己的土地，湧入不斷擴大的市鎮，或者加入橫行鄉間的盜
匪集團，搶劫和肆虐當地居民。對於市鎮來說，它們通常無法應付這些
新增的人口，尤其是工業生產的擴充有限，根本很少有額外的工作機會
提供給成百上千的求職者。貧窮問題在每一個國家都是一樣嚴重。

一般說來，歐洲仍然以農村為主，但都市化的步伐還是逐漸加快。
在 1500 年，人口超過十萬的歐洲城市只有君士坦丁堡、那不勒斯、威
尼斯、米蘭和巴黎五個。在十六世紀期間，羅馬、巴勒摩 (Palermo)、墨
西拿 (Messina)、馬賽、里斯本、塞維爾、安特衛普、阿姆斯特丹和莫斯
科等九個城市，其人口總數也相繼達到十萬。

其他較小的市鎮也不斷在擴大。在整個歐洲，這些城市或市鎮如同
磁鐵般吸引周圍鄉村的過剩人口。然而，對於大部分的人來說，這些市
鎮只是一個臨時居留處。為了生活，他們被迫參加此一時期歐洲各國統
治者所創的職業軍隊，或者橫渡大西洋，參與冒險的殖民事業。

二、物價上漲

人口增加對有限資源構成的壓力，為物價上漲的原因之一。物價上
漲則成為 1450 年之後歐洲的重要現象。歐洲物價上漲的嚴重性因時因
地而有所不同。物價的飛漲始於 1560 年，但在 1450–1500 年期間，物
價上漲的速度穩定而緩慢，其幅度每年約百分之一。在十六世紀後半期，

物價上漲打擊西歐的程度可說空前未有。1550 年和 1600 年期間，法蘭德斯的小麥價格上漲三倍，巴黎的穀物價格上漲四倍，而整個英格蘭的生活費用增加一倍以上。在十六世紀後半期的此種史無前例的物價飛漲，許多史學家稱之為「物價革命」(price revolution)。

　　造成物價上漲的另一個重要因素是金銀進入歐洲貨幣體系。非洲為黃金的主要來源，最初是由騾子商隊越過撒哈拉沙漠運到地中海，但隨著葡萄牙人在非洲大陸探險的進展，愈來愈多的黃金由海路運到里斯本。

　　東歐雖然發現白銀，但其開採費用很高，需要大筆資金。1451 年，薩克森公爵 (Duke of Saxony)❷ 准許利用鉛來提煉礦砂中的白銀。日耳曼地區的白銀產量從此逐漸增加。然而，到了 1540 年代，當西班牙美洲殖民地的白銀運往歐洲的數量愈來愈多時，日耳曼白銀的重要性就相對減少。1545 年，在波多西（Potosi，在今日的玻利維亞）發現蘊藏量極為豐富的銀礦後，整個情勢完全改變。1561 年之前，歐洲白銀年產量曾達六萬五千公斤，其中三分之二產自日耳曼。然而美洲銀礦年產二十萬公斤，而且自 1581 年，此一數字已跳至三十萬。

　　白銀如此快速地湧入歐洲，造成整個歐洲財政體系的不平衡。黃金不再成為主要通貨，而農工業產品增加速度遠落後於錢幣的數量，物價自然就飛漲。因為西班牙壟斷美洲大陸白銀的進口，所以西班牙最早感受到其衝擊。西班牙國王腓力二世經常介入歐洲政治，因此意味著白銀，以及它所帶來的通貨膨脹，由西班牙輸出到其他歐洲國家。在 1600 年，西班牙的物價比一個世紀前高出四倍。其他歐洲國家所受的影響並沒有如此嚴重，例如法國在整個十六世紀期間的物價上漲兩倍半。1603 年，一位到西班牙旅遊的法國人說過，「在此地我常聽到的一句話就是，這裡（指西班牙）除了白銀之外，什麼東西都很貴。」事實上，通貨膨脹物價上漲已是一種歐洲現象。

---

❷ 此一薩克森公爵是 Frederick II (1412–1464)。

三、物價上漲的影響

　　歐洲經濟情況的改變，讓有高度企圖心的企業家和地主獲利頗豐，而勞動階級則受害最深。很顯然地，擁有大批奇貨可居物品的商人能夠隨意抬高物價，而地主可以直接從農產品上漲的價格中獲利，或者，如不親自耕種土地，則可經常提高地租來增加收入。然而，廣大鄉村和城市的勞動者受害最深，因為勞力市場的供過於求，工資的調高速度遠遠比不上物價的飛漲。此外，由於食物所花費的遠超過其他物品的支出，貧窮人們必須花在填飽肚子的費用，占其收入的百分比不斷增加。在正常年代，他們勉強可以溫飽，但遇到戰亂或收成欠佳導致穀類價格漲得太高時，有些窮人難免會餓死。如此呈現的景象是富者愈富，貧者愈貧，亦即所謂的「朱門酒肉臭，路有餓死殍。」

　　除了這些直接經濟影響外，十六世紀後期的物價飛漲也有顯著的政治影響，因為較高的物價對歐洲國家造成新的壓力。通貨膨脹會減少貨幣的實際價值。事實上，固定數額的稅捐收入，其實際價值就愈來愈少。因此，政府將被迫加稅，以維持正常的開支。為解決此一問題，大多數國家需要較以往更多的實際所得，以應付愈來愈多的戰爭，以及支付愈來愈多的戰爭費用。課徵更多稅捐是唯一可靠的方法，但是嚴苛的措施往往會引起人民的不滿，尤其是已被物價上漲逼到走投無路的非常窮苦的人們。因此在這種情況下，政府要面對挑戰和潛在的武裝叛變的不斷威脅。

　　物價上漲過後，隨之而來的是經濟停滯。1600 年左右，人口成長開始降低，美洲白銀湧入趨緩，物價立刻停止飛漲。然而，因為美洲大陸最有利潤的經濟活動要在十七世紀後期才開始，而且歐洲也少有工業發展的經驗，所以大約在 1600 年到 1660 年期間，整個歐洲的經濟成長非常有限。在此一大環境下，富者往往還能維持既有財富，貧者也未能因物價停止飛漲而獲益，因為物價與工資的相對關係仍然對他們不利。何

況，十七世紀中期發生的某些特別耗財和毀滅性的戰爭，將使無助的平民百姓遭受貪多無厭的收稅人員或到處搶劫的士兵的折磨。

物價上漲對歐洲人民生活的影響，由一位法國地主於 1560 年所說的話中就可以瞭解。他說，「在我父親的時代，每天都有肉吃，食物充裕，人們喝葡萄酒如同喝水一般。然而，今日一切皆已全然不同。每一件東西都很昂貴……最富裕農民的食物已遠不如往昔僕人平日所吃的食物。」

至於物價上漲與十六世紀重大經濟和社會改變之間的關連性，有些史學家認為「物價革命」加速西歐資本主義經濟的成長和發展；在中歐和東歐則反而有利封建制度的強化和延長。然而，英國近代史學者彭內 (Richard Bonney) 則持不同看法❸。

第二節　金融業和農、工、商業

一、金融業

地理大發現使歐洲商業重心由地中海轉移到大西洋，也讓安特衛普成為歐洲大陸的金融中心。1499 年，葡萄牙國王的代理商在安特衛普設立商行，並使之成為葡萄牙商船自遠東運回的香料的集散中心。1501 年，第一批來自里斯本的胡椒在安特衛普售出。三年之後，約一千噸的貴重香料運至此地。既然香料貿易對歐洲來說是那麼重要，安特衛普自然就吸引了全歐洲大陸的商人。銀行制度和相關的服務遂應運而生。最初每年舉辦兩次市集，後來逐漸增加到四次。安特衛普市集變成歐洲市場，世界各地的貨物在此買賣和交換。

---

❸ Richard Bonney, *The European Dynastic States, 1494–1660* (Oxford: Oxford University Press, 1992), p. 428. 彭內認為，物價上漲影響西歐資本主義發展的直接證據很少。

　　威尼斯商人和其他地方的商人經常聚集在 1531 年成立於安特衛普
的交易所，購買不能在安特衛普或者甚至不能在歐洲交貨的貨物。幾乎
每一個歐洲國家都在交易所內派有代表，從事各種交易。他們可以先按
市價訂貨，以後再行交貨。當然在以後交貨時，價格可能已有漲跌，因
此博得投機性利潤的機會大為增加。在中古時期，有些商人聚集在一起，
壟斷如胡椒等特殊貨物的市場，等待其價格高漲後再行脫手。此種交易
方式可以獲得極高利潤。不過依照中古法律，從事此種壟斷行為者可處
死刑。然而，現在可以在交易所中獲得同樣的利潤。

　　安特衛普的交易所對於國際貿易貢獻甚大。它猶如今日的期貨市
場。安特衛普的交易所也是十六世紀歐陸一個主要金融交易中心。王家
債券、城市債券，甚至獲得王室保證的私人債券，皆可在此正常交易。
1537 年，皇帝的命令規定這些債券如同鈔票一般。然而，受到禁止高利
貸規定的限制，利息皆以另立名目方式支付。

　　交易要透過公證人和經紀人。教會禁止貸款取息。那些需要資本的
人，以一種永久性租金來換得一筆金錢，而購買不動產來換取某些租金，
實際上是被允許的。此種付息取得貸款的方式，對於需要小額資金來購
買種籽、工具、原料或日常用品的農民或手工業者來說，是非常實用的。
採用迂迴途徑從事貸款取息，在司法上是無懈可擊，但事實上是很不方
便。後來，許多人乾脆純粹以放款來收取利息，毫不考慮借貸者萬一賴
帳而在法庭上自己將處於不利的地位。當時的利率是年息百分之五。

　　在歐洲，債券的使用愈來愈普遍，甚至國家或城市也發行公債。神
聖羅馬帝國皇帝查理五世以國家收入為擔保，發行年息百分之七或百分
之十的公債。法國國王法蘭西斯一世於 1522 年為取得二十萬鎊的資金，
而以巴黎市每年二萬鎊的收益為擔保。巴黎市政府隨之以此一擔保向巴
黎的資產階級貸得國王所需的資金。這是城市債券之開端。

二、匯　票

從十三世紀到十六世紀期間，抽象的貨幣計算單位與實際付款機制之間，有相當差距。每一國家有其自己的計算單位。因此，錢幣匯兌業者的重要性，乃在於充當每一國家的抽象計算單位與為貿易目的而支付的實用性之間的橋樑。今日，商業、銀行和金融三者之間，彼此有別。然而，十六世紀的錢幣匯兌業者則涉及其中一種以上的業務，但是他們的基本任務是借用一種稱為「匯票」的技術性設計，在一個特定地點，進行不同計算單位的匯兌。匯票是金銀塊輸出的代替品，而金銀塊輸出則是被各國家統治者所禁止的。

在十六世紀早期，錢幣匯兌業被流亡國外的義大利人所控制，其中大多來自佛羅倫斯、盧卡 (Lucca)、熱那亞，少部分來自米蘭。他們之間彼此通婚，但幾乎未曾與居住地或營業地的人結婚。例如來自盧卡的旁維希家族 (The Bonvisi)，在 1505 年和 1629 年間一直住在里昂，但卻未曾與任何一個里昂家族聯姻。漸漸地，在整個十六世紀期間，義大利人失去其優勢。西班牙人、法蘭德斯人、英格蘭人和日耳曼人，也在匯兌業界占有一席之地。

十六世紀的匯票與今日常見的匯票有某些相同的基本特徵。在某一地點，交易的一方以一種通貨❹付出一筆特定款項（如在里昂，他付 100 écus）給在另一地點的受款人。該受款人透過匯兌業者（銀行家）以一種不同的通貨（如在塞維拉，37,800 maravedís）領取該筆特定款項。這些交易的工具僅限於拉丁基督教世界。匯票並未出現在莫斯科大公國、伊斯蘭世界，以及西班牙的美洲屬地。在十七世紀期間，一種「背書」的匯票開始廣泛使用，也因而增加匯票的流通性。

匯票可以兌現的地點，已構成一個網絡。一般說來，每一國家有單一地點，提供此一形式的經濟活動。在法國為里昂；在低地國為安特衛

❹　通貨就是當地正在使用的貨幣。

普；在卡斯提爾為美地那 (Medina del Campo)。某些地點，交易整年進行；其他則僅限於通常每年四次的市集季節。匯票這種金融業務，建立在匯款和受款兩地兌換率的變動。匯兌業者可以根據以往的經驗和精確的估計，自不同通貨和不同地點的兌換率差額，賺取合法的利潤。

三、里昂的市集

里昂位於法國東部，鄰近義大利。此一地理位置，凸顯其在十五世紀的重要性。1446 年，法國國王查理七世 (Charles VII, 1422–1461) 同意它每年舉辦三次市集。然而，在隆多克 (Languedoc) 商人提出里昂市集會削減法國貨幣儲存量的說法之後，法國全國三級會議 (Etats généraux) 要求廢除該市集。

然而，任何交易活動的取消，都只是暫時性的。1489 年之後，里昂每年舉辦兩次市集，而 1494 年和 1562 年間，每年舉辦四次。義大利商人可以定居里昂，還能享受外國商人免除各種稅捐的優惠待遇❺。為短期財政收益，法蘭西斯一世和亨利二世在十六世紀期間，逐漸取消這些免費優惠。1564 年，法國開始在里昂徵收貨物稅，里昂市集也因而失去對外國商人的誘因。

1562 年和 1577 年期間，法國貨幣對義大利貨幣貶值了百分之二十。1577 年，法國有一項新條款，要求里昂市集的所有匯票和其他業務價值的三分之二，必須以黃金來清償。此外，薄桑松 (Besançon) 以白銀來清償匯票的市集很成功。這對於里昂市集更是雪上加霜。熱那亞商人控制匯票和貸款合約市場。1589 年，在法國宗教戰爭中，里昂加入天主教聯盟，因而造成里昂市集永遠衰微。在十六世紀後期，四分之三的義大利匯兌業者，原在里昂居留二十五年左右，已從里昂遷移到薄桑松。

❺ 僅有熱那亞商人因為放棄與法國的盟約，改與哈布斯堡王室修好，而在 1496–1499 年間、1512–1514 年間，以及 1571–1576 年間被禁止參與里昂的交易和匯兌業務。

四、行　會

中古時期，在大多數歐洲市鎮，手工業和商人行會的成立乃為協助市鎮和其商人盡可能拓展交易量和隨之而來的利潤。這些行會意欲確保其專業產品有一種令人滿意的技藝標準，以及合理價格，並且避免來自外界的競爭。它們設法限制每一位師傅所收學徒的人數、師傅的工作時數和所用的工具。這些規定無非是要讓一件良好的產品能以合理的價格出售。然而，在行會成立之初所擁有的這些理想，隨著時間的消逝而逐漸流失。

然而到了近代初期，許多行會已變成自私自利的壟斷性組織，設法維持昂貴價格。甚至限制每位師傅的學徒人數，也漸受到公開反對，因為學徒制可以提供給師傅廉價的勞力。行會只顧行會體制內的發展而不理會外界人士利益的作法，的確有礙資本主義的發展。它們設法限制商業競爭的範圍。

在中古晚期，行會在市鎮居民的生活中扮演相當重要角色。行會會員對於他們的行業有很強烈的榮譽感。他們強化技藝的高標準。會員間的凝聚力很強，通常必須彼此間如同「兄弟」或「朋友」般有金錢上的互助。在某些市鎮，行會甚至扮演政治角色，參預市鎮的行政事務。

行會的會員包括社會各階層。根據調查，1567–1568 年間，威尼斯的藥劑師行會會員的財富分配很不平均：不到百分之五的會員之資本約占全部會員總資本額的半數，而百分之三十八的會員卻只擁有所有會員總財富的百分之二。

貨品需求的多寡往往影響行會對新會員的態度。如果對貨品的需求漸增，行會對新會員入會申請可能採取較為友善的態度。然而，遇到需求停滯或漸減時，它們會變得較為保守，只顧自己原有會員的利益，甚至損及同一市鎮其他行業也在所不惜。直到十六世紀，低地國的行會師傅地位之取得主要來自繼承。1510–1539 年間，根特 (Ghent) 的釀酒人行

會的新會員人數，與師傅的兒子人數完全一致，也就是二百二十五人。在同一市鎮的鐵匠、木匠、泥水匠和皮革匠等行會，很顯然地也有同樣的情況。在義大利，有些行會卻未必如此。在威尼斯，1575 年布商行會的八百七十四個會員中，有二百零五個是前一年才加入的。威尼斯布店的數目由 1586 年的四百家，增加到 1594 年的四百四十六家。1690 年，該市的布商為一千七百四十七人。

五、農業生產的落後

對資本主義思想的保守態度是限制經濟成長的重要原因，但是或許缺乏一個繁榮的製造品農村市場更是基本的因素。農業的缺乏效率，限制了歐洲經濟的發展。事實上，農業受到製造業活動的影響，在某些方面甚至還得到一些好處。市鎮的商人有時會雇用農村手工業者，例如農村紡織工人從事初步的紡織生產工作，而最後需要巧思的工作則留給技術較好的市鎮織工。

家庭製造業原先只是貼補農村家庭收入的一項額外活動。農業還是農村的主要依靠，而農業一般說來是很傳統的。有關農業方面的論文鳳毛麟角，其中非常著名的一篇是塞爾斯 (Olivier de Serres, 1539–1619) 的《農業的舞臺》(*Theatre of Agriculture*)。該著作於 1600 年在法國發表後，在十七世紀期間再版五次。然而，這些著作並未造成耕作方法上任何技術性的改良。耕作仍然使用木製犁。英、法兩國的農民經常利用石灰來改善土壤的酸鹼值，但此種方法會產生土壤逐漸硬化的不良後果。因此，法國人會說此種方法「讓父親富有，但禍及子孫」。動物的排泄物和草灰是傳統的自然肥料。

種籽的選擇非常重要，它攸關整個的農業利潤。在法國，較貧瘠的農地種黑麥，需要早收成的地方則種大麥。篩選工作很受農民重視，目的在保留下一季的乾淨和健康的種籽。收割工具以鐮刀最為普遍，因為它較便宜，較不會傷及穀粒，而且男女老幼都可以使用。長柄的大鐮刀

雖然速度比鐮刀快三倍，但卻無鐮刀的上述優點。

作物的產量因國家和地區的不同而有很大的差異。以法國來說，1600 年，塞爾斯認為在良好的農地所播下的種籽，有五或六倍的收成。1707 年，窩班 (Sébastien Le Prestre de Vauban, 1633–1707) ❻認為，某些農地或許可以有十倍、十二倍、甚或十五倍的收成；在貧瘠的土地，則只有四倍半的收成。

由於缺乏真正的技術性突破，任何產量的增加全依賴勞動人口的增加。法國穀類產量似乎在黑死病發生前達到高峰；經過二、三個世紀，在路易十四統治時期恢復原來的產量；直到 1830 年代，才超過此一產量。1560 至 1570 年左右，波蘭的穀類生產達到高峰，而在匈牙利則約早十年。隨著戰爭的發生，穀類的產量大幅萎縮❼。

在《荷蘭的利益》(*Interest of Holland*) 的著作中，顧爾 (Pieter de la Court) 認為，農業對荷蘭的繁榮並不重要。大多數晚近的研究，卻不認同他的觀點，反而認為農業與船運業、工業和商業，彼此關係密切，而且皆成為荷蘭日漸繁榮的貿易之基礎。荷蘭農業的效率高，因此可以提供工業、船運業和商業發展所需的原料和非技術工人。荷蘭農民家庭的財富日漸增加。在十六世紀初期，農民使用木盤，但在十七世紀期間，錫盤愈來愈普遍，直到十七世紀末被瓷器取代為止。在此一時期，農場設備最昂貴的貨車和船隻也愈來愈多。農民的家庭用品和個人衣物，水準日益提昇，甚至能擁有金銀飾品和器皿。農民對製造品漸增的需求，有助於工業的擴展。除了十七世紀中葉以後的英格蘭，荷蘭的此一發展並未、也不可能在歐洲的其他國家發生。

---

❻　窩班是路易十四時代的法國元帥、傑出的軍事工程專家，同時也是一位農學家。

❼　由於與土耳其的長期戰爭 (1593–1606)，匈牙利的穀類生產量在 1570–1710 年間大約減少一半。在三十年戰爭對抗莫斯科大公國期間 (1654–1667)，波蘭的穀類產量同樣大幅度萎縮。

第三節　十六世紀的資本主義

在資本主義發展的過程中，宗教改革和專制君主政體皆扮演重要的角色，而工業和農村生活形態的改變也與之息息相關。同時，資本主義也造成社會結構和社會關係的變動。

一、資本主義與宗教改革

有人認為宗教改革是資本主義產生的原因之一。事實上，教會譴責借貸取息為暴利之行為❽。1515 年的第五次拉特蘭大公會議 (Fifth Lateran Council) 和 1532 年巴黎大學神學院 (Faculté de Théologie de Paris) 在安特衛普的西班牙商人徵詢意見時重複此項譴責。人們應該以公平的價格賣出，這種價格與生產者的勞力和開支相配合。人們應該貸款而不取息。這種理論適合於一種工業不甚發達的農業制度和一個小老闆和農民的社會。

然而，資本主義在宗教改革以前就已產生，一些大的金融世家如福格家族、威爾塞家族 (The Welsers) 等還是馬丁路德和宗教改革的敵人。此外，當放款者參與企業的經營或者冒著風險之時，天主教會認為這種投資是合法的，同時還准許有限責任企業的設立。天主教會也允許出賣一筆錢以換取永久的租金，其實這就是一種有利息的貸款。

路德十分仇視資本主義，他認為日耳曼民族最大的不幸，無疑地是金錢的交易。魔鬼發明了它，而教宗在同意它的存在之後，留給世界無窮之害。從加爾各答 (Calcutta) 和其他地方帶回商品，及使國家的金錢外流的對外貿易不應獲准。商會存在著罪惡和不公。

喀爾文重述聖保羅 (Saint Paul) 貧窮的理想，這是一個基督徒的生活

---

❽ Carlton J. H. Hayes, *A Political and Cultural History of Modern Europe*, vol. I (N.Y.: Macmillan, 1932), p. 83.

所不可或缺的。

如果說路德和喀爾文並未造成資本主義的產生，他們倒是在違反自己的意志下，有利其起飛。

路德曾譴責資本主義和投機事業。他建議無息貸款和以剛好能使販賣者維持生活的價格出售商品。但為了讓人有精神的自由，他拒絕有關經濟方面的立法。商人必須徵詢《聖經》(《新約》) 和自己的良心。不管路德本人的意見如何，路德教派最後還是促進資本主義的起飛。

至於比路德更年輕的喀爾文，由於所處的環境對於金錢的交易較為熟悉，因此對高利貸的看法比路德更自由❾。對他來說，上帝以其自己的意志安排一切事情。資金、銀行、大商業和金融皆為上帝所欲，而且其收益就像工人的工資和地產的租金一樣值得尊敬。上帝召喚每個人從事一種特別的工作以崇耀祂。商人以具備經濟方面的特長，追求利潤，這也是應上帝的召喚，其行動也是神聖的。喀爾文教派能在安特衛普、倫敦、阿姆斯特丹等地的工商階級中獲得很大的成功，這些確信已完成上帝的構想和與上帝同在的資產階級，就變成了該教派鐵般的忠實信徒。

英國的宗教改革對於資本主義的發展有很大的影響力。1536 至 1540 年，在一片不道德的責難聲中，修道院被取消。修道院的財產交給國王亨利八世 (Henry VIII, 1491–1547)，然後再以廉價出售或贈給大臣和資產階級者❿。一個與國王和英國國教關係極為密切的新貴族階級於焉形成。

---

❾　參閱 Albert Hyma, "Calvinism and Capitalism in the Netherlands", *Journal of Modern History* (September 1938); H. Sée, *Les origines du capitalisme moderne* (Paris, 1925), pp. 46–47; M. Weber, *The Protestant Ethic and the Spirit of Capitalism* (London, 1930), pp. 9–10.

❿　Maurois, *Histoire d'Angleterre*, p. 208.

二、資本主義和專制君主政體

資本家與專制君主政體間的關係相當不平凡。為維持傭兵部隊、宮廷和一般官吏，君王只好建立稅制以確保財政收入，但擔任此項工作所需的人才都需從大商人中去尋求。他們將稅包租給商人，以皇家財產，尤其是礦產的開採權讓給商人，並且付出利息以取得貸款。國王還得保護他們以對付仇視貸款取息和投機行為的教會法和民意。

佛羅倫斯和熱那亞的義大利金融家，奧格斯堡和紐倫堡 (Nuremberg) 的日耳曼金融家所擔當的角色最為重要。其中最重要的是福格家族，「福格雷」(Fuggerei) 一詞成為描述高利貸的名詞，這個家族也成為歐洲最富傳奇性的家族之一。哈布斯堡王朝因福格家族的貸款而能進行國內外的活動；後者也因前者之保護和特權之讓與而能更為富有。

因此，專制君主政體與大資本主義似乎相輔相成。專制君主政體以其地產、預先徵收的稅和商業的壟斷而變成一種資本主義的大企業，然而其技術人員、合夥人和供應者，則是金融家。

三、資本主義與工業

商人發現在遙遠的地區將有為數甚多的顧客準備購買無數的產品，而且到處皆有一些急欲提高生活水準的顧客，準備購買品質較差，但外觀要好而價格要低廉的東西。在古老的手工業城市如布魯日 (Bruges)、布魯塞爾和盧昂，行會的規則阻止師傅提供足夠數量和所欲質地的產品[11]。因此，商人就走到小鎮和鄉村，帶著原料、設備和樣品，雇工從事產品的製造，並且自己負責銷售。他們導入一些行會拒絕採用的新設備。這種機器會降低品質，但可增加產量和降低價格。1589 年，教士李

---

[11] 法國里耳 (Lille) 的毛織業曾有相當詳細的規則，參閱 F. Billançois, *Documents d'Histoire Moderne* T. 1 (Paris: Colin, 1970), pp. 23–26 (Extraits des Statuts des Sayetteurs de Lille, 8. mars, 1501).

威廉 (William Lee) 的編織機，很快地在英國各地採用，這種機器比人工快上十到十五倍，並且可由一位十二歲的兒童使用。勞動者不再是其生產工具的所有人，手工業者變成工人。一些分散在各地的工業卻集中在資本主義企業家手中。法蘭德斯 (Flanders) 的資本家為了跟價格不貴的暢銷品——英國的呢絨競爭，他們在依普爾 (Ypres)、里耳 (Lille) 的四周設立工廠。窮人和流浪漢大量湧入，小鎮變為城市。這些工廠出產的布料壓倒了英國的呢絨。

　　商人將工業集中而成為大企業。在需求增加的工業如印刷業、採礦業、金屬工業、鑄砲業等等，則使用機器。有時商人跟將獨占權讓給他們的國王或公侯合作；有時他們也遭遇到投資於這些企業的世俗或教會的領主之競爭。這種事實十分普遍。在日耳曼地區、荷蘭和自從 1540 年修道院革命後的英國，其發展的程度近乎一次工業革命。本來只有幾公尺深的礦坑，後來因新的需要而加深至五十到一百公尺。應該開鑿的坑道耗資達數萬鎊 (tournois)，等於法國一個男爵封地數年的收入。

四、資本主義與農村生活

　　資本主義也滲入了農村生活。國際性大市場，工業，尤其是城市的發展，使農村產品銷路大增。英國中部的領主們趕走佃戶，將耕地和公有地圈圍起來，使之成為飼養綿羊的牧場，以生產供英國工業用或供輸出的羊毛。在農業經濟方面，這是個人經營代替集體經營的起點。小佃農 (tenant) 為擁有資本和資產階級精神的大佃戶 (tenant farmer) 所取代，後者之經營農地或牧場完全為了商業的目的。

　　在法國，許多土地都被認為是世襲佃戶所耕種。領主不容易趕走他們，最初所定租金的金額因物價上漲而使領主的實際收入日愈減少❷。然而，自從百年戰爭結束後，人口大為減少，通常是由一位鄰近城市的

---

❷ Emmanuel Le Roy Ladurie, *Les paysans de Langudoc* (Paris: Flammarion, 1969), pp. 135–136.

資產階級者經營土地，而變成領主的承租人。隨之，他又轉租給另外的佃農，收取每次契約期滿後可再增加的租金，或者平分收穫物，使資產階級者有產品可販賣。

　　資產階級者購買領主的封地 ❸，並且盡可能將地租給佃農。他們親自經營地產，監督和改良農地的耕種。許多領主也仿做他們。這些封建領域收購者的資產階級和資產階級化的領主，知道監督市場動態，大量屯積，然後等待有利時刻，以高價出售。他們發展能成為商業產品的作物如小麥和葡萄。

　　在法蘭德斯、西日耳曼、南日耳曼和義大利也有類似的現象。在易北河 (Elbe R.) 流域、東日耳曼和波蘭，由於漢撒同盟 (Hanseatic League) 和荷蘭商人對小麥的需求，使領主開始利用權勢，從佃農手中收回田地，組成大農場，要求農民義務工作，並使自己變成小麥的生產者和商人。

　　農業技術很少改變。只有到了十六世紀末，荷蘭方出現一種精耕的新制度。

五、資本主義的社會影響

　　資本主義的發展和物價的上漲，使資產階級和領主階級相互接近，而與平民階級分離，並將之分為次要的等級。

　　無知或才幹平庸的領主，由於日漸奢侈和物價上漲而變為貧窮，使之不得不出售土地。商人購得這些采邑，住進官邸，與人文主義學者往來，並過著貴族式的生活。透過貴族式的生活和擔任公職，他們的家族就可擠入貴族之林 ❹，成為紳士、教士或武將，有時也會成為王家重要官員。

---

❸　福格家族於 1525–1619 年期間，總共購進四十二處封地和五百七十三處其他地產，見 Billançois, op. cit., pp. 107–108.

❹　Victor L. Tapié, *La France de Louis XIII et de Richelieu* (Paris: Flammarion, 1967), p. 40.

在他們之下的是一些行業師傅的資產階級者，這些昔日曾名列資產階級之首的人，現在都已落後。較重要的行業中，呢絨業、屠宰業、藥劑業和服飾用品業，由於城市成長的需求或自己土地的收入尚能維持一種相當不錯的生活水準。然而這些人心中對於新興的商人階級難免會有所怨恨。

再其次為次要的行會師傅如皮鞋匠、舊貨商等，以及一般店主和手工業者。

社會結構的最基層，是那些靠勞力度日的無產階級。他們的工資由於受到公侯支持的資產階級之抵制，無法大幅度的提高。行會的伙計們，組織工會，選出領導人物，籌募基金，裝備武器，發動罷工和暴動。

在鄉村，如果說大承租戶是具有資產階級精神的小資本家，為耕種者之上層階級，那麼那些缺乏資金去改革耕種方式，而且不知道在有利的時機出售產品的佃農，其命運將隨物價之上漲而日愈悲慘。農民的暴動因而產生。

因此，一種階級的區別化和一種階級的鬥爭隨之產生。

第四節　重商主義

一、重商主義的一般觀念

重商主義的目的在於提高國家的國力、財富，及獲得武器、彈藥和船隻的供應。當時交易的主要媒介為貴重金屬製成的錢幣。就是這種錢幣促使交易的進行，刺激生產，發展經濟，減少饑荒的嚴重性；提高納稅義務人納稅的能力，使國家能發給軍隊糧餉，發給公務員薪水，維持國內秩序和國家的安全，並且還能以付清供應商之貨款而重新刺激生產。貴重金屬的錢幣是「經濟的血液」，同時也是國家的血液。然而其數量之減少卻相當驚人。

因此，一種經濟的國家主義遂應運而生。國與國間也開始了一種永無休止的錢幣之戰。每個國家都設法發展一種有利的貿易情勢，以吸收和保持寶貴金屬。奢侈品的進口應該禁止，製造品的輸入也應盡可能減少。製造品應由國內自行生產，甚至其生產成本比國外昂貴甚多也在所不惜。原料應大量利用。此一時期，農業提供絕大多數工業所需的原料。毫不猶疑地，國家採用一種不利於自己國內農業生產者的關稅制。對於外國競爭性的農業產品課以極輕的關稅，或者免稅，同時禁止本國農產品的出口，或者課以重稅，使農產品不但充斥市場，而且價格低廉，以保證輸出製造品生產成本的低廉。

產品的輸出，尤其是製造品的輸出愈多愈好，因此盡量增加國內的製造廠商。為了打垮競爭者，就必須使物美而價廉。利率必須很低，使企業家能找到便宜的資本。工人的工資要低廉，並且維持很低的生活水準。否則在一個外國產品充斥，經濟停滯的國家，失業工人的命運將十分悲慘。國家也將因力量薄弱而面臨著外國的侵略和統治的嚴重危機。因此，應該以優厚的利潤來刺激和鼓勵資本主義的企業家。

殖民地應供給殖民國原料或其所缺之消費品，同時輸入其產品，以維持貿易的平衡。殖民地應以低廉的價格提供糧食、原料或製造品，使之能再度輸出。那些擁有與歐洲不同產品的熱帶地區殖民地最能引人注意。殖民地被認為是一個提供殖民國貿易無競爭性的，或比其競爭者便宜的產品之商業機構。獨占理論因而產生。國家保有與其殖民地的所有關係。因此可確保以高價出售自己產品和以低價購入他人產品然後再輸出的市場，並因而賺進其他國家的錢幣。在此類交易中，殖民地所得的只是其中一小部分而已。事實上，殖民地被認為是一些在海岸上的外國商行，或者是殖民者在面積廣大地區的農場。

重商主義是一種經濟的國家主義。國家因本身的需要而調節和刺激經濟，其型態有二：

1. 提高國力之政治目的為第一要務。它不尋求繁榮本身，生活水準

的提高也非主要目標。繁榮為一種手段，生活水準之提高也只是一種附帶的結果。政治比經濟優先；法國屬於此一類型。

2.國家變成富有工業資產階級的表示。資產階級的富裕變成重商主義的目的，而其結果為國家的強盛。經濟優於政治。荷蘭屬於此一類型，而 1603–1688 年的英國則為兩種類型的混合。

二、荷蘭的重商主義

1.海上的轉運者

荷蘭的經濟最接近自由經濟。荷蘭的海岸線長，港口多，萊茵河在此出海，而且位於波羅的海與地中海國家之間，這種優越的地理位置，使之成為世界貿易的媒介。荷蘭商人以錢幣為媒介，進行全球產品交易活動，成為海上的轉運者。為了本身貿易之需要，他們逐漸習於高度的自由主義，並給予外商許多優惠待遇，使賓主水乳交融，如 1631 年與波斯王所訂的條約。

2.貿易公司與國家

荷蘭的經濟最接近自由經濟，但並非純粹自由。海上貿易受貿易公司支配。事實上，在此一貴重金屬稀少的時代裡，個人自由貿易將帶給個人和國家很大的災難。因此必須由商人組成公司。1602 年，屬於六個商會的七十三個大商人組成「東印度公司」(East India Company)，他們皆為公司的董事。由各商會指定的代表組成「十七人委員會」(College of Seventeen) 負責共同事務的管理。每個商會決定其會員的貿易數額及黃金的輸出數目。「十七人委員會」以多數票方式決定

圖22：荷屬東印度公司的商船

船隊的組織及其目的地，還有商品的運費。公司享有與印度地區貿易的獨占權。它行使與原住民交戰、媾和和簽約之權，任命總督和其他行政人員。

公司與國家之間關係密切。所有公司的董事都是市議會、省議會和國會的成員。阿姆斯特丹的商會控制著「十七人委員會」。1609 年成立的阿姆斯特丹銀行 (Bank of Amsterdam) 為一市立銀行。銀行的董事由該市的領導階級擔任，他同時也是「東印度公司」的董事。因此國家、公司和銀行無法區分，所採取的步驟也常一致。政治與戰爭成為受資本主義托拉斯指導的貿易工具。

三、英國的重商主義

英國的重商主義代表著一種混合的特性。英國人對於亨利四世時代法國的迅速強盛，覺得十分驚訝，使得伊利沙白女王時代遺留下來的法規觀念因而獲得加強。荷蘭商業的迅速發展也引起他們對於一種相當自由的貿易和一些享有特權的公司所產生的利益十分注意。比荷蘭不發達的貿易似乎更需要國家的干預，然而工商資本主義的起飛卻引起商人對於法規和獨占的憎恨，及對自由的喜愛。他們認為貿易只需要由國會制訂一般性立法加以節制即可。

1. 航海法

詹姆士一世和查理一世 (Charles I, 1600–1649) 對於經濟生活的干預頗費苦心，他們指定一個委員會專門策劃此事。在英國、法國和西班牙鄰近地區的海上貿易卻受到一連串航海法的限制。這些法規將英國與其在亞洲、非洲和美洲屬地的貿易保留給英國和愛爾蘭的船隻，或者那些在殖民地建造而屬於殖民者的船隻。船長及四分之三的船員必須是英國人或英王的臣民 ❶❺。這些法規減少立即可用船隻的數目，增加了船費，使資金投入船隻的建造，而且使船隻和水手的數目逐漸增加。

---

❶❺ English Act of Navigation of 1660，見 Billançois, op. cit., pp. 81–82.

陸續成立的貿易公司可分為兩種類型：受法規節制的公司 (regulated company) 和股份有限公司 (joint-stock company) ❶。前者擁有一種免除競爭的貿易獨占權。每一成員必須遵守最低售價和最高品質等規則。因此成員間的競爭受到限制，而這種公司則類似「卡特爾」(Cartel) 性質。「土耳其公司」(Company of Turkey) 即屬於此一類型。

股份有限公司也享有某一產品或某一貿易地區的獨占權，但其資本則共有。依此方式，企業的努力可以迅速擴大，如 1600 年成立的「東印度公司」(The East Indian Company)。

2. 經濟的控制

詹姆士一世和查理一世盡力以獨占公司、規章和禁止進口的制度來發展工業。產品的品質由特定的政府官員管制。清教徒革命後，自由恢復，所有管制經濟的政府機構全部解體。然而貨物的品質也降低。克倫威爾廢除所有公司的特權後，貿易商的人數過多而充斥市場，國家也無法保證船隻的安全，貿易自由產生了不良的後果。

查理二世 (Charles II, 1630–1685) 復辟後，恢復一種溫和的干預制度。國家以立法、關稅和條約等一般性措施來指導經濟。國王設置「商業委員會」(Council of Commerce) 為其輔佐機構。查理二世在 1667–1668 年間，相繼與葡萄牙、西班牙、荷蘭、法國、丹麥等國簽訂貿易協定。他於 1660 年和 1663 年又制訂兩個航海法，管制海上貿易。所有殖民地與歐洲間之直接貿易皆被禁止。英國變成糖、煙草、棉花、薑……等等物品的大倉庫，這些物品以賤價從殖民地購入，再以高價銷到國外。殖民地變成英國工業產品及糧食的保留市場。特權公司的政策繼續實施，尤其「東印度公司」於 1661 年重獲新的特許狀，英王給予一項新的獨占權及皇家權力。

在國內，獨占性的工業公司逐漸減少，而且這些公司的特權是由國

---

❶　W. Freeman Galpin, *A History of England* (N.Y.: Prentice-Hall, 1938), pp. 412–414.

會授與而非由國王特許。經濟生活的有系統管制已放棄；調查、產品品質管制、價格和工資的控制等皆已不存在。經濟自由幾已完整無缺，只有利潤本身指導著商人的行動，但產品的品質通常很差。

四、法國的重商主義

1.「柯爾白主義」(Colbertism)

法國的經濟和社會結構使國家的干預更不可或缺。亨利四世時代的拉法瑪 (Barthélemy de Laffemas, 1545–1612)、利希留、柯爾白等人所創立的理論是一致性的❶，而且政府所採取的措施從亨利四世，經路易十三時代也未嘗變更。由於路易十四的權威更加絕對，其政治上的需要，再加上價格下跌會造成生產及經濟的危機，使柯爾白對這一個已成為傳統的制度之實施更加徹底。在他以前，已存在的皇家工廠有數十家，他又增設幾百家。

這些措施的目的以政治為主，也就是要阻止金銀從法國國庫流出而讓國家的敵人致富❶。柯爾白曾說：「貿易公司是國王的軍隊，而法國的製造廠商為其後備部隊。」

2.經濟管理

國家管理經濟的主要機構為「御前會議」(Conseil du Roi)，該會議於 1601–1616 年間，由「商業委員會」(Commission du Commerce) 和拉法瑪輔佐；1626 年以後由利希留輔佐，然而中央權力還是很分散。1661 年以後，大部分的經濟權力逐漸集中到柯爾白身上。

國家以《消費法》來管制人民的消費，以禁止寶貴金屬和錢幣的輸出，藉由禁止大量囤積、成立消費者協會限制中間媒介的數目及競爭的維持 (限制出售的時間和地點) 等方式來管制貿易。國家並利用對長度、

---

❶ Georges Duby, *Histoire de la France*, T. 2 (Paris: Larousse, 1971), p. 186.

❶ 柯爾白的主要目的就是將英、荷兩國的產品逐出法國市場，見 Billançois, op. cit., p. 85 (La politique économique de Colbert vue par l'Ambassadenr Giustiniani).

寬度、重量、品質及加工程度的規定來管制產品的製造。如有違反規定，則要受嚴厲的懲罰 **⑲**。

3.國家為工業的創造者

為防止金銀外流，國家須創造工業，以免再向國外購買。因為缺乏國內市場，除了盡量設法外銷爭取金銀的流入外，國家必須成為唯一的主顧，例如農民不以鐵而以木材做農具，那麼生產的鐵只好由國家買來做槍砲、船隻及建造宮殿。

國家促使工業的誕生。國王以封爵的方式鼓勵商人設廠。國家盡力扶助新企業，使之逐漸達到自給自足。國王不斷降低利率，提供企業家足夠的資本。國王還替企業尋求勞工。柯爾白為鼓勵生育，暫時免除二十歲已婚者和子女十人以上家庭之稅捐。他還主張減少不事生產的教士和修女的人數 **⑳**。國王禁止工人移民，將乞丐收容在一起學習一些技藝，延聘威尼斯、瑞典、法蘭德斯和日耳曼的專家，讓他們歸化和結婚，但要求他們訓練法國工人和獻出企業祕密。

國家還保證特權企業的工作自由，以對抗行會，保證原料的供應及負責技術教育。

---

⑲ Jean Thoraval, *Les grandes étapes de la civilisation française* (Paris: Bordas, 1972), p. 108.

⑳ Robert Gaxotte, *La France de Louis XIV* (Paris: Hachette, 1970), p. 53.

第六章　近古的鄂圖曼帝國與中、東歐

1453 年，鄂圖曼土耳其人 (The Ottoman Turks) 攻陷拜占庭帝國首都君士坦丁堡，並在往後的一百餘年期間爭霸歐洲。面臨鄂圖曼土耳其人最大威脅的是哈布斯堡王室，尤其是神聖羅馬帝國。自十六世紀開始，俄羅斯和普魯士，相繼崛起，逐漸擠入中、東歐的強權之林。

第一節　鄂圖曼帝國

一、鄂圖曼土耳其的崛起

鄂圖曼土耳其人並非如同一般所認為，崛起於亞洲內部❶，再逐步建立其帝國，而是由安那托利亞 (Anatolia) 中部邊界地區的小領域，擴展成為一個大帝國❷。

在十三世紀，塞爾柱土耳其人 (Seljug Turks) 控制波斯、伊拉克、敘利亞和小亞細亞等地。同樣在十三世紀，塞爾柱土耳其人同宗的一族為了逃避蒙古人的侵犯，逃到小亞細亞，成為塞爾柱土耳其帝國內一位酋長的傭兵，並受贈一塊可飼養其牲畜的土地。1288 年左右，鄂圖曼（Othman，1300?–1326 在位）或稱鄂斯曼 (Osman)❸繼承該族領導人之

---

❶　亞洲內陸為土耳其各民族的故鄉。

❷　在極盛時期，鄂圖曼帝國的疆域北至俄羅斯南部大草原，東至波斯帝國邊界，南至埃及，西邊則沿著非洲海岸至大西洋。她的國勢之強大，在當時只有中國的滿清王朝和印度的蒙兀兒政權堪與比擬。

時，發覺塞爾柱人衰弱不振，不足以阻礙他們的發展，於是自封為小亞細亞西北部一小國的獨立酋長，並往西擴張。鄂圖曼並非一位偉大的將軍，但他極有恆心。他的軍力雖小，但軍隊成員卻個個是上乘的騎士，為了爭奪土地、金子、女人或權力，往往置生命於不顧。在鄂圖曼去世那一年，鄂圖曼土耳其人經過十二年的圍城，終於攻占了小亞細亞西端臨近兩海峽的布爾沙 (Bursa)，並以之為其首都。

鄂圖曼去世後，長子鄂爾罕 (Orhan，或稱 Orkhan，1326–1362 在位) 繼承王位。他於 1330 年攻下尼西亞 (Nicaea，後易名為 Iznik)；1337 年，在六年的圍城之後，攻下尼可美地亞 (Nicomedia，後易名為 Izmid)。鄂圖曼土耳其的勢力已逼近海峽另一邊的君士坦丁堡。歐洲開始注意到此一攻無不克的武力。1346 年，拜占庭帝位競逐者坎達古柬 (John Cantacuzene，1347–1354 在位) 為得到土耳其部隊的協助，將女兒狄奧多拉 (Theodora) 嫁給鄂爾罕。1353 年，鄂圖曼土耳其人獲贈加里波利半島 (The Gallipoli peninsula) 上的一處永久性基地，作為報酬。這是他們向巴爾幹擴展的起點。在鄂爾罕去世時，鄂圖曼土耳其人不但牢牢控制此一在歐洲的橋頭堡，而且在安那托利亞，他們還將其疆域往東推至安卡拉 (Ankara)。

鄂爾罕的繼承者建立了一個歷史上無人可與之匹敵的綜合戰術、行政能力、野蠻殘暴❹，但卻也致力於文學、科學和藝術的朝代。

穆拉德一世 (Murad I，1360–1389 在位) 繼位後，陸續占領亞得里亞堡 (Adrianople)❺和菲利貝 (Filibe)❻。鄂圖曼土耳其人大批遷至色雷

---

❸ 鄂圖曼人的名字就是從他之名取來的，就如同塞爾柱人之稱呼也是來自該族領導者的名稱。

❹ 穆拉德一世曾將他的三位兄弟處死，還將背叛他的兒子的雙目挖出，並砍掉他的頭；貝葉吉德一世 (Bayezid I) 在科索沃戰場上繼承王位，他所下的第一道命令就是將曾經一起出生入死的兄弟 Ya'kub 處死。此種殺害親兄弟的行為，後來成為鄂圖曼人繼位的正常手段。

斯定居。此一行動令巴爾幹諸國感到不安。以塞爾維亞和保加利亞為首，包括匈牙利、波士尼亞和瓦拉幾亞 (Walachia) 組成的十字軍❼，於 1364 年進攻亞得里亞堡，但卻被鄂圖曼軍隊擊潰。此後，鄂圖曼人在擴張之路，只遇到一些局部性的抵抗。他們往西越過塞爾維亞人的馬其頓，直接抵達瓦爾達河 (Vardar R.)；往北，抵達巴爾幹山脈。

　　1388 年，鄂圖曼土耳其人進攻保加利亞，並將之變成鄂圖曼帝國的一個行省。1391 年，曼紐爾二世（Manuel II，1391–1425 在位）繼承拜占庭帝位後，君士坦丁堡經常處於鄂圖曼土耳其人的圍困之中。1453 年，利用大砲和強大海軍，鄂圖曼土耳其人終於攻下在其帝國中苟延殘存的君士坦丁堡，並易名為伊斯坦堡 (Istanbul)。拜占庭帝國從此走入歷史之中。君士坦丁堡的淪陷，無論在世界歷史或土耳其歷史上，都是一件大事。一般史學家以之為中古史的終結和近代史的開始；對土耳其歷史而

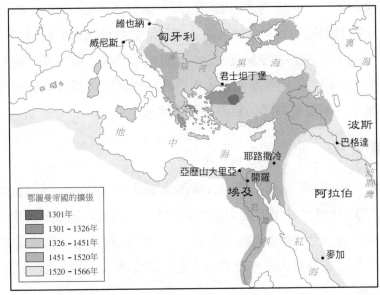

圖 23：鄂圖曼帝國擴張圖

鄂圖曼帝國的擴張

- 1301 年
- 1301 – 1326 年
- 1326 – 1451 年
- 1451 – 1520 年
- 1520 – 1566 年

❺　亞得里亞堡後來改稱 Edirne。

❻　菲利貝今稱 Plovdiv。

❼　此一聯軍是由教宗烏爾班五世 (Urban V) 所促成，故有十字軍之稱。

言，君士坦丁堡的占領，結束了鄂圖曼帝國的建國時期。自此以後，是帝國的擴張時期❽。

　　鄂圖曼帝國蘇丹穆罕默德二世（Mohammed II，亦作 Mehmet II，1451-1481 在位）統治時期，軍事活動十分頻繁，但其目的並非全為擴大帝國的版圖，而是要鞏固他已經得到的。他要建立一個中央集權國家，要剝奪土耳其軍隊貴族的權力，於是強化新軍的權力，任命忠於朝廷的人為各半封建行省的長官。遷都伊斯坦堡後，不久就創辦宮廷學校，培訓基督徒奴隸的孩子。這些孩子是他定期從臣民中找來的，並強迫他們改信伊斯蘭教。這些辦法可以為國家提供未來忠心耿耿值得信賴的奴隸，為他們的主子治理此一帝國。另一方面，他創立神學院，學生畢業後被分配到各地擔任法官，從而推廣統一的伊斯蘭教法制，作為社會秩序的基礎。

　　穆罕默德二世知道其帝國無法成為一個貿易大國，但他控制沿海水域，進而控制過境的貿易，並希望其獲利能有益於國家的經濟。然而，此時正逢地中海經濟的普遍衰退。在十五世紀後期，歐洲國家積極尋求通往東方的新航路，使鄂圖曼帝國想藉其地理條件之優勢來繁榮其經濟的希望落空。鄂圖曼帝國的經濟繁榮也遙遙無期。

二、蘇萊曼一世

　　在十六世紀，鄂圖曼帝國的版圖繼續擴張。在薛立姆一世（Selim I，1512-1520 在位）的統治時期，鄂圖曼土耳其人的疆域推展到波斯邊界，控制美索不達米亞、埃及和阿拉伯地區。這些成就讓土耳其蘇丹擁有預言者的地位，成為麥加和麥地那兩處聖地的保護者，以及全世界正統穆斯林的領袖。

　　征服埃及後，獲自敘利亞、巴勒斯坦和埃及的財富和戰利品，充滿

---

❽　吳興東，《奧斯曼土耳其歷史》（臺北：政治大學東方語文學系，民國八十二年），頁 45-46。

國庫，使鄂圖曼帝國更為富裕，而且還控制「香料之路」。雖然葡萄牙人早已在 1487 年發現好望角，控制了印度洋，降低了鄂圖曼土耳其人的利益，但埃及仍然是帝國最富庶的省份之一。

　　蘇萊曼一世（Suleiman I，1520–1566 在位）登基時，已擁有父親薛立姆一世留下的強大軍隊、充實的國庫、經驗豐富的文臣武將。他在位四十六年，曾親征十三次，無論陸上或海上、東方或西方，皆有輝煌的戰果。在他統治時期，鄂圖曼土耳其人取得貝爾格勒和羅德斯島等戰略據點。蘇萊曼一世的政治目標相當具體。他要征服匈牙利、主宰地中海、控制底格里斯河和幼發拉底河地區，並且迫使波斯保持中立。

　　為征服匈牙利，蘇萊曼勢必與奧地利的哈布斯堡王室發生衝突，並且要面對神聖羅馬帝國皇帝查理五世。1521 年，蘇萊曼占領貝爾格勒。1526 年，他在木哈赤戰役 (Battle of Mohács) 中，打敗匈牙利國王路易二世 (Louis II, 1506–1526) ❾。路易二世在戰敗脫逃時溺斃於沼澤。木哈赤會戰歷時兩小時，鄂圖曼軍隊大獲全勝後，未遇任何抵抗，隨之占領布達佩斯，順利征服匈牙利。

　　鄂圖曼土耳其人征服匈牙利之後，開始與奧地利毗鄰。查理五世與斐迪南皆不願匈牙利被鄂圖曼土耳其人控制，尤其是斐迪南因為與路易二世有雙重親戚關係，聲稱匈牙利王位應由他本人繼承，於是雙方又發生多次戰爭。然而，1547 年以後，奧地利發現按年向鄂圖曼帝國納貢，要比抵抗其軍隊更為適當 ❿。

　　在這一連串戰爭中，蘇萊曼是法國某種程度上的同盟。雙方關係始於蘇萊曼征討匈牙利之時。1525 年，法國國王法蘭西斯一世在義大利的戰爭中被查理五世俘虜，法國向蘇萊曼求救。蘇萊曼為拉攏基督教世界

---

❾　路易二世之妻是查理五世之妹，也是查理五世之弟奧地利大公斐迪南 (Ferdinand) 之妹。路易二世之姐則是斐迪南之妻。

❿　依照雙方於 1533 年在伊斯坦堡簽訂的和約，斐迪南須為占有的部分匈牙利領土，每年納貢三萬金幣。

中的法國，於 1526 年出兵匈牙利，在木哈赤一役殲滅匈牙利大軍，確實減輕哈布斯堡王室對法國的壓力。鄂圖曼帝國和法國於 1535 年簽訂〈治外法權協定〉，給予法國一些優惠條款 ❶。

在地中海方面，自從 1522 年從聖約翰騎士團（Knights of St. John，又稱慈善騎士團 Hospitaliers）手中奪取羅德斯島後，鄂圖曼帝國的實力更是銳不可擋。到 1546 年，鄂圖曼帝國的海軍在地中海甚少遇到有力的挑戰。蘇萊曼充滿自信，有意與葡萄牙在波斯灣較量一番。他於 1538 年和 1554 年兩次派遣艦隊至印度的古加拉特 (Gujarat)，兩次皆遭慘敗。但是愛琴海諸島嶼大多被蘇萊曼併吞，只有馬爾他島例外。聖約翰騎士團失去羅德斯島後，來到馬爾他。1565 年，他們成功抵抗了蘇萊曼的重兵包圍。

蘇萊曼入侵伊拉克，並於 1534 年占領首都巴格達，因而控制了中東經濟的重心。他也對波斯至少發動兩次戰爭，但皆無功而返。在全盛時期，鄂圖曼帝國的版圖從美索不達米亞到阿爾及利亞，阿拉伯半島到黑海北岸地區，橫跨歐、亞、非三洲。

三、鄂圖曼帝國興起和擴展的背景

在中古後期，鄂圖曼土耳其人原為爭霸近東的數個民族之一。他們後來能脫穎而出，乃因能掌控和利用此一地區三個相互作用的要素。

第一個要素是亞洲民族侵入安那托利亞。亞洲民族的入侵整個改變安那托利亞的權力均衡，使一個新國家的崛起變為可能。第一批入侵者是塞爾柱土耳其人。他們受到中亞其他游牧民族，特別是蒙古人的壓迫，逐漸西移。他們於 1071 年在曼茲克 (Manzikert) 打敗拜占庭軍隊後，蹂躪了大部分的拜占庭帝國亞洲地區。安那托利亞的東部和中部，從此脫離拜占庭，成為塞爾柱帝國的一部分。然而，在許多方面，此一國家較其所取代的，更為軟弱。塞爾柱人無法提供一個能凝聚安那托利亞地區

❶　見吳興東，前引書，頁 70。

各個不同土耳其民族支系的有效行政管理。只要發生一次大災難，就足以使這些支系中最強大者出來爭霸。

1243 年，由成吉思汗 (Genghiz Khan, 1167–1227) 訓練和養成的極具效率和摧毀力的蒙古軍隊，進入安那托利亞，並在柯札達 (Kozadagh) 一役中擊潰塞爾柱人。塞爾柱蘇丹被迫稱臣，但蒙古人並未停留在征服地區，反而轉移注意力到俄羅斯和東歐。蒙古人留下的是一些終結塞爾柱霸權的半自治土耳其公國。鄂圖曼人就是在此一混亂的局勢中崛起。鄂圖曼人並無足夠的力量挑戰拜占庭、塞爾柱人或蒙古人，但能收拾殘局，成立一個新國家。在十四世紀，鄂圖曼人專注於取得一個在歐洲的立足點。

1402 年，亞洲民族再度入侵。由帖木兒 (Tamerlane, 1336–1405) 指揮的蒙古軍隊二度入侵安那托利亞。如同塞爾柱人，鄂圖曼人無法抵擋蒙古騎兵，而在安哥拉 (Angora) 一役戰敗。然而，與塞爾柱帝國不同的是，鄂圖曼帝國並未崩潰。蒙古人再度撤離。鄂圖曼人由於其較有效的行政管理，又無其他部族足以挑戰其權威，因此能很快恢復元氣。事實上，蒙古人的入侵反而對鄂圖曼人有利，它強迫鄂圖曼的蘇丹們在東南歐重新建立其勢力。

第二個要素是巴爾幹半島的政治權力真空。對於鄂圖曼土耳其人來說，巴爾幹並非是一個困難的獵物，因為整個區域正面臨嚴重的內部政治問題。直到十二世紀末，拜占庭漸漸衰微，而 1204 年之後，衰微的速度加快。塞爾維亞和保加利亞等新興國家，有意取代拜占庭的霸權，但卻無法達成任何形式的統一或有效的聯盟。十四世紀期間，各國國內各種紛爭皆引起鄂圖曼人的注意，並善加利用。1345 年拜占庭帝位的爭奪即為一例。被引為奧援的鄂圖曼土耳其人，從此逐步支配巴爾幹政治局勢 ❷。

---

❷ Stephen J. Lee, *Aspects of European History 1494–1789* (London & New York: Methuen, 1984), pp. 73–74.

　　第三個要素是面對漸增的土耳其威脅，歐洲基督教國家的回應相當消極。對於巴爾幹國家的災難，歐洲主要基督教國家的回應是不適當的，有時甚至是毀滅性的。早在十一世紀，拜占庭曾尋求西方的援助以對抗塞爾柱人。西方所組成的十字軍卻荒腔走板。最初三次十字軍只要從塞爾柱人手中奪回耶路撒冷，而與拜占庭在安那托利亞的軍事問題無關。漸漸地，十字軍精神式微，而被強烈的經濟和商業動機取代。惡名昭彰的第四次十字軍即為一例。長久以來與拜占庭爭奪東地中海商業霸權的威尼斯，故意利用拜占庭帝位繼承危機，誘導十字軍於 1204 年進攻和劫掠君士坦丁堡，拜占庭未能在此一打擊後完全復原。

　　1453 年君士坦丁堡的淪陷，理應讓西方世界感受到土耳其軍事力量的強大，並在心理上準備阻止穆斯林勢力在基督教歐洲的進一步擴展。然而，事實並非如此。到了十六世紀，基督教歐洲甚至追求一種被蘇萊曼一世巧妙運用的雙重政策。在 1526 年木哈赤之役鄂圖曼土耳其人獲得重大勝利之後，查理五世和斐迪南一世被迫在匈牙利和中歐，採取防衛性的戰爭。哈布斯堡王室也試圖在地中海阻擋鄂圖曼土耳其人的擴展，但成效不大。另一方面，法國毫不考慮基督教世界的團結以對抗強大的鄂圖曼帝國，反而在與哈布斯堡王室的鬥爭中，優先考慮法國的利益。1525 年，法蘭西斯一世在帕維亞 (Pavia) 被查理五世打敗，並於翌年被迫簽訂屈辱性的〈馬德里條約〉(Treaty of Madrid) 之後，他請求蘇萊曼出兵攻打維也納，以減輕哈布斯堡王室對法國的壓力。鄂圖曼帝國，一個完全不同的宗教實體開始登上歐洲的外交舞臺。1536 年，法國無視於結盟的任何宗教因素，與鄂圖曼帝國簽訂一項正式條約。兩國還採取共同行動，試圖削弱哈布斯堡王室在地中海的勢力。1566 年蘇萊曼去世時，鄂圖曼土耳其人對中歐的威脅終告中止。然而，前十位蘇丹已經非常成功地將伊斯蘭教傳入一個以前完全是基督教的大陸。鄂圖曼土耳其人無法奪取維也納城，但也沒有任何一支基督教軍隊能進入君士坦丁堡周圍三百英里的範圍內。

　　除了外在的三個有利的要件外，鄂圖曼帝國內部的穩定和軍力的強大，也是帝國能擴張的重要因素。

　　在軍事資源用於向外擴展時，國內的穩定可以防止叛亂和內戰的可能性。蘇丹們對於被征服的臣民，比西方的君王更為包容。他們允許各種族的臣民繼續信仰自己的宗教，並承認其宗教領袖。一般說來，如同希臘和猶太臣民，他們認為在鄂圖曼帝國的統治下，比被西班牙和奧地利統治更好。許多猶太人在伊沙貝拉和斐迪南統治下的西班牙，被驅逐出境。這些成千上萬的猶太人，帶著商業和手工業的技術和手藝，來到鄂圖曼帝國，並因而繁榮了帝國的經濟。對於接受鄂圖曼統治的地區，蘇丹會給予相當的自治權，有時還會維持其原有的統治者。此一作法雖滋長各臣屬民族的民族意識，有礙統一的土耳其民族主義，但卻在帝國的擴展過程中能使臣屬民族相對的安靜。當帝國日趨沒落時，這些臣屬民族才蠢蠢欲動，更積極尋求獨立。然而，他們也引起統治當局更野蠻的迫害，尤其是在十九世紀後期。

　　沒有強大軍力的支持，蘇丹或許也無法獲得歐洲列強的尊重。

　　1326 年，鄂爾罕建立一支為數一千人的支薪正規軍，因為當時只分享戰利品和俘虜，但無薪資可領的業餘戰士已無法從事大規模戰爭。鄂圖曼土耳其人進入巴爾幹半島後，又發覺這支軍隊也不夠用，於是又建立以鄂圖曼部隊為核心的「新軍」，而且也在征服地區建立「采邑部隊」，因此在十四世紀前半期，就已擁有一支強大的正規部隊。

　　「新軍」是鄂圖曼帝國軍隊的主力，按《徵兵法》徵召基督教兒童，灌輸伊斯蘭教思想，給予嚴格的訓練。新軍紀律嚴明，以軍營為家，退伍前不得結婚，終日接受教育或從事體育競賽，以備作戰。

　　大多數基督教家庭的父母認為，有一個兒子為蘇丹服務是一種光榮，至少是有利益的。因此，很少引起不滿，更不會引起反抗。紀律嚴明的新軍在對抗軍紀較為鬆弛的塞爾維亞和匈牙利部隊時，顯得特別有效，例如在 1389 年的科索沃和 1526 年的木哈赤。在蘇萊曼一世時，新

軍人數達二萬人 ⑬，以能征善戰的軍隊來說，為當時歐洲國家中人數最眾多者。除了訓練嚴格外，鄂圖曼軍隊經常擁有最新式武器，特別是大砲和火器，也是其常打勝仗的重要原因。1453 年，鄂圖曼土耳其人攻陷君士坦丁堡，大砲就發揮關鍵性的效能。

四、鄂圖曼帝國的衰微

蘇萊曼的統治使鄂圖曼帝國的聲勢達到最高峰。1566 年他的去世被視為走向衰微的起點。鄂圖曼霸權的沒落其原因有三：第一是領導階層的危機。蘇萊曼一世以後的蘇丹幾乎都是無能和腐敗的；第二是帝國經歷一連串軍事問題，且遭遇一而再，再而三的軍事慘敗；第三是被維持大而無用的軍隊之費用、被世界貿易的轉型與被法律和秩序逐漸解體所嚴重扭曲的帝國經濟基礎。

1566 年是蘇丹體制的一個轉捩點。鄂圖曼帝國前十位蘇丹（只有一位例外）應可說是所有帝國統治者中最好的，而其後的十三位蘇丹（有兩位例外）則是最差的。沒有一個歐洲或近東的其他國家會接連出現這麼長串的差勁統治者。從鄂圖曼到蘇萊曼等前十位蘇丹的統治時間，共有二百七十六年；因此，平均統治期間約二十七‧六年。從薛立姆二世（Selim II, 1566–1574 在位）到莫斯塔發二世（Mustapha II, 1695–1703 在位）的十三位蘇丹中，有許多酒鬼，有三位被廢或被暗殺，但大多荒廢政務，縱情聲色和狩獵，造成整個帝國政治腐敗。

對外面世界來說，鄂圖曼帝國衰微最明顯的現象就在於軍事。在1566 年，鄂圖曼土耳其人控制整個東地中海，統治大部分匈牙利，且與歐洲大國之一的法國維持長期軍事和外交聯繫。在 1699 年，他們被迫簽訂屈辱性的〈卡羅維茲條約〉（Treaty of Carlowitz），承認大部分匈牙利的喪失。法國的聯盟已不存在，而法國已取代鄂圖曼帝國成為歐洲的

---

⑬　Ibid., p. 76；但 Roland Mousnier 在 *Les XVIe et XVIIe Siècles* (Paris: Presses Universitaires de France, 1967) p. 496 卻說約有一萬二千人。

主要軍事強國。幸好，鄂圖曼帝國政治最壞的時期，恰與三十年戰爭同時發生。因此，西方國家未能乘火打劫。

十六世紀末，穆拉德三世 (Murad III, 1574–1595) 破壞徵兵制度以後，新軍紀律開始敗壞，為達到自私自利的目的，不惜流血政變。經常挾蘇丹以令諸侯，甚或廢君立帝，為所欲為。

除了政治的危機和軍事的災難外，經濟的問題同時發生，使得鄂圖曼帝國的經濟資源急速減少。由於戰爭的失敗，鄂圖曼帝國無法像以前打勝仗時可以從占領區獲得軍費的補償。帝國財政日益困窘。在世界貿易方面，通往東方的新航路被發現後，鄂圖曼帝國所控制通往東方的陸路交通重要性大減，貿易量的減少當然造成帝國收入無法彌補的損失。

第二節　俄羅斯

在二十世紀，曾與美國並稱世界兩大超級強國的蘇聯，其主幹俄羅斯崛起於中古後期，到了近古時期方日益壯大，並擠入歐洲強國之林。

一、基輔公國

俄羅斯人為斯拉夫民族。斯拉夫人的發源地可能主要在今日的波蘭一帶。根據考古發現，原始斯拉夫的聚落可遠溯至西元前一千年。但直到一世紀時，斯拉夫人方見於歷史記載。到了九世紀，斯拉夫人已分成數個部落，俄羅斯人、白俄羅斯人和烏克蘭人即為其中最主要者。

基輔公國起源於九世紀末。到了十世紀末，其實力已逐漸威脅拜占庭帝國及其首都君士坦丁堡。此時，基輔公國已改信東正教，並在藝術、文學、法律和習俗等方面受到拜占庭文化的影響。俄羅斯人不必學習希臘語文，因為教會禮拜使用的是斯拉夫語，而非希臘語。

基輔時代的俄羅斯，為一半商半農，事實上存在著奴隸階級的社會。政治上依然是各公國組成的邦聯，而非單一的公國。1019 年，基輔大公

雅羅斯拉夫（Yaroslav I，約 982-1054）統治下的基輔，國勢興盛。貿易和通婚使基輔與西方國家互有聯繫。俄羅斯的公主紛紛成為波蘭、匈牙利的王后。

　　十三世紀，蒙古人入侵歐洲。1237-1238 年冬，蒙古騎兵橫掃大部分俄羅斯人的家園。1242 年，拔都在窩瓦河下游的薩雷 (Sarai) 建立欽察汗國，統治俄羅斯人。俄羅斯人稱這些蒙古人為韃靼人。韃靼人的統治，使俄羅斯變成一個西歐式政體的努力往後延緩了兩個世紀。

二、莫斯科公國和伊凡三世

　　1448 年，俄羅斯教會因拒絕佛羅倫斯大公會議將希臘正教與羅馬公教合併，而宣布脫離拜占庭教會系統。1453 年，君士坦丁堡落入鄂圖曼土耳其人手中時，莫斯科便成為希臘正教信仰的中心所在。

　　莫斯科建立於 1156 年，原來是個名不見經傳的小鄉村，直到十三世紀中葉，腹地擴大，才成為一個小公國。在伊凡三世 (Ivan III, 1462-1505 在位) 時代，俄羅斯是一個孤立的國家，除了經常結冰的北海外，並無直接通往其他海洋的途徑，夾在韃靼人和懷著敵意的其他歐洲鄰國之間。波蘭、立陶宛、漢撒聯盟的城市，阻擋歐洲的商品和技術人員自由進入俄羅斯。這是因為莫斯科大公沿用韃靼人的專制政治制度，仇視西方所有自由國家、武器裝備和技術。

　　俄羅斯基本上是一個農業國家。農村人口稀少，小規模經營，以生產穀類為主，每年的農作物收成不豐。1497 年左右，俄羅斯約有六十個市鎮，但只不過是在其中有許多牧場的農村式市集。

　　伊凡三世有「大帝」(the Great) 之稱，因他洗清受韃靼人統治的恥辱，而且統一了俄羅斯。特殊的處境形成他的不講理、狡猾、精打細算、頑固和殘忍的作風。他能坐鎮克里姆林宮，指揮軍隊在遠方打勝仗，殘暴地懲罰抗命者和無能者，甚至鞭打、折磨和殘害權貴。

　　在他的南征北討中，以征服諾夫哥羅 (Novgorod) 最為容易。伊凡三

世極欲奪取諾夫哥羅國內那既蓬勃發展又
可抽稅的商業中心，而莫斯科商人更逼他要
消滅這些競爭者。莫斯科大公控制莫斯科與
諾夫哥羅之間的平原地帶，而以經商為主的
諾夫哥羅共和國買賣貨物的地方便在此一
地區。伊凡三世只要下令將其穀倉和市場關
閉，拒絕諾夫哥羅的商人來經商，那麼這個
共和國就會破產，就得向伊凡三世稱臣納
貢。1478 年，這個小共和國終於放棄自治權，
居民被迫遷徙他處，北歐的漢撒同盟的商人

圖 24：伊凡三世

被趕走。莫斯科商人於是繼承諾夫哥羅人留下來的貿易中心，而莫斯科
大公也同沾利潤。

　　在相繼消滅雅羅斯拉夫 (Yaroslavl)、羅斯托夫 (Rostov)、諾夫哥羅
和提威爾 (Tver) 等鄰近小國後，伊凡三世開始改革國內的舊制度。他禁
止其兄弟死後將封地分給繼承者，而將其土地併入自己的領土內。

　　脫離韃靼人的控制，表面看來似乎不可能，但仍然輕而易舉。韃靼
人的殘餘勢力分成互相敵對的三批，分別定居在薩雷、喀山 (Kazan) 和
克里米亞 (Crimea) 三處。伊凡三世採取各個擊破的辦法。1480 年，他開
始拒絕向韃靼人進貢。阿克滅可汗 (Khan Akhmet) 率領大軍向窩瓦河上
游出發，沿著俄喀河和烏拉河 (Ugra R.) 河岸，直逼莫斯科南部。伊凡三
世率領十五萬大軍進駐河的對岸。在沒有交戰的對峙下，兩軍僵持了好
幾個月。伊凡三世不太敢以其皇位和生命作孤注一擲，而韃靼人則對他
的優良大砲畏懼三分。當河水解凍，兩軍再也無法繼續維持不交戰的局
面時，伊凡三世即下令撤退。韃靼人不但不乘機追擊，而且也下令撤兵。
從此時起，莫斯科公國就無須向任何人納貢。1502 年，克里米亞人消滅
欽察汗國的殘餘勢力。

　　在伊凡三世統治之前，並無一支由中央指揮的莫斯科軍隊，每一公

侯有其自己的法庭和私人軍隊。因此，根本談不上對莫斯科大公效忠的
觀念。伊凡三世建立一支國家軍隊。這是以騎兵為主的傳統武力，而非
一支常備軍，但卻是伊凡三世的有力武器。伊凡三世雖非一位傑出將領，
但卻很少打敗仗。

　　伊凡三世希望莫斯科能成為新的拜占庭，於是娶拜占庭末代皇帝君
士坦丁十一 (Constantine XI，1449–1453 在位) 的侄女蘇菲亞 (Sophia) 作
第二任妻子，也採用拜占庭的徽號和禮儀。兩人所生的兒子瓦西里三世
（Vasilii III，1505–1533 在位）在位時期，以莫斯科為「第三羅馬」的
觀念逐漸成型。瓦西里三世接受神聖羅馬帝國派駐大使，也與鄂圖曼蘇
丹和蒙兀兒帝國皇帝建立外交關係。

　　伊凡三世在位四十三年，權貴們失去其獨立性，各公國紛紛向莫斯
科進貢，於是他擁有「全俄羅斯統治者」的稱號。他同時採用有希臘羅
馬之風的「沙皇」(Tsar 或 Czar) 稱號❶。伊凡三世宣稱對所有拜占庭
的政治宗教權威有繼承權，於是拜占庭的政治理論和禮儀，以及視教會
為國家機關等，也隨著拜占庭的基督教信仰、拜占庭的希臘字母，以及
拜占庭的藝術，傳入俄羅斯。俄羅斯遂成為一個東方式的君主政體。

三、伊凡四世

　　瓦西里三世繼續俄羅斯的統一工作。他將斯摩林斯克 (Smolensk) 納
入版圖。1510 年，俄羅斯已成為歐洲的主要強國之一。

　　伊凡四世 (Ivan IV，1533–1584 在位) 三歲登基，由母后攝政。1538
年，攝政母后突然去世，權貴們又回復了他們的強橫，結成黨派，互相
爭奪政府的控制權。雙方皆力圖動員教會和民間力量，以為奧援。在這
些爭鬥中，幾乎沒有人理會這位全俄羅斯的小君王。伊凡四世就在這種
恐懼和殘酷的氣氛中成長。當他看到處處血腥時，反而視為理所當然，

---

❶　Czar 來自 Caesar 一字，為羅馬帝國皇帝的稱號。Roland Mousnier 認為 Ivan IV
　　首次正式使用「沙皇」稱號。(Ibid., p. 136.)

圖 25：伊凡四世

於是也開始各種殘暴娛樂，而且漸漸變成喜怒無常，猜忌心日重。

1544 年，他罷黜權貴的首領蘇伊斯基 (Andrei Shuiski)，自己掌握國家統治權。三年後，伊凡四世請莫斯科大主教馬卡留斯 (Macarius) 加冕他為沙皇。不久，他娶安娜斯塔西亞·羅曼諾夫那 (Anastasia Romanovna) 為妻。羅曼諾夫後來便被指為一個朝代的名稱。數月後，一場大火焚燬莫斯科大部分地區，引起的暴動幾乎危及沙皇本身。

在馬卡留斯和其他顧問的襄助下，伊凡四世於 1549 年召開全俄羅斯第一次全國代表大會 (Zemski Sobor)。這次會議和中古西歐舉行的領主會議類似。在會議中，他懺悔年輕時代的錯誤，並且保證將以公平仁慈的政策治理國家。或許受到日耳曼和斯堪地那維亞等地宗教改革運動的影響，大會也討論到捐出教會財產給國家的議案。此一議案雖未通過，但卻通過一項與此相關的提案，規定所有讓與教會不含抵押權的地產都要被收回，所有在伊凡四世未達法定年齡時捐給教會的禮物須註銷，而且所有修道院非經沙皇之同意不得再置任何財產。

伊凡四世二十一歲時，便已是一位領土西起斯摩林斯克，東至烏拉山脈，北達北極海，南方幾乎瀕臨裏海的君王。為與不甚友善的貴族軍力維持平衡，他整頓陸軍，成立哥薩克騎兵隊和配有火繩槍的常備步兵 (streltsy)，直接向他負責。哥薩克騎士以勇猛著稱，為伊凡四世穩定國內外的力量。1556 年，地主階級的軍事義務有了明確規定。擁有土地的人均自十五歲起即須服兵役，只要體力許可，終生不得除役。只要擁有土地，不論是世襲或依職位得來，皆強迫服役。一支常備步兵因而成立。

在外交政策方面，伊凡四世想將波羅的海和裏海連在一起。欽察汗

國雖不存在，但分散而成的喀山、阿斯特拉汗 (Astrakhan) 和克里米亞等
韃靼汗國，依然常進犯莫斯科大公國的領土。伊凡四世深信，俄羅斯的
安全與統一需要取得這些汗國，並且能控制窩瓦河的出口。他首先對喀
山發動攻勢。1552 年，這位年輕沙皇率領十五萬大軍進攻喀山的城門，
圍攻五十天之久，後來以地雷炸毀城牆，才能奪得該城。此後數年間，
伊凡四世將整個汗國納入自己版圖中。1554–1556 年間，伊凡四世揮軍
攻下阿斯特拉汗，併吞該汗國，為莫斯科大公國拿下由窩瓦河流域到裏
海的地區。克里米亞一直被穆斯林控制到 1774 年。然而頓河的哥薩克
人此時已臣屬於莫斯科。

　　由於克里米亞的韃靼汗國在伊凡四世攻打喀山和阿斯特拉汗時，屢
次侵擾莫斯科大公國，伊凡四世的親密顧問希望他出兵克里米亞。然而，
伊凡四世的主要興趣在於經波羅的海與西方國家貿易。因為利福尼亞騎
士團 (Livonian Knights) 阻礙俄羅斯往波羅的海的通路，所以伊凡四世於
1557 年向利福尼亞發動攻擊。此一軍事行動長達二十四年。雖然利福尼
亞大部分地區被俄羅斯占領，但俄羅斯軍隊卻在 1582 年被波蘭人在波
羅茲克 (Polotsk) 擊敗。打了敗仗的伊凡四世只好將利福尼亞讓給波蘭。
戰敗的利福尼亞騎士團則與宗教脫離關係，其領導人被波蘭國王封為庫
爾蘭公爵 (Duke of Courland)。

　　早在此一決定性的挫敗之前，伊凡四世在國內也面臨權貴的反叛。
反對這場戰爭的權貴們聯合擁有較精良武器的波羅的海諸強國，來對抗
在政治組織仍舊屬於封建制度的俄國。這場國內的動亂，被伊凡四世處
死的權貴及其親友達幾千人。

　　利福尼亞戰爭和國內的動亂，皆使俄羅斯的經濟和社會受到重挫。
農奴制度盛行，而通貨膨脹十分嚴重。1582 年，哥薩克人越過烏拉山，
征服西比爾 (Sibir) 汗國❶。這次征戰乃俄羅斯東向太平洋擴張之始。約
五十年後，進抵太平洋西岸。

---

❶　西伯利亞 (Siberia) 即由此而來。

教會依然是俄羅斯的真正統治者，因為俄羅斯人非常敬畏上帝。嚴格的典禮儀式，處處束縛沙皇。教士們甚至要求沙皇每次接見來自東正教教區外的使節後，一定要洗手。在俄羅斯，不許信奉天主教，但是信奉新教卻得到寬容，因為新教是羅馬教宗的敵人。教會也是俄國文學和藝術的主要創造者。印刷術於 1491 年傳入，而在俄羅斯境內唯一被印成書的只限於祈禱手冊。

伊凡四世於逝世前兩年，在一次激烈的爭吵中，以權杖擊斃長子，亦即繼承人伊凡。伊凡四世死後，由次子費多爾一世（Fyodor I，1584–1598 在位）繼位。費多爾多病，將政事交給妻舅戈東諾夫 (Boris Godunov)❶⑥掌理。費多爾死後至 1613 年間，俄羅斯發生一連串戲劇性的重大事件，史稱「混亂時期」。

四、彼得一世

1613 年，俄羅斯召開一次包括教會人士、權貴、城市居民和農民的國民大會，選出十六歲的邁克爾・羅曼諾夫（Michael Romanov，1613–1645 在位）為沙皇。他是伊凡四世的王后安娜塔西亞一系的後裔，因此和前朝有血緣關係。邁克爾一世成為俄國羅曼諾夫王朝的開創者。這個朝代將要統治俄國長達三個世紀之久。

彼得（Peter the Great，1682–1725 在位）誕生於 1672 年，為沙皇阿列克西斯一世（Alexis I，1645–1676 在位）和第二任妻子所生。1682 年以十歲之齡繼其同父異母兄長費多爾三世（Fyodor III，1676–1682 在位）為沙皇，由母后攝政。然而，數週後，彼得同父異母的大姐蘇菲亞 (Sophia，1657–1704) 利用守衛皇宮的火槍隊發動政變，而多病遲鈍的伊凡五世（Ivan V，1682–1696 在位）❶⑦被擁立為共治的沙皇，蘇菲亞則任攝政。

蘇菲亞攝政時期，兩位少年沙皇皆無法過問政事，伊凡五世更是個

---

⑯　Boris Godunov 於 1598–1603 年間擔任沙皇。

⑰　伊凡五世為費多爾三世和蘇菲亞之幼弟。

有名無實的沙皇傀儡。攝政時期的政務由蘇菲亞的首席顧問兼情人的戈利欽 (Vasili Golitsyn, 1643–1714) 控制。除了軍事改革，他將大部分精力都用於外交事務上。1686 年，俄羅斯和波蘭簽訂「永久」的和平條約，大致確認了 1667 年所定的疆界。俄羅斯合法地擁有基輔。此一條約為歐洲國家較大規模的反土耳其聯盟。因此，該條約導致俄羅斯和克里米亞的戰爭 ❸。他兩度親征克里米亞，但皆告失敗。

　　彼得憎恨皇宮火槍守衛隊和克里姆林宮，即從蘇菲亞的奪權開始。在她的統治下，彼得和其母后居住在莫斯科城外。這位少年幾乎終日在日耳曼租界活動 ❹，並從居住在那裡的老兵學到戰爭的基本知識。自年少時，彼得即樂於接受技術方面的知識，且熟練實用性技巧。他聘請一位荷蘭教師教他數學，還研究彈道學和防禦工事的原理。紙上談兵無法讓彼得滿意，他以家中僕人組成一支小型軍隊，給予戰鬥訓練。這支武力在 1689 年，蘇菲亞企圖發動政變篡奪皇位時發揮作用。蘇菲亞被幽禁於女修道院中。此後數年，國政由彼得母后和其顧問把持。1694 年，母后去世，彼得方成為實際統治者。共治的沙皇則死於 1696 年。

　　彼得身材魁梧，身高二百公分，而且精力充沛。他的施政對俄羅斯造成一連串劇烈變化，其中許多改變乃為模仿西歐國家，或為能與西歐國家爭雄而推動的。在他親政後的三十六年期間，俄羅斯與鄂圖曼帝國和瑞典的戰爭占了二十三年，因此，軍務為第一優先，而彼得的改革大都為此。

　　十七世紀的俄國軍力，曾經歷一連串嚴酷考驗，並顯露出嚴重的缺陷。為能擊敗瑞典，併吞其波羅的海的領土，彼得進行軍事改革，首先實行徵兵制，並在 1709 年前全面徵兵，建立一支國家軍隊。他能維持一支至少有二十一萬人的正規軍，傭兵就變成多餘的。他仿做其他歐洲

----

❸　克里米亞半島自 1475 年起即是鄂圖曼土耳其人的屬國。

❹　伊凡三世允許歐洲人在莫斯科成立一個「日耳曼租界」，主要供來自歐洲各地的退役軍人居住。

統治者，創辦海軍和砲兵軍官學校，強化軍隊的基本訓練，並加強將領間的協調和接觸。這些改革，有助於對瑞典戰爭的勝利，以及提供俄國在十八世紀成為一個歐洲強國的基礎。

俄羅斯主要因為缺乏通往波羅的海和黑海的合適通道，所以一直沒有海軍艦隊。彼得大帝可以說是俄國海軍之父。他只憑造訪西歐之時所瞭解的船艦設計原則，就在 1703 年建造了六艘快速戰艦。1714 年，彼得已發展一支強大艦隊，並於漢溝角戰役 (The Battle of Cape Hango) 中重創瑞典海軍。1725 年，俄羅斯共有大小船艦四百五十艘，且牢牢控制波羅的海。

軍事的發展伴隨著行政的重組，其主要動機是引進西方體制，更新原有不合時宜的官僚階級，使對瑞典的戰爭能更有效率。然而他的行政改革並無全盤計畫，以致於常有事後必須改正的錯誤。因此，他的許多改革無法產生深遠影響。

俄國要打贏對瑞典的戰爭，一項基本要素就是更加合理和廣泛運用其資源。因此，經濟改革是彼得一世施政重點之一。工業發展一般被認為是彼得重要的經濟成就。十七世紀的俄國有許多工業，其中包括在杜拉 (Tula) 的鋼鐵工廠。這些工業通常由外國人經營。彼得一世執政後，將最重要的工業收歸國家經營，並由政府資助其擴展。政府也資助開創新的工業。為了戰爭，他全力發展重工業，以及軍需用品的製造。產量的增加十分可觀：例如，1700–1720 年間銑鐵的產量增加四倍，而工廠的數目由 1682 年的二十一家增至 1725 年的二百家左右。

1725 年彼得一世去世後，俄羅斯的工業繼續快速成長，直到十八世紀末，俄國已是歐洲鋼鐵的主要生產國。工業發展逐漸多樣化。在 1720 年代後期，民生用品首次大量生產。在彼得一世統治時期，俄國與西歐的貿易大增。彼得打開俄國通向西方的窗戶。他不但取得往波羅的海的出口，而且於 1703 年建立聖彼得堡 (St. Petersburg) 新首都和港口。因為彼得集中全力建造其強大海軍，所以俄國沒有合適的商船可以裝運輸出

他國的俄國貨物，這是有違重商主義的基本原則。

彼得的統治並未影響到俄國農業。他對其發展不感興趣，也無意改變幾世紀來一成不變的作法。俄國絲毫未受十八世紀農業革命的影響。

1682 年至 1725 年之間，俄國社會的改變談不上革命性。彼得依據他在西方的見聞，命令上層階級人士皆須剃鬍鬚和穿西裝，但社會結構卻絲毫未變。他試圖削減貴族的權利和影響力，可惜未能成功。俄國農奴在其統治時期反而受更嚴苛的對待。

東正教教會是俄羅斯的靈魂，但彼得一世則視之為阻礙其改革的一個非常保守的體制。他的教會改革影響深遠，成功地將教會完全置於國家的掌控下。他最顯著的改革，就是將教會由高高在上的地位變成政府的一個部門。當教會的傳統領袖，亦即大主教於 1700 年去世，彼得拒絕指定一位繼承人，甚至連大主教的頭銜也一併廢除。1720 年，彼得創立「宗教法規」(Ecclesiastical Regulation)，設立一個「神聖宗教會議」(The Holy Synod) 來管理東正教教會。宗教會議成員由政府自主教中選出。此一教會架構持續了兩個世紀。

彼得非常仇視修會制度，且下令解散規模較小的修道院。較大規模的修道院則被課重稅，並須在社會上扮演更重要的角色。他和以後的凱薩琳二世（Catherine II，1762–1796 在位）皆採用西歐的模式，將教會的財富轉移到國庫。

第三節　普魯士

1701 年，普魯士方變成王國。在這之前，普魯士只不過是布蘭登堡選帝侯一些分散各處的領地。在十八世紀，普魯士就是以外交手段和軍事征服鞏固和不斷擴展這些領地，並於 1866 年取代奧地利成為日耳曼地區的霸主。

一、布蘭登堡選帝侯

十世紀時，普魯士人居住在涅門河 (Niemen R.) 下游和維斯杜拉 (Vistula) 之間。此一地區後來稱為東普魯士。

中古時期，在帝國邊界設立一些邊防區 (mark or march)，侯爵 (marquises) 負有防禦帝國邊界之責。東邊防區 (The East Mark) 後來變成奧地利；北邊防區 (The North Mark) 則成布蘭登堡選侯國 (The Electorate of Brandenburg)。有一段很長時間，布蘭登堡邊防區在歐洲的地位一直微不足道。1415 年，皇帝封霍亨佐倫 (Hohenzollern) 家族為選帝侯，而之前他們只是南日耳曼統治紐倫堡鄰近地區的伯爵。在十七世紀以前，布蘭登堡的歷史中並無任何跡象足以顯現其後來的重要性。它的土地貧瘠，而且貿易又不發達。

然而，霍亨佐倫家族緩慢而穩定的擴展其疆域。1609 年，克雷夫公爵 (The Duke of Cleves) 去世，又無直系繼承人。依照事先的安排，布蘭登堡選帝侯開始占領公爵的所有領地，但他很快發現尚有其他的競爭者。經過一番談判，選帝侯於 1614 年暫時管理克雷夫、拉文斯堡 (Ravensburg) 等鄰近荷蘭的萊茵河流域的小領域。

二、腓特烈・威廉

1618 年，布蘭登堡選帝侯繼承東普魯士公國 (The Duchy of East Prussia) 的領地。1640 年腓特烈・威廉 (Frederick William，1640–1688 在位) 即位之時，布蘭登堡邊防區已遭到「三十年戰爭」嚴重蹂躪。耕地荒蕪，市鎮被毀，鄉村人口銳減。唯恐糧食短缺，選帝侯遷都到東普魯士境內。

腓特烈・威廉即位後的首要工作，就是領導其國家安然度過「三十年戰爭」的最後階段。透過高明的外交手腕，他從〈西發利亞條約〉中，取得東波美拉尼亞 (Eastern Pomerania)、霍伯斯達 (Halberstadt)、明頓

(Minden)，以及梅得堡 (Magdeburg)。

「三十年戰爭」期間那種無力自保的受侮辱的經驗，讓腓特烈‧威廉深信，擁有一支軍事力量的必需性。在戰爭結束時，他有一支八千人的武力。三年後，他可以召集的兵力達一萬六千人。1655 年，瑞典和波蘭開戰時，他的軍隊有二萬六千人。這對於布蘭登堡這樣的小國，負擔非常沉重。然而，這也是普魯士常備軍的起點。自此時起，至第一次世界大戰結束，普魯士統治者認為軍隊是普魯士國家最不可或缺的一環。腓特烈‧威廉首次利用這支新常備軍，讓東普魯士不再受制於波蘭。在瑞典和波蘭的戰爭中，他利用兩面手法，獲得交戰雙方都對東普魯士的承認。

腓特烈‧威廉在內政方面就是進行政治體制的改革。他要打破受貴族控制的地方議會的權力，逐漸確立中央集權式的官僚政治。在布蘭登堡邊防區，議會的反對力量並不大，但在東普魯士和克雷夫公爵的舊領地，情況則很嚴重。經過一番激烈纏鬥，克雷夫、邊防區和拉文斯堡終於在 1666 年承認腓特烈‧威廉的權威。然而，東普魯士的貴族和城市居民則到 1672 年才完全馴服。

在鞏固其統治權後，腓特烈‧威廉就急於促進國內各地的繁榮。在「三十年戰爭」之後，布蘭登堡的人口還不到戰前的一半。國內的貿易和工業實際上已消失不見。要發展經濟，當前最需要的就是人力資源。因此，布蘭登堡選帝侯採取一種史無前例的國內殖民政策。一個世紀之後，國內居民中有六十萬是移民或其後裔。新的移民主要來自法國和荷蘭。他們大多是擁有一技之長的新教徒，也是宗教改革時期的被迫害者。腓特烈‧威廉曾在荷蘭受過教育，深知荷蘭移民的才能，並能善加利用。

荷蘭移民教導窮困且意志消沉的布蘭登堡農民，有關農地排水、牧場經營和馬鈴薯種植等技術。法國新教徒移民則對該國的工業、商業和知識生活有很大貢獻。為吸引這些勤奮且又有一技在身的移民來到人口稀少的國家，布蘭登堡的統治者採取宗教容忍政策。1685 年，法王路易

十四廢除〈南特詔書〉後，約有兩萬法國新教徒被迫離開家園，移民布
蘭登堡❷。他們對十七世紀的布蘭登堡和十八世紀的普魯士的工業發
展，其貢獻可說無法估計。

三、腓特烈三世

　　腓特烈・威廉去世後，繼承其位的兒子腓特烈三世（Frederick III,
1688–1713 在位），作風完全不同。腓特烈三世講究排場，揮霍無度。他
的虛榮心，促使他花費許多時間和心思，設法為其家族取得「國王」的
頭銜。西班牙王位繼承戰爭終於讓他有滿足野心的機會。神聖羅馬帝國
皇帝需要布蘭登堡選帝侯的軍隊。提供八千個優秀官兵的援助，腓特烈
三世換得「國王」的頭銜。最初，他稱腓特烈一世，「在普魯士的國王」
(King in Prussia)，後來改稱「普魯士國王」(King of Prussia)❷。「普魯士」
一詞也就適用於所有新國王的領地。

　　由於布蘭登堡選帝侯腓特烈・威廉和其子的努力，普魯士方能由微
不足道的小國，變成歐洲的重要國家之一，並為腓特烈・威廉一世(Fred-
erick William I, 1713–1740 在位)和腓特烈二世（Frederick II，1740–1786
在位）能讓普魯士在十八世紀躋身強國之林鋪路。

---

❷　Stephen J. Lee, op. cit., p. 183.

❷　腓特烈三世稱王後，改稱腓特烈一世，因為在普魯士國王中他是第一位叫「腓
　　特烈」。

第七章　君主專制政體的成長

十六世紀的歐洲，大部分的國家走上君主專制政體一途。所謂君主專制政體就是國家觀念化身的國王在理論和實際兩方面皆有至高無上的權力：制訂法律、司法審判、徵收捐稅、維持常備軍隊、任命公務人員、審判對公益的損害。君主專制政體的觀念加上契約和習俗的古老觀念，規範了國王與其附庸和臣民之間的關係。現試對君主專制政體成長的條件及其在法國、西班牙和英國成長的情形加以分析，最後並對歐洲的新生共和國——荷蘭略加敘述。

第一節　成長的條件

一、愛國主義

歐洲大國皆因強有力的愛國主義而復甦和統一。這種愛國主義很奇異地融合了地方性的愛國主義和對所屬公侯的忠實情感，其發展的原因有四：

1. 由對抗外國的大鬥爭中，產生了共同利益的意識。
2. 王家官員的行動。
3. 經濟的新關係。
4. 人文主義學者對起帶頭作用的朝臣和大資產階級的影響力。

在法國，被伊拉斯慕斯譽為法國奇才的人文主義學者畢跌感覺到，他的國家具有一個具體性的靈魂，就如同一個人一般，因此他將一篇自己的論文〈古幣論〉(De Asse) 獻給「法蘭西司命神」(Génie de la France)。

法國的人文主義學者宣揚法國的優越性，賈關 (Robert Gaguin) 基於對祖國之愛而舉出法國的特殊美德：騎士般的勇敢，對工作和儲蓄的喜愛，生活之和諧和民風之謙虛。華勒倫 (Valeran de Valerannes) 指出法國民族為一領袖民族：高盧人 (Gauls) 曾經征服希臘、愛奧尼亞（Ionia，今希臘在亞洲瀕愛琴海一帶）、馬其頓 (Macedonia)，攻占羅馬城，使義大利北部阿爾卑斯山地區趨於文明；其後裔曾征服日耳曼地區，拯救了教宗國，並且從異教徒手中奪回聖地。同時，在這些征服中，法國自認為是思想的傳播者，永遠忠於無私和理想主義的天性。鐵鎚查理 (Charles Martel, 688–741) 戰勝伊斯蘭教徒，使歐洲猶如得到一項法國的禮物，免受伊斯蘭教徒的蹂躪。深受這觀念感染的法國人，將古代基督教騎士的理想轉變為愛國主義。卡斯提爾人、英國人和法蘭德斯人在這一方面也不輸給法國人。在義大利，威尼斯、佛羅倫斯和那不勒斯等國，一些像馬基維利的人文主義學者的著作都是為了義大利的獨立和統一。神聖羅馬帝國各邦的人文主義學者如史特拉斯堡 (Strasbourg) 的文富林 (Wympheling) 亦持有日耳曼統一的觀念。這種愛國主義幾近乎一種民族主義。

二、英雄的崇拜

君主專制政體並非只因為國王想要增加權力的自然欲望。羅馬法已經在十三世紀時帶來專制公侯的觀念，這些公侯集所有權力於一身，而其意志即為法律。在十六世紀，研究古代時尚給予羅馬法一種新的發展，同時在古代「英雄」的觀念加上統治和慈善的半神觀念。英雄是人民必須依賴的人類典範。專制政體的理論剛好符合這種社會最廣泛的需求，而且也是社會大眾的願望。

三、國家間的鬥爭

國家間的鬥爭使強大的權力成為必需。為了領導者不受內部鬥爭所牽制，並能專心向外擴展，國家勢必要相當強大。這些國家向經濟統一

邁進途中，展開為取得經濟和政治優勢的大戰爭。戰爭使權威擴大，政府的決定要迅速，並且要求每個地方的每一個人都要很快地去執行。

四、地方主義

國家是由區域、省市、鄉村等共同體，和一些如教士、貴族、平民三個階級，以及官吏、大學、行會等團體交互疊成的。君王與這些共同體或團體之間，分別訂立契約，每個共同體，每個團體皆有其特權、習俗、豁免、司法、財產、首領和代表，並且各自組成一股勢力。團體與共同體不斷為自身特殊利益而彼此敵對。因此，國王必須有相當大的力量來仲裁他們之間的衝突，並為共同利益來協調他們的工作。但是，他們之間的分立，也使國王能有機會善加利用他們之間相互攻伐的可能性。

五、領主間的敵對

在大貴族家族間存在著敵對的現象：西班牙的葉勃里家族 (The Eboli) 和阿爾布家族 (The Albes)；荷蘭和法蘭西‧孔德 (Franche-Comté) 的夏龍 (The Chalons)、維爾結 (The Vergez)、霍恩 (The Horns)、愛格蒙 (The Egmonts) 等家族；法國的波旁 (The Bourbons)、孟蒙倫西 (The Montmorency)、吉斯、康地 (The Condés)❶ 等家族。由於中古時期情感和習俗的殘存，這些家族皆富有危險性。蓋因忠誠的關係使他們的一群死黨，隨時準備為他們犧牲和叛變。家族的關係也是同樣情形，例如娶一位大貴族很遠房的堂妹，就一定會受到這位貴族的恩賜和保護，但也要宣誓為他服務，甚至為他去反抗國王。在大貴族周圍，國王發現許多黨徒和集團。然而，國王自己也有忠誠的黨徒，以對付反叛者，通常他又可得

---

❶ 例如孟蒙倫西與吉斯兩家族的敵對，就給亨利四世在穩定局勢上帶來不少便利。參閱 Adair G. Williams, "Abjuration of Henry of Navarre", *The Journal of Modern History*, July, 1933.

到叛徒仇敵的服從。

六、階級的鬥爭

　　最後，君主專制政體來自資產階級和貴族階級之間的敵對❷。需要資產階級做財力支援，擔任公職和對抗封建貴族的國王，很容易地就可獲得他們的服從或支持。王權以貸款、王家地產的抵押、王家租稅的承包、企業經營的獨占、免受教會高利貸法干涉的保護、免受貴族對貿易阻撓和行會的干涉，而使商業資產階級致富。王權以給予行會的合法保障，而且也保障他們的顧客和收益，來對付資本家，這是國王拯救各行業師傅的方式。王權保護商業資產階級者和手工業資產階級者，以對抗新的無產階級。這些資產階級者的夢想，就是被封為貴族。唯有國王能以授給他們可被封為貴族的公職、贈給他們主教轄區或修道院、賞給他們貴族特許證書、准許保有貴族領地等方式，使他們能得到階級的上昇和改變❸。資產階級者擠入貴族之林，或許我們可以說這是資產階級的貴族階級化。但是這些資產階級者仍然保持資產階級熱衷利潤、節省、精打細算的習性。例如一位叫貝勒諾 (Antoine Perrenot de Granvelle, 1517–1586) 的，他曾擁有葛朗維爾伯爵 (Count of Granvelle)、阿拉斯主教 (Bishop of Arras) 和帝國首相等頭銜。甚至在自己政治生涯最危急的時刻，他還是為其主人，皇帝和他本人批閱總管有關小麥收成及市場情況的報告，親自決定在最有利的時刻出售。他的判斷通常比他的家僕還正確。有時還發出長達四頁的信函，僅僅為防止因疏忽而遺漏那為數僅有幾文錢無人繼承的遺產。依這種方式，貴族階級逐漸資產階級化。

　　然而，如果說少數的純貴族採用類似的習慣，如果說這些習慣透過

---

❷　有關貴族仇視資產階級的原因，請參閱 Mousnier, La Plume, *la Faucelle et le Marteau*, p. 217.

❸　成為貴族的途徑，請參閱 Roland Mousnier, *Les Hiérarchies sociales de 1450 à nos jours* (Paris: P.U.F., 1969), p. 67.

資產階級出身的妻子而滲入其他的家庭，就會產生兩種貴族階級，亦即輕視一切和十分高傲的老貴族階級，以及那經過長久痛苦而始被承認其資格的新貴族。

貴族階級除非獲得國王的首肯，根本無法抵抗資產階級。一般來講，只有以當軍人為高貴職業的貴族階級，才忽略其領地及其封建稅。此外，貨幣的貶值使固定的金錢收入實質上大為減少。貴族階級仍然可依賴其土地分得的實物和農民的服務維持生活。但是國王的宮廷，城市的沙龍和文藝社團及遠地的征伐吸引了他們。奢侈成為領主的必備條件，這更加速了貴族階級的破產。慷慨大方逐漸變成一種不可或缺的貴族傳統，而資產階級者的上昇使之逐漸以一種尼采式的情感，將貴族的缺點權充優點，以自別於資產階級者。婚禮為舞會、競技和戲劇表演的機會；喪禮則包括幾百次的彌撒、成群結隊穿著喪服拿著蠟燭的窮人，以及耗去一個富有資產階級家庭一年收入的布施。參加宮廷舞會，不但要衣著華麗，而且還要有一群隨從。因此，貴族不得不替國王服務，以求得一官半職、津貼、修道院和主教轄區。面對著資產階級者，貴族為保存其社會地位只好求助於國王❹。這種階級的鬥爭或許是君主專制政體發展的主要因素。

七、專制政體的限制

比起十九世紀自由主義的民主政府，這些君主專制政體對於每個臣民的日常生活較少有實際的權力和真正的影響。基督教的神聖法律，表示某些存在條件的王國基本法律，保證財產、社團、契約、習俗和特權的人民權利法，這些都限制了國王的權力。此外，還受王家官吏人數不足和交通不便的限制。中央政府所推展的業務比我們今天的較少，較不持續，效率也較差。領主和社團在國王的控制下，擔任了今日由國家來

---

❹　Victor L. Tapié, *La France de Louis XIV et de Richelieu* (Paris: Flammarion, 1967), p. 26.

擔任的許多職務。

第二節　十六世紀的法國君主政體

在十六世紀初期，西歐已具備近代政治形態：一種獨立國家體系取代了一個廣大帝國之下分布著許許多多不同等級的附庸之中古觀念。英、法、西三大強國逐漸形成。

一、法國君主政體的轉變

法國君主政體完成王國疆域的一統。在國內只剩兩個家族還擁有領地，那就是波旁家族（此一家族的所有領地於 1523 年因陸軍最高統帥 Charles de Bourbon，1490–1527 的叛變而被沒收）和未來的法王亨利四世母系的亞爾伯特家族 (The Alberts)。

十六世紀前半期，為國家統一的重要階段，而下列兩項措施居功甚偉：

1.專制政體的進展──日漸貧窮的貴族階級被吸引到宮廷來，同時接受國王的津貼。一方面由於對豪華生活的喜愛，另一方面為了監視貴族，法蘭西斯一世賦予宮廷一種新的重要性和新的面貌。他的宮廷似乎逃離巴黎而在巴黎郊外的楓丹白露宮 (Fontainebleau) 和盧瓦河 (La Loire) 上一些城堡間，不斷地移來移去。國王的侍從達一萬至一萬五千人左右，其中有國王、王后和親王的家臣，及一些朝臣。用於打獵的時間比用於政治陰謀的還多。

1656 年以後，國王擁有另一項有利的武器。在那年，法蘭西斯一世和教廷簽訂一項〈政教協定〉(Concordat)。根據該協定，法國的主教由法王任命，然後教宗賦予精神的權力❺。此外，資產階級設法取得國王的信任，捐錢換得一官半職；王家官吏還支配著國家的行政。

❺　Charles Terrasse, *François, 1ᵉʳ*, T. I (Paris: Grasset, 1970), p. 103.

2.語言的統一──1539 年的〈維葉‧哥德雷命令〉(decree of Villers-Cotterêts) 規定，司法文件必須應用法文❻。因此，法文的應用範圍大為擴展，而逐漸取代各地的方言。

法蘭西斯一世在王權的確定方面，扮演著最基本的角色。他是一位未曾當過太子的國王，膽氣過人，性喜奢侈，賦性聰穎，為文藝復興時期公侯的具體代表。他熱衷權威和皇家尊嚴，自己立下「陛下」(majesty) 的封號。

法蘭西斯一世之子──亨利二世，個性陰沉，極易受人影響，但卻相當細心。他積極進行法國的中央集權化。

二、政府與行政體制的確立

君主專制政體的組織逐漸確立。國王由王家重要官員 (Grands Officiers de la Couronne) 輔佐，如陸軍最高統帥 (Connétable) 和首相 (Chancelier)。前者統率全國軍隊；後者則掌管全國司法與行政。在國王的大臣中，有四位較具重要性者於 1559 年獲得「國務大臣」(secrétaire d'Etat) 的頭銜，他們分攤與各省區聯絡之責。關於主要事務，國王則徵詢由幾位經常追隨在側的近臣所組成的「近臣會議」(Conseil Etroit) 之意見。

在巴黎尚有其他有關司法、行政和財政事務的特別委員會。「巴黎大理院」(Parlement de Paris) 在登錄國王所頒布的命令時 (未登錄前不發生效力)，有意超越其司法方面的職權。大理院議員常提出讓國王無法忍受的要求。法蘭西斯一世的統治，使此種情況大為改觀❼。

在 1546 年，有一位威尼斯特使認為法國人已將他們全部的自由移交給國王。雖然法國的立法權被永不更易的基本法觀念所限制，但這些

---

❻　Ibid., T. III, pp. 30–32.

❼　法蘭西斯一世降服大理院之經過，請參閱 Charles Terrasse, *François 1er*, T. III, pp. 62–66.

基本法事實上毫無意義可言；各省的大理院，尤其是巴黎大理院，能夠拒絕登錄某項，而使之歸於無效，但是這些大理院從未曾如此做。在理論上，法國君主政體在權力和行動方面毫無限制的自由，可為其他國家君王的榜樣❽。

　　地方行政較為複雜。新、舊地方行政官員的職權交互重疊。各省總督，各種名稱不同的司法官員如白伊 (baillis)、塞內修 (sénéchaux) 或布雷握 (prévots)，他們都有多種職權；然而，在 1536 年，法蘭西斯一世頒布《克雷米扼令》(Ordonnance of Crémieu)，確定並擴充白伊的職權。

　　白伊在財政、司法和軍事等方面代表著國王，在當地擁有相當大的權力。另一方面，為了防止這些地方官員在當地的氣勢過分囂張，而增加許多助理官員，使這個職位的個人色彩減少一些。從 1523 年起，每個白伊區 (Bailliage) 設有刑事副官 (lieutenant criminel) 和民事副官 (lieutenant civil)，後來由於另外一些副官、國王檢察官 (procureurs de roi)、國王律師 (avocats du roi) 等等之加入，使白伊區能有體制逐漸完備的法庭，這是英國地方司法制度所未見的。1554 年的命令使此一制度更加確定。這個半封建制度的白伊，轉變為「總督」(intendant)，而為「舊制度」(Ancien Régime) 官僚政治專制政體的基礎❾。

　　王家職位得由國王或職位所有人出售。在各地區雇用的官員，執行職務時不太聽從國王的命令。國王通常任命許多王家專員 (Commissoires)，監視或協助這些地方官員。

　　國王為求對司法的密切控制，他設立許多地方法院 (tribunaux de bailliages)，六十處上訴法院 (Présidieux) 和八處大理院 (Paris, Rouen, Rennes, Dijon, Bordeaux, Grenobes, Toulouse, Aix)。國王對於財政的控制也一樣盡力。1523 年成立「儲蓄金庫」(Trésor de l'Epargne) 負責王家的

---

❽　G. R. Elton, *The New Cambridge Modern History*, vol. II, The Reformation 1520–1599 (1968), p. 439.

❾　Ibid., pp. 453–454.

收入。1542 年，此一王家金庫連同十八個財政區 (Généralités) 的金庫，統歸財政總監 (Receveurs Généraux des Finances) 負責。

三、1598 年的法國

宗教戰爭嚴重地危及全國的經濟生活。戰鬥部隊破壞耕地和焚毀村莊，工廠和手工業工場大部分皆已關閉。盜匪的盛行及道路、橋樑和航道的殘破不堪，阻礙貿易的進行。市場和市集蕩然無存。屠殺、饑荒和瘟疫導致城市居民減少，如里昂 (Lyon) 在十六世紀中葉的人口達五萬人，此時只剩兩萬人。

然而某些人卻能因戰亂而獲利。貴族、資產階級者或大地主在此一幣值不穩定之時，大批購置較安全可靠的土地。那些小農因無法忍受耕地的破壞、沉重的租稅和債務而到處叛亂。

另一方面，宗教戰爭拖垮了王家的權威。經過法蘭西斯一世和亨利二世建立起來的王權，已受到下列事實的打擊：

1.各省總督自認為位居封建諸侯之首，並且獅子大開口，向國王要求歸順的條件。

2.各大理院企圖反對國王的意志❿。

3.財政官員扣留大部分應解繳國庫的稅收。

4.鄉鎮區公所希望能利用混亂的機會，以便任意支配地方行政事務。

5.王室的合法性甚至受到某些人的懷疑：天主教聯盟曾宣稱：「法蘭西王冠並非世襲的，而是奉送的。」

四、亨利四世和權威的恢復

1598 年，亨利四世年已四十五。他性喜大吃大喝，很難安於其位，易和戰友們打成一片，並且很快地受到人民的擁戴。然而，他有時也不

---

❿　G. Duby et R. Mandrou, *Histoire de la Civilisation Française*, T. II, p. 10.

圖 26：亨利四世

信守承諾。獨斷專行而且才氣橫秋，他知道說：「我要」，同時也幹勁十足。長年的軍中生涯使他頗能知人善用，而且也使自己變成一位行動的人物。亨利四世經常騎馬巡視各省區，但他還是希望回到首都巴黎。國王的關心，使巴黎的市容大為改觀。

法王所選擇的大臣大部分來自資產階級，其中有舊日新教徒伙伴如蘇利 (Duc de Sully, 1560–1641)❶，也有昔日的天主教聯盟分子如強寧 (Pierre Jeannin, 1540–1623)。雖然他會徵詢顧問們的意見，但常自作決定，而且通常十分迅速，猶如處在戰場上一般。

亨利四世意欲重建社會秩序，提醒全國人民，人人必須服從。由解甲歸田的士兵從事的搶劫，如法國西部的「基葉利教父」(Godfather Guillerry) 盜匪受到很嚴厲的鎮壓。暴動或同謀的大貴族要受到嚴厲的懲罰，如一位國王的老伙伴，官拜元帥兼布艮第總督 (governeur de Bourgogne) 的剛多・畢隆公爵 (Duc de Gontaut-Biron, 1562–1602)，就因曾與薩伏依公爵 (Duc de Savoy) 和西班牙國王共謀而於 1602 年被處斬刑。

各省總督和各地方官員的職權受到限制。三級會議不曾再召集；大理院只限於登錄王室法令，而地方官皆受王室專員的監督。

宗教和平的維持是件頗為微妙的事件；國王對此採取一項兩種宗教平等看待的政策。一方面，他強迫各大理院登錄〈南特詔書〉，恢復新教徒安全警衛區的特權；另一方面，他在法國重建耶穌會。一位耶穌會士，果東神父 (Pierre Coton, 1564–1626) 變成他的懺悔師，此舉引起新教徒的竊竊私語，「他（指亨利四世）在耳朵裡塞了棉花。」❷

---

❶ 請參閱 Duc de Lévis Mirepoix, *Henri IV, Roi de France et de Navarre* (Paris: Perrin, 1971), pp. 487–490.

❷ Coton 為棉花之意。

五、亨利四世的外交

　　〈維爾宛條約〉重新帶來和平。以復興法國為念的亨利四世最初採取一種謹慎的外交政策，因而只與薩伏依公爵發生一次短暫的戰爭。此次戰爭迫使薩伏依公爵於 1601 年割讓布列斯 (La Bresse) 和侏羅 (Jura) 南部地區給法國。

　　但是西班牙和奧地利的哈布斯堡家族的勢力和野心對於法國仍是一項威脅，因此亨利四世進行忙碌的外交活動，以維持歐洲的均衡。在這種情況下，他於 1607 年調停教宗與威尼斯的爭執，接著於 1609 年允許荷蘭獲得「十二年的休戰」(Twelve Years' Truce) [13]。

　　1601 年，當皇帝與布蘭登堡大選侯發生衝突時，亨利四世準備出兵援助其盟友──新教公侯的聯盟。在出發前，他成立一個攝政會議 (Conseil de Régence)，並於 5 月 13 日在聖德尼 (saint-Denis) 為王后加冕。此項援助新教公侯的戰爭計畫，令某些人覺得不安，因而重新燃起黨派狂熱。5 月 14 日，亨利四世被一位偏激分子拉維亞克 (Ravaillac, 1578–1610) 所弒。

　　國王的逝世將使法國跌入一個新的混亂時期；因此「好國王亨利」(bon roi Henri) 逐漸被神化，而變成法國最得人望的國王之一。

第三節　法國專制政體的確立

　　當幼主路易十三以九歲之齡繼位，接著路易十四又在五歲登基時，王權曾前後受到兩次的威脅。由於利希留和馬薩林處置得宜，使王權在這危機時期反而獲得增強。

---

[13]　其條款請參閱 Billaçais, op. cit., pp. 223–225 (La Trêves de Douze Ans).

一、情況對王權不利

1.君主的威權受到威脅

亨利四世遇刺逝世後，法國君主政體面臨著嚴重的考驗。一方面固
為王權落入平庸者手中，攝政母后麥迪西家族的瑪麗意態懶散，才智平
凡，因而將國家大事交給一位對財富十分貪婪的冒險分子康西尼
(Concini, 1575-1617)。1614 年，路易十三達到法定年齡，1617 年派人暗
殺康西尼，但是又受到一位精於打獵而不善於處理國事的貴族，呂伊內
(Duc de Luynes, 1578-1621) 之影響❶。

另一方面，反叛意識開始覺醒。那些被亨利四世強硬手腕救平者，
又漸漸抬起頭來。王公貴族懷戀著封建時期：「國王的時代已成過去，
而貴族的時代又再度來臨。」最初，麥迪西家族的瑪麗以年金來籠絡他
們；但是不久之後，他們要求於 1614 年召開「三級會議」。此次會議毫
無結果，因為三個階級無法達成協議，同時，與會的代表們也被攝政母
后下令驅散。因 1610 年以後朝廷所採取的天主教政策而覺得不安的新
教徒，也在貴族的威脅之外，另成一項新威脅，王權面臨的危機就更加
緊迫。1624 年為一關鍵性的時機。缺乏經驗，但求好心切的路易十三召
喚利希留入宮，並命他為首相。

2.利希留及其計畫

曾任呂松 (Luçon) 區主教的利希留，現在終於實現其多年來的夢
想❶。他具有一種驚人的工作能力，並以充沛精力克服健康不佳所造成
的不便。在一批忠心耿耿且辦事效率很高的顧問輔佐下，他將國家安全
視為第一要務：「一旦涉及危害國家之罪時，應該閉起慈善之門。」在國
王及其首相之間，成立一個密切合作的機構——「軍機處」(Ministéri-

---

❶ 參閱 Hubert Méthivier, *Le siècle de Louis XIII* (Paris: P.U.F., 1971), pp. 34–40.

❶ 參閱 William F. Church, *Richeieu and Reason of State* (Princeton: Princeton University Press, 1972), pp. 81–103.

圖 27:　利希留

at) **⑯**，它隨著時間而愈穩固；路易十三最後變成對利希留十分寵信，但仍然是擁有最後決定權的主人。這位樞機主教說：「國王御案的四支方型的桌腳，對我來說，比歐洲所有戰場都難於征服。」

執政後，利希留向國王報告其施政方針：「摧毀休京拉新教黨，重新打擊王公貴族的傲性，引導國王的所有臣民盡本分，使國王揚名異邦。」1630 年，他採取一項可能與哈布斯堡家族發生衝突的政策，因而與一意想減輕人民負擔的母后及司法大臣馬利雅克 (Michel de Marillac, 1563–1632) 發生摩擦。這是路易十三做最後抉擇的時刻：他是否同意支持新教公侯對抗天主教國家？他是否該犧牲國內的改革來爭取法國的偉大？麥迪西家族的瑪麗設法迫使國王遣走利希留；有一陣子，她相信已經成功，但是路易十三又改變心意，而且在數小時之後，向其首相保證全力支持 **⑰**。

二、利希留的成就

1. 促使各階層的順從

(1)降服新教徒：雖是一位虔誠的天主教徒，但他並非無容人之雅量。他拒絕聽從那些想撲滅異端邪說的天主教徒之意見，然而他也反對自 1611 年以後，休京拉教徒在政治和軍事方面組織起來，變成一種「國中之國」 **⑱**。1627 年的叛變為這些新教徒在兩年來所發動的第二次叛變。利希留和路易十三率領一支軍隊開往拉羅樹爾 (La Rochelle)，他令人在

⑯　參閱 Hubert Méthivier, *Le siècle de Louis XIII*, p. 82.

⑰　Journée des Dupes, 30, NOV. 1630. 參閱 O. Lockyer, op. cit., p. 383.

⑱　Ibid.

海岸構築一道堤防，阻止英國人對此一城市的補給，而使此一新教徒堡壘經過十三個月的英雄式抵抗之後，只好投降，並拆除所有防禦工事。1629 年的〈亞列寬恕詔書〉(Edit de Grâce d'Alès) 廢除新教徒的政治特權和禁止他們保有防禦性城堡，但是確認〈南特詔書〉所給予的宗教信仰的保證 ❶。此後，新教徒將是忠誠的臣民。

(2)壓制貴族階級：由國王派往各省的監督官，監視著政府官員和各省總督；戰鬥性的堡壘必須拆除。對反叛者的懲罰殘酷無情；在 1626 年，禁止個人決鬥；1627 年，一位年輕貴族因藐視國王的禁令，公然在巴黎打鬥而被砍頭。如果說暴躁輕浮且為許多陰謀中心人物的御弟加斯東 (Gaston d'Orléans, 1608–1660) 不能被懲罰，至少那些膽敢反抗，有時被西班牙人所策動而出身最有勢力家族的貴族，會因他們的頑固倔強而付出性命的代價；因此，1632 年領導叛變的隆格多克 (Languedoc) 省總督亨利‧孟蒙倫西 (Henri de Montmorency, 1595–1632) 被砍頭 ❷。路易十三的寵臣山‧馬斯 (Marquis de Cinq-Mars, 1620–1642) 也因陰謀殺害利希留和串通西班牙人而被送到斷頭臺 ❸。

(3)迫使大理院順從：1628 年，國王向一位大理院院長說：「小子，在你的主子之前必須屈膝下跪！」1641 年，討論、修正或拒絕登錄王室命令的權力受到限制。

(4)對民眾的叛亂加以無情的懲罰：吊死或送到樓船搖槳為法國西南部農民叛亂的結局；在流民的叛亂之後，諾曼第 (Normandy) 處於一種恐怖的狀態。

2.培植軍力和擴展殖民地

凡是能增加王室光彩者，利希留無不力求發展。他建立一支超過十五萬人的陸軍和一支艦隊。後者除了具有外交的目的外，同時也為了支

---

❶　Méthivier, op. cit., p. 64.

❷　參閱 Victor L. Tapié, *La France de Louis XIV et de Richelieu*, pp. 284–290.

❸　Ibid., pp. 393–398.

持經濟的擴展和殖民地的建立。

殖民地為財富之源。利希留以荷蘭的貿易公司為榜樣，成立了一些海外貿易公司；他建立或發展塞內加爾 (Senegal)、加拿大和馬達加斯加 (Madagascar) 的商業機構。到他去世時，加拿大的法國僑民有幾百人，在安地列斯群島的法國僑民有七千多人。不幸的是，海上艦隊之衰微，殖民的發展因而受阻。

3.宣　傳

他試圖利用宣傳以掩飾其政策中通常有不人道的特性。因此在 1631 年，他以財力支持雷諾多 (Théophraste Renaudot, 1586–1653) 所創辦的《法蘭西公報》(Gazette de France)，是一份定期出版的刊物；國王有時也以未署名的文章在該刊物上發表。就如同樞機主教所說的：「公報盡其責任，否則雷諾多則失去其津貼。」❷1635 年成立的「法蘭西學術院」(Académie française) 固然是利希留愛好文學的明證，但也是一種監督和誘導那些榮膺此一學術院院士頭銜的作家的工具。

1642 年 12 月，利希留鞠躬盡瘁積勞而終。路易十三在半年之後也離開人間。利希留留下一個壯大，並且走向商業資本主義路線的法國。雖是位傑出的政治家，但並非是位好的行政人員，他並未對於那面臨破產邊緣的財政從事改革。儘管懲罰十分恐怖，叛亂還是相繼而起，尤其是自 1635 年以後對抗哈布斯堡王室的戰爭及其所帶來的新稅，更使叛亂事件層出不窮。

三、馬薩林和投石黨之亂 (la Fronde)

1.王權面臨嚴重危機

攝政母后安妮 (Anne d'Autriche, 1601–1666) 經驗不足，百姓飽受饑荒和戰爭之苦，貴族蠢蠢欲動，財政情況極為惡劣。母后安妮將權力交

---

❷ 雷諾多從國王處所得的津貼為八百鎊。見 Claude Bellanger, *Historie générale de la Presse Française*, T. 1 (Paris: P.U.F., 1969), p. 90.

給馬薩林樞機主教，一位由利希留培植，但與他非常不同的義大利人。貪多無厭、花言巧語而且口是心非的馬薩林，也可稱為是位良相。這位手腕靈巧的外交家善於處理各種事務。他以不同的方式——狐狸繼承獅子——繼續利希留的政策。

　　在財政方面，馬薩林表現平庸。他以特別稅的增加、官職的創造、年金的減少、官員薪水的中止等方式，來增加財政收入。在路易十四未達法定年齡時，未曾蠢動的大理院要求遣走馬薩林，同時在 1648 年 5 月以〈二十七條宣言〉(Déclaration des 27 articles) 限制王權❷。

　　大理院的此一行動本為保障政府官員的利益，然而在巴黎居民的眼中，這似乎是在專制政體下，自由的保護者。這項干預為那延續五年危機的開端。

2.投石黨之亂

　　這項分裂法國的運動以一種小孩子的遊戲為名，然而這是一種危險的遊戲。最初，大理院是反對黨的中心：這就是「大理院之亂」(Fronde parlementaire)。當巴黎被效忠國王的康地親王所部圍困之時，巴黎大理院於 1649 年 3 月與馬薩林簽訂〈勒伊和約〉(Peace of Rueil)，亂黨分子因而降服。在此之前，馬薩林、攝政母后和年幼的路易十四避難於聖日耳曼城堡 (Château de Saint-Germain)。

　　迫使大理院順服後，康地親王頗思取馬薩林而代之。他因未能如願而重燃戰亂之火，並燎及其他省份。亂事一直延到 1653 年始平，此謂之「親王之亂」(Fronde des Princes)。在投石黨叛亂時期，成千上萬的歌謠在民間出現，大部分是針對馬薩林而發的。

　　投石黨之亂終歸失敗，其失敗的主因為參與者未能慎重其事。巴黎的資產階級以攜帶武器為榮，但不願因而犧牲生命；貴婦們以一種嬉戲的態度參與小型的戰爭；尤其是亂黨分子未能同心協力。傲慢的康地親

---

❷　Georges Duby, *Historie de la France*, vol. 2, 1348–1852 (Paris: Larousse, 1971), p. 147.

王與恭地 (Jean de Gondi, 1613–1679)，亦即未來的雷茲樞機主教 (Candinal de Retz) 互相作對，後者為一天生的陰謀家，他將「大砲的火藥混在聖油裡」，但卻須在萬桑 (Vincennes) 的監獄中沉思未能順從的危險性。大理院對於上述二者皆深懷戒懼，尤其對於無法預測其程度的民眾暴動更是如此。馬薩林深深瞭解亂黨分子間的矛盾❷，而加以利用。最後在杜聯 (Vicomte de Turenne, 1611–1675) 的協助下，迫使康地逃到西班牙，重新建立和平。他於 1653 年 2 月重返巴黎，這個對於無政府狀態深感厭煩的城市，以一種熱烈的態度表示歡迎。

3. 法國接受一個強有力的政府

　　貴族和大理院皆已失去法國人民的信心。馬薩林可以完成利希留的未竟之業。1655 年手持馬鞭，身著獵裝，年輕的路易十四突然要求大理院順從。在投石黨叛亂期間，被取消的總督，不但再度恢復，而且職權更為擴大。貴族們未獲准許前不得聚會；至於忠心耿耿者，則大受酬庸。

第四節　西班牙短暫的繁榮

一、天主教國王，腓力二世

　　大約有半個世紀之久，腓力二世在西班牙可說是一位令人敬畏的君主。他有天主教國王 (Catholic King) 之稱呼，十分虔誠，認為其王國為上帝交賦給他的一項重擔。腓力二世到處以天主教保護者自居。1559 年起，他就不再離開鄰近馬德里的新都──艾斯克瑞爾宮 (Escurial)。

　　西班牙成為再生後的天主教中心之一；這是許多偉大修會創始人的出生地，如羅耀拉、亞薇拉 (Saint Theresa of Avila, 1515–1582)、克羅斯 (Saint John of Cross, 1543–1591)。

　　國王利用異端裁判來搜索新教徒，同時驅散摩爾人，那些只是表面

---

❷　Duc de Castries, *Histoire de France* (Paris: Laffont, 1971), pp. 262–263.

上改信天主教的舊穆斯林。摩爾人的離去，使西班牙格拉納達 (Granada)
地區肥沃的平原變成半荒廢狀態 ❷。另外，他參加一項對抗鄂圖曼土耳
其人的十字軍東征，並於 1571 年在雷潘多 (Lepanto) 擊潰鄂圖曼土耳其
艦隊，打破土耳其的地中海霸權。他參與法國的休京拉派新教徒和英國
的新教之鬥爭，還帶有政治和經濟的因素。

二、西班牙的黃金時代

　　表面上，西班牙是一個文明相當燦爛輝煌的國家。腓力二世繼承查
理五世的一部分土地。除了西班牙本土及其殖民地外，腓力還統治著荷
蘭和法蘭西・孔德，南義大利和米蘭；在 1580 年，他還繼承了葡萄牙 ❷。
西班牙也是一個充斥著來自美洲金銀的國家。西班牙保有與殖民地海上
貿易的獨占權。腓力二世也不曾召集國會 (Cortes)，而將其權力加諸西
班牙貴族身上。這些貴族保有廣闊的領域和許多特權，但已失去大部分
的政治角色。

　　此外，西班牙在藝術和文學方面，有令人欽羨的發展。威加 (Lope
de Vega, 1562–1635) 和卡斯楚 (Guillen de Castro Y. Bellvis, 1569–1631)
兩人在戲劇方面留下無數的作品；塞凡提斯於 1604 年完成一部西班牙
文學史上的偉大作品《唐吉訶德》(Don Quixot)。

三、衰微的潛因

　　事實上，腓力二世也是一位官僚作風和經常猶豫不決的國王，通常
在長期的思考之後才做決定，而其失敗之處也甚多。首先，西班牙不懂
利用其經濟潛力：其工業和農業資源皆不足，同時西班牙必須購買許多
外國產品；金銀並未能留在國內 ❷；人民十分無知，也非常貧困，乞丐

---

❷　Roger Lockyer, *Habsburg & Bourbon Europe 1470–1720* (London: Longman,
　　1974), pp. 284–285.

❷　西、葡的聯合一直延至 1640 年。

的人數很多。西班牙的財政很拮据，君主政體曾三次破產。此外，西班牙對外國的干涉大部分歸於失敗。首先在 1588 年的英、西戰爭中，西班牙的無敵艦隊遭受英艦的攻擊後，又被暴風雨打得落花流水，因而無法在英國登陸。

在法國，西班牙軍隊被亨利四世擊敗。但是腓力慘重的失敗，發生於荷蘭。

荷蘭包括享有很大自主權的七個省份，而且由省議會治理。商業活動已使安特衛普變成最活躍的港口之一，同時也有利於在一個具有權勢的貴族階級之側，組成一個富裕的，而且非常關心本身自由的資產階級。誕生於甘德 (Gand) 的查理五世，對於其同胞的態度十分審慎，但是腓力二世，則頗似一位外國的統治者，且對荷蘭的喀爾文教派採取一種極不明智的政策。

1566 年，一場宗教性和民族性的叛變終於爆發。荷蘭的貴族聯合起來，掠奪四百個天主教教堂。1567 年，新任總督阿爾布公爵 (Duke of Albe, 1507–1582) 以高壓恐怖的手段統治荷蘭，引起喀爾文教徒大批流亡國外。1572 年，叛亂的範圍愈來愈廣，這次叛變由北部信仰新教的七省之領袖，沉默寡言的威廉所領導，而且在某些時期也受信仰天主教省份的支持。

法內斯 (Alexander Farnese, 1545–1592) 繼任總督後，於 1579–1585 年間，將南部各省組織起來，這一部分地區一直屬於西班牙，並且仍信奉天主教。然而北部地區信奉喀爾文教的省份卻於 1579 年成立烏特列支聯盟 (Union of Utrecht)，而與南部的天主教省份完全分離。這是「聯省共和國」(Republic of the United Provinces) 的前身。

---

❷ G. Duby et R. Mandrou, *Histoire de la Civilisation Française*, T. I (Paris: Colin, 1968), p. 295.

第五節　英　國

一、都鐸王朝 (The Tuders)

1. 亨利八世的統治

此一時期，英國的國勢不強，但已與教廷脫離關係。

1485 年，都鐸家族的亨利七世 (Henry VII, 1457–1509) 在英國建立一個新的王朝；其子亨利八世加強了王室的權威。亨利八世個性粗暴，而且十分專制，是一位完美的騎士和可畏的競技者；教養良好，且極力保護人文主義學者❷❽。在他的統治時期，國會顯得十分溫馴，地方行政也由國王任命的士紳將各伯爵采邑治理得有條不紊。但是亨利八世的名字往往跟一項影響重大的決定連在一起，那就是英國教會與教廷脫離關係。

此一事件之造成乃因亨利八世欲取消與元配凱薩琳的婚約，而跟宮女安妮寶琳結婚。因為凱薩琳為神聖羅馬帝國皇帝兼西班牙王查理五世的姑母，教宗克里門七世在衡量利害關係之後，對於英王的要求斷然加以拒絕。為此，亨利八世大膽地要求坎特伯雷大主教宣布其婚約無效，隨之，寶琳變成王后。教宗將亨利八世逐出教會的行動，促使英王要國會於 1534 年通過《至高權力法》(Act of Supremacy)，承認他為英國教會最高領袖❷❾。英國教會

圖 28: 亨利八世

---

❷❽　Maurois, *Histoire d'Angleterre*, p. 201.

❷❾　J. D. Mackie, *The Earlier Tudors 1485–1558* (Oxford: Oxford University Press,

並未變成完完全全的新教，天主教教義還是維持不變。然而，為讓貴族階級支持其宗教改革，英王解散修道院，並將修道院的財產分配給貴族。亨利八世同時對天主教徒和路德教徒採取迫害行動。

　　他的三位繼承者對於宗教政策的處理所採取的方針各自不同。愛德華六世 (Edward VI, 1537–1553)，亨利八世第三任妻子謝慕兒 (Jane Seymour，約 1509–1537) 所生的兒子，年幼登基，在其叔父的影響下，英國國教的儀式，逐漸喀爾文化。瑪麗·都鐸，凱薩琳之女，嫁給西班牙的腓力二世為妻，她希望在英國恢復天主教。因以武力鎮壓反對勢力，而博得「血腥瑪麗」的別號。最後，安妮寶琳的女兒伊利沙白則為英國國教的創始者：她在人文主義方面的教養使她接受喀爾文教義；她維持主教和大主教的階級制度，以便王室權力能控制教會。

2.伊利沙白時代

　　聰明、博學，但卻矯揉作偽的伊利沙白女王，頗有乃父嗜好權威的作風，並擁有高度的政治才能。她與少數的顧問和國務大臣如威廉·塞梭 (William Cecil, 1520–1598) 和其子羅伯 (Robert Cecil, 1563–1612)❸，治理國家。女王在四十五年期間只召集十三次國會，但後者卻迫使她放棄強制借款。在建立國教之後，對於不同派別的新教徒和天主教徒皆加以迫害。

　　英國仍然還是一個農業國家；大多數的貴族住在鄉間，侵占土地，並且常將耕地變成飼養綿羊的牧場，以供應約克郡 (Yorkshire) 呢絨工業所需的原料。財政大臣威廉·塞梭積極獎勵呢絨工業的發展。然而，海上貿易的起飛，最引人注意：在伊利沙白統治時期，海關收入增加一倍。許多貿易公司陸續成立，東印度公司即其一。

　　「伊利沙白時代」(Elizabehan Age) 為英國文明的第一個黃金時代。藝術方面較少創新；畫家通常還是以肖像畫為主，而義大利式的裝飾為

1962), p. 359.

❸　參閱 A. Cecil, *A Life of Robert Cecil* (Westport: Greenwood, 1971).

英國城堡正面的主要體裁。相反地，文學的復興卻有輝煌的表現，詩方面有史賓塞，戲劇方面有馬羅 (Christopher Marlowe, 1564–1593)、詹森 (Ben Jonson, 1573?–1637) 和莎士比亞 ❸ 等文壇巨星。1576 年英國開始有了第一家劇院，到 1600 年即增至八家。

二、十七世紀的英國

1. 斯圖亞特王朝 (Stuarts) 走上專制政體

1603 年英國伊利沙白女王逝世後，斯圖亞特家族的兩位國王先後繼承王位：詹姆士一世，一位毫無威望的君主，雖學識不錯，但因其貌不揚，服飾不整而遜色不少；查理一世 (Charles I, 1600–1649) 是位外表瀟灑，但缺乏善意的國王。兩位國王在支持其不受人民歡迎的寵臣方面，表現的手法實在不高明；白金漢宮 (Buckingham) 荒誕的開支激怒了民意，接著史翠佛 (Earl of Strafford, 1593–1641) 和坎特伯雷大主教羅德 (William Laud, 1573–1645) 事件也是如此。詹姆士一世和查理一世的當務之急，就是將君權神授的君主專制政體的理論加諸於英國。查理一世在 1629–1640 年間得償所願。這十一年為「暴政」時期：

(1)將英國國教作為國家的支柱：詹姆士一世曾說：「無主教則無國王。」❸ 因此，那些非屬於英國國教者皆遭虐待。那些遵守嚴厲道德規範的新教徒——清教徒 (puritains) 被逐出所屬的教區。其中某些人選擇流亡一途，這些清教徒於 1620 年搭著「五月花」(Mayflower) 向美洲出發，並在那兒建立麻薩諸塞 (Massachusetts) 殖民地。天主教徒的命運更為悲慘。1605 年最極端分子曾欲同時炸掉國王和國會，這就是「炸藥案」(Conspriation of Powders)。此一事件重新燃起反教宗之火，詹姆士一世

---

❸ J. B. Black, *The Reign of Elizabeth 1558–1603* (Oxford: Oxford University Press, 1959), pp. 297–299.

❸ A. L. Rowse, *The England of Elizabeth, the Structure of Society* (N.Y.: Macmillan, 1968), p. 368.

也採取流血的報復。

(2)嚴密控制國家經濟：獨占性的商業大都分配給朝臣，而非給商人經營；在工業方面，國家控制著生產和價格；派遣政府官員到鄉村監視那些想圈地的鄉紳，因為圈地 (enclosures) 使窮困的農民在小麥收割之後，再無法牧養牲畜，所以只好走上流浪一途 ❸。

(3)企圖征服國會：在國會和兩位國王之間，衝突時常發生。新稅的表決通常為衝突的時機。對於宮廷的開支和一種與威望有關的外交政策，金錢是一件必需品。然而，國會認為非經其同意的任何稅捐皆為非法，譬如建艦稅 (ship money) 原為戰時在港口或濱海城市所課之稅，1634 年查理一世在平時亦課此稅，1635 年更擴及內陸各地區。國會先後兩次鄭重地向查理一世提醒英國人民的權利：1628 年的〈權利請願書〉(Petition of Right) 和 1645 年的〈大諫疏〉(Grand Remonstrance) ❹。後者的情況已與往昔大異其趣，因它伴隨著一連串的革命性行動：1638 年蘇格蘭的叛變，1641 年和 1645 年在國會的命令下，史翠佛和羅德先後受審並被處死。

在衝突中，國王和國會那一方面獲勝？此一問題將由 1642–1649 年間的內戰來決定。1649 年 2 月，查理一世被判處死刑。

然而，國會的勝利事實上是一個第三勢力，也就是克倫威爾的勝利。

2.克倫威爾與獨裁

克倫威爾是一位富有的地主、國會議員。他仿傚古斯塔夫國王建立一支瑞典式的軍隊。雄心萬丈，他深信唯有他自己能夠重建秩序。這位狂熱的清教徒，主張教會應不分階級。他將祈禱、講道和指揮混在一起。有關他的評論相當紛紜。1654 年 9 月 12 日，他在國會演講時，自稱並

---

❸ Godfrey Davies, *The Early Stuarts, 1630–1660* (Oxford: Oxford University Press, 1959), pp. 279–280.

❹ 參閱 Wilson H. Coates, "The Grand Remonstrance", *The Journal of Modern History*, March, 1932.

圖 29： 克倫威爾

無意出任此一職位,而是在一般民意的要求下，不得不出來為民服務。

相反地，法國文人波須葉 (Jacques-Bénigne Bossuet, 1627–1704) 卻認為克倫威爾除了軍事和政治的才幹外，也頗善於偽裝。

在少數清教徒的支持下,克倫威爾終能控制國會。自 1649 年至 1660 年，英格蘭、蘇格蘭和愛爾蘭結合為一體，實行共和體制。克倫威爾在軍隊的支持下，取得「護國主」(Lord Protector) 頭銜，立刻實施真正的獨裁。其政績中有兩項頗值得稱道:經濟的發展和英國國際威望的提高。1651 年，他讓國會通過《航海法》，這對荷蘭繁榮的商業打擊不小。隨之發生的英荷戰爭，英國人已居上風；其海軍勢力已擴展至地中海。此外，克倫威爾還從西班牙手中取得敦克爾克 (Dunkerque) 和牙買加 (Jamaica) ㉟。

然而,他並未解決任何內政問題。將清教變為國教的企圖終歸失敗；財政困難轉趨嚴重，甚至演變到攫取滿載黃金的西班牙船隻，以避免召集國會。當必須召集時，他又很快地予以解散㊱。愛爾蘭的叛變受到血腥的鎮壓。他曾如此寫著:「我禁止任何人寬恕被抓到攜帶武器的現行犯。」㊲他並且迫使無數的愛爾蘭人將自己的土地讓給英格蘭人。愛爾蘭人永難忘懷克倫威爾的殘酷政策。

1658 年，克倫威爾去世時，留給英國人的只是恐懼和憂鬱的回憶，因為一切自由皆被棄置於地，同時那些被視為沉淪所的酒店和戲院，皆

㉟　André Maurois, *The Miracle of England* (N.Y.: Garden City, 1940), p. 306.

㊱　Frederick C. Dietz, *A Political and Social History of England* (N.Y.: Macmillan, 1937), p. 300.

㊲　John Richard Green, *A Short History of the England and People* (N.Y.: Macmillan, 1905), p. 575.

須關門大吉。

　　當蒙克將軍 (George Monk, 1608–1670) 帶領一支蘇格蘭軍隊強迫召集國會時，克倫威爾之子，李查 (Richard Cromwell, 1626–1712) 只好宣布退位。1660 年，新召集的國會迎回查理一世之子——查理二世，並恢復君主政體。

第六節　荷　蘭

　　儘管存在著一些國內的爭端，對於荷蘭這個年輕的共和國來說，十七世紀可說是個「黃金世紀」。

一、國內的對立

　　荷蘭這個面積有二萬五千平方公里，包括七個省份的國家，至少有下列三種對立的情形：

1. 省區的對立

　　芝蘭省 (Zeeland) 和荷蘭省 (Holland) 為濱海地區，其繁榮皆賴漁業和商業，尤其是荷蘭省支付政府總開支的半數以上，供應絕大多數的船隊❸。其他省份則以畜牧業和農業為生。

2. 政治的對立

　　控制荷蘭和芝蘭兩省的富有資產階級因國家的獨立自主及和平的來到，而能使事業興盛；共和國為其所選擇的政治體制；在三級會議中，荷蘭省籍的「大市長」(Grand Pensionnary) 扮演最特殊的角色。然而，在其他省份，勢力仍十分強大的貴族、軍隊和小資產階級，則希望建立一個以奧倫治家族 (The Oranges) 為主的專制政權；這個家族的某些成員甚至同時在好幾個省擔任省長 (stathouders)，並成為陸海軍領袖。

---

❸ Maurice Ashley, *The Age of Absolutism 1648–1775* (Springfield: Merriam, 1974), p. 33.

3.宗教的對立

如果說荷蘭有天主教徒和猶太人，但其居民的四分之三卻是新教徒。這些新教徒彼此也不一致；嚴肅派 (rigorists) 和溫和派甚至引發一次國內的危機，因而導致 1620 年奧倫治王室的得勢。

在十七世紀，當這個國家未受到嚴重威脅時，共和占優勢，因此在 1655–1672 年間，大市長微特 (Jean de Witt, 1625–1672) 將國事治理得有條不紊。當危險來到時，奧倫治派重新掌權，因此在 1672–1702 年，路易十四的頑敵奧倫治家族的威廉三世 (William III of Orange) 統治著荷蘭。1689 年，他與其妻同登英王寶座，威望因而大增，但卻被迫將在荷蘭的實權讓給大市長漢秀斯 (Heinsius)。

二、海運業者

荷蘭人與海爭地。芝蘭省勇士的格言：「奮鬥與脫穎而出」。滿布鬱金香的田野，阿姆斯特丹、哈連 (Haarlem) 和雷德 (Leyde) 的麻布，烏特列支的絲絨，鑽石的加工等為這個國家帶來不少財富。然而，荷蘭的強盛仍在海洋。事實上，此一蕞爾小國卻是世界上最大的貿易國。荷蘭強大的船隊（約一萬艘）遍布全球。如同英國或法國，她的貿易也是交給「東印度公司」❸❾。該公司已從葡萄牙人手中奪取爪哇、蘇門答臘諸島，並壟斷香料貿易。

而且，此一貿易活動與殖民密不可分，因為各地總督自動征服印尼、錫蘭、好望角和新阿姆斯特丹 (New Amsterdam，即今日的紐約)。海上的貿易和漁業帶給阿姆斯特丹大批的財富。1609 年成立的阿姆斯特丹銀行，為一出借資金、接受存款和從事匯兌等業務的現代大企業先例。

三、燦爛的文明

此一時期，荷蘭不但知識活動相當頻繁，就是繪畫的成就也十分輝

---

❸❾ 該公司擁有資金六百萬荷幣 (Guilders)，比其他同類公司超出甚多。

煌。這個國家變成那些尋找思想自由和被本國驅逐出境的學者之避難所。由於貿易的需要，以及減少宗教衝突，荷蘭人變為善於容忍。法國哲學家笛卡爾和原籍西班牙的斯賓諾莎 (Baruch Spinoza, 1632–1677) 在此找到他們沉思所必須的寧靜。荷蘭的科學家海更斯 (Christian Huyghens, 1629–1695) 研究星球的離心力。最後，相當程度的意見自由，導致報業的興盛，其中以法文報居多，讀者遍布全歐。

　　在繪畫方面以家族肖像、風景和日常生活景像為主。著名的畫家有善於表現動人神韻的哈爾斯 (Franz Hals, 1581–1666)，喜歡將人物投入柔和光線的威梅爾 (Jan Vermeer, 1632–1675) 和利用隱祕氣氛，使在景色中的人物變形，並賦予其肖像高強度活力的林布蘭 (Rembrandt, 1606–1669)。

第八章 十七世紀的危機

十七世紀是一個影響全人類經濟、社會、政治、宗教、科學等活動的危機時期。現僅從經濟、社會和政治等方面來探討危機存在的情形及其對歐洲的影響。

第一節 經濟的危機

一、人口與生活物質

經濟仍以農為主，人口經常有超過生活物質的趨勢，地方性的饑荒常常發生。事實上，生育毫無節制，有二十或二十二個孩子的家庭，也是常見之事。如無令人驚恐的死亡發生，至少在二十五年內，人口將增加一倍。然而，農業技術卻無法生產所需的足夠數量。

二、農業技術

為養活為數甚多的人口，小麥、裸麥、大麥、燕麥、蕎麥、小米和玉米等穀類成為主要作物，因為穀類是同一單位面積供應量最多的農產品❶。農民特別喜歡種植我們今日所謂次要穀類的裸麥、燕麥等等，只因其單位面積產量，尤其在貧瘠之地，比小麥多。主要食物為湯和麵包。在豐收之年，人們吃著小麥和燕麥的混合物。小麥做成的麵包是一種奢侈品。裸麥做的麵包為中等消費者的食品❷。但穀類使土壤很快變為貧

---

❶ Robert Mandrou, *Imtroduction à la France Moderne 1500–1640* (Paris: A. Michel, 1961), pp. 18–19.

瘠。農民因此採用輪耕制，在法國南部兩年一輪，北部則每三年休耕一年，但有時休耕可延續好幾年。每年至少有五分之二的耕地無法參加生產行列。收穫量相當少。事實上，肥料缺乏，堆肥也很少。牲畜不多，因為人們盡可能將土地用於耕種，使草原和牧場的面積不夠❸。

除了在荷蘭，人們並未想到在休耕地種植根狀植物，以供飼養牲畜之用。乾牧草相當少：麥稈都被用以蓋屋頂、做牆、做椅子，甚至被用來當燃料。那些很少飼養而讓其自行繁衍的動物，繁殖力很差。

農民所用的犁無法深耕。他們只好撒下大量的種籽，以彌補肥料和耕作的不足。結果不但平白損失許多種籽，而且播種過密，作物所長出的莖因過分擁擠而逐漸枯萎。種籽不乾淨，也未浸過石灰水，因此經常有蟲蛀的情形。在收成時，人工也缺乏；收割以鐮刀為主要工具，因此頗為費時費力。拾麥穗這種幾乎與參加收割有同等收穫的工作，吸引了許多人，因而使工人更加缺乏。然而在農閒之時，並非每人皆有事做，因此，人口之中有相當多的流浪者。

三、人　口

此一時期，大部分居民營養不良，身體虛弱，壽命不長。他們平均壽命為二十～二十五歲。半數的嬰兒在一歲以前就死去❹。那些殘存者通常在三十～四十歲之間去世。甚至那些飲食無缺的國王、貴族、大資產階級者，也在四十八～五十六歲之間離開人世。然而，這個人口並非年輕，因為人們衰老得很快。在貧窮地區，三十歲的農婦就像老婦人一樣臉上滿布皺紋。居民的人數昇高之時，每個人可分得的口糧就相對地

---

❷　參閱 Fernand Braudel et Ernest Labrousse, *Histoire économique et sociale de la France*, T. 2, 1600–1789 (Paris: P.U.F., 1970), p. 96.

❸　Ibid., p. 156.

❹　根據 Braudel et Labrousse，在路易十四時期，法國的嬰兒有四分之一在一歲前死去。

減少，而死亡率隨之增加。英國的居民不超過五百萬，法國最多也只有兩千萬❺，每平方公里人口密度為四十人。

四、死亡率

如遇凶年，穀類價格上漲。小麥的消費者搜購裸麥，而裸麥的消費者轉而搜購其他的穀類。劣等穀類的價格上漲的幅度比上等的穀類大，因此一般民眾所受的影響最大。第一年，死亡率毫未增加。為了生存，貧苦的農民出賣耕牛，手工業者出賣工具，那些有存糧的人則消耗或出售這些存糧。但是，萬一第二年還是凶年，那饑荒將伴隨著傳染病出現：天花、傷寒、霍亂、鼠疫等開始流行。出生率降低，死亡對鄉村的打擊比對城市大，因為市政府可囤積糧食和向遠方購買，而且資產階級自己有土地，因此有個人的存糧。如以社會階級來分，死亡對農人和工人的打擊，遠比對貴族、官員、自由職業者和商人的打擊來得嚴重。在短暫期間內，饑饉蔓延到整個國家及歐洲的大部分地區。

補救之道顯得困難重重。重新分配貧富間的收入，不但毫無用處，而且也很危險。跟全人口之需要比較，這些收入簡直無關緊要。每個人將遭受同等的不幸，富者和小康者之死，將導致社會結構的破壞，而使災難擴大，並且更加紛亂，每個人的生活水準會再度降低，文明也將衰退。人們在收成良好的地區，尤其是在波蘭和立陶宛等「新國家」購買穀類。然而陸路運輸的困難和昂貴，使得靠近水陸要道的地方能獲得食糧的補充。在豐收之年，由於出生增加和死亡減少，人口又能再度成長。因此，人口在固定的界限內變動得相當迅速，例如不曾超過兩千萬的法國人口，似乎也不可能減至一千兩百萬以下。

---

❺　另根據 Reinhard, Armengaud, Dupaquier, *Histoire générale de la population mondiale* (Paris: Montchrestien, 1968), pp. 152–154，英國人口在五百萬～六百萬之間，法國人口為一千四百萬。

五、饑荒和經濟危機

歉收引起經濟危機。它破壞農業生活，摧殘耕種者，造成耕地的荒廢，及形成一個悲慘和毫無購買力的無產階級。由於農產品價格的提高，貴族和資產階級者只好實行節約，城市出現失業，手工業師傅、商店老闆和貿易商皆受滯銷之打擊。利潤消失，投資已變為不可能。週期性的歉收增加一般經濟的不穩定，同時阻止了經濟的發展。

六、貴重金屬的減少

事實上，全世界貴重金屬礦的產量已漸減。依照舍畢爾 (Soetbeer) 的研究，自 1620 年起，產量已開始減少。跟已提煉好的金屬比較，流入市場的金屬在比例上不斷地減少。在十六世紀，貴重金屬的儲存量增加許多倍；在十七世紀，只增加一倍，而在貿易方面對於貨幣的需要卻超出甚多。依照漢密爾頓 (Hamilton) 的研究，從美洲運入西班牙的貴重金屬，這是歐洲透過與西班牙貿易而獲得此類金屬的主要來源，在 1591–1600 年間達到最高峰（銀：2,706,626 公斤），隨之逐漸式微。1630 年以後，衰微的程度加速（1631–1640 年，銀：1,396,759 公斤）❻。如果說 1551–1560 年間運入西班牙的白銀為 1521–1550 年間的 120%，1621–1630 年間的輸入量只有 18.7%，1651–1660 年間，減為 2.8%。這些金屬的一部分被儲存起來，一部分用於裝飾用品，另一部分則用於向亞洲購買產品而留在那裡。

七、物價上漲的緩和及跌落

大致說來，一直到 1625–1630 年，歐洲的物價上漲十分緩慢，接著是一段停滯時期，最後是緩慢的下跌，1650–1660 年以後，下跌的情形轉速。大約在 1600–1680 年間達到最低潮。1680–1700 年間一度輕微的

❻ Braudel et Labrousse, op. cit., p. 330.

上漲，接著在 1700-1715 年間又重新出現輕微的下跌。如果以相等值的
貴重金屬重量來計算物價，而非只考慮帳目上所記載的表面數字，則在
大多數的國家，下跌趨勢之嚴重可說空前未有。事實上，在許多國家如
十七世紀初葉以後的日耳曼和西班牙，十七世紀後半期以後的法國，皆
出現通貨膨脹。帳目上所顯示的金額，事實上只等於一些含貴重金屬量
較少的錢幣，因為鑄造錢幣時，所含各種金屬的比例已經改變。因此，
物價通常出現表面的上漲，而實質的下跌。在慕尼黑，1662 年的物價在
表面上已達最高峰，然而事實上卻是下跌；如以貴重金屬來計算的話，
則物價重新跌至 1550-1560 年間的水準。在這個城市，1660-1670 年間
的物價，實質上低於 1510 年左右的物價。

八、資本主義發展趨緩

在大部分歐洲地區，上述情形導致經濟發展和資本主義發展的趨
緩。隨著物價上漲的緩和，利潤大為減少。企業界的遠景並不樂觀，因
而不再具有以前那樣的冒險勇氣。新企業增加較少，既有企業的擴展也
較少。生產減緩、物價下跌時，利潤減少，甚至可能完全消失，企業家
因而裹足不前。他們設法減少開支，解雇工人，生產減少，失業逐漸蔓
延，遊手好閒的人數增加。小企業或正在成立中的企業只好關門大吉。
設備較佳的企業方能苟延殘存，可是仍然困難重重。改良生產技術，降
低生產成本，為亟待解決的事情。

九、物價的不穩定及其原因

十七世紀也是一個物價相當不穩定的時期，其波動之幅度十分驚
人，其程度遠超過十六世紀。

對於此一現象要想有個完整的解釋，目前尚不可能。這種變動的原
因並非完全歸於戰爭，下列幾個因素也有相當大的影響：

1.作物的收成：由於氣候的關係，連續九年的歉收，導致物價的上

漲。上漲的趨勢要等到氣候轉好，作物豐收之時方被扼止或轉趨下跌；

2.工業的發展：各國對於工業發展的努力，使勞工人口往城市集中，人口增加的地區，糧食就感缺乏，物價上漲成為必然之勢。等到每人所分到的口糧不足，而產生一次的「死亡」減少需求，物價隨之下跌；

3.錢幣的操縱：因此只好實行通貨膨脹。政府下令將錢幣送到鑄幣局，然後重新鑄成等面值但含貴重金屬量已減少之錢幣❼，或者對含同等貴重金屬量之錢幣給了較高之面值。然後以此類錢幣付給債權人、金融家、政府官員、士兵和物質供應者，政府可因而賺了一筆錢；但是政府收稅時，卻反成為犧牲者。通貨膨脹導致物價上漲。上漲幅度之大使得政府只好又採取通貨緊縮政策，減少錢幣面值，物價也因而下跌。因此在西班牙有 1626 年的通貨膨脹，緊接著是 1628 年的通貨緊縮；1641年的通貨膨脹又導致 1642 年的通貨緊縮。

第二節　社會的危機

一、法　國

法國的社會是個「階級」的社會。這個社會在十七世紀期間存在著很多問題。

1.商人社會地位上昇

在巴黎，呢絨、雜貨藥品、服飾用品、皮貨、針織和金銀器等六種行業的老闆，都是大貿易商。擁有千萬財產的大富翁勒卡繆 (Nicolas le Camus) 在法蘭克福市集一下子搶購了價值二十萬銀元的商品。呢絨商巴費克 (Claude Parfaict)、柯爾白 (Edouard Colbert) 及其他商人皆投資於槍砲、武器、絲織、呢絨和壁氈的製造，及冶鐵工業。他們搜購土地，設法讓其家人在國家、城市和教會中，爭取一些職位。巴費克之弟首先

❼　Billaçois, op. cit., pp. 49–51 (Edit sur les Monnaies de September 1602).

擔任法國財務官，接著又擔任錢幣局局長，他的家人大部分皆曾擔任過巴黎市長的助理。因此，在擔任公職和擁有土地等方面，商人的家族已與貴族階級並駕齊驅。

2.貴族對抗資產階級

在這個社會，所有人的理想就是過著貴族式的生活，但並不一定要參與軍事活動。他們希望有塊領地，以享受領主般的社會威望。資產階級者希望成為貴族，但只希望在政府中擔任重要職位，而不願獲得教會或軍事的職位。唯有家庭中之次子，才會過著教會或軍事的生涯，但通常無法昇到最高的職位，因這仍是貴族的特權[8]。在亨利三世時代，王室政治委員會的大部分成員還是屬於貴族，但自亨利四世以後，則以資產階級者居多數。像柯爾白家族和盧瓦家族 (Louvois) 就產生了許多國務委員和部長。日益貧窮的貴族也將領地賣給資產階級。但是那些變成伯爵、侯爵的資產階級者卻依然保持著與貴族不同的精神與習俗，因此極為貴族階級所輕視。

在 1614 年的三級會議中，一位資產階級的代表麥斯姆 (Henri de Mesmes) 曾說：「三個階級如同三兄弟一般，同是法蘭西這共同母親的兒子。」但貴族們卻宣稱：「我們不願紡織工人和修皮鞋匠之子稱我們為兄弟，我們與他們之間的差別，就像主人與僕人之間的差別一樣。」[9]

3.領主與農民

法國的農村社會結構可分為領主、以年付租金向領主承租土地的大承租戶、佃農及一些小地主。

當農作物歉收而價格上漲之時，領主和大承租戶因有餘糧而可獲暴利，但是佃農和小地主因自己辛勤的收穫全為種籽和麵包所消耗，以致

---

[8]　Roland Mousnier, *Le Conseil du Roi de Louis XII à la Révolution* (Paris: P.U.F., 1970), pp. 331–332.

[9]　Mousnier, La Plume, *la Fraucelle et le Marteau* (Paris: P.U.F., 1970), pp. 218–219.

無法繳納各種租稅。如果價格上漲是由於其他原因，那麼每個人皆可獲利，但是領主和大承租戶可等待最有利的時機，出售糧食，以獲得比小地主和佃農較多的利潤。領主到最後所得的將比大承租戶為多，因為他可在每次訂新契約時提高租金，將大承租戶的利潤吞沒。

萬一物價下跌，承租戶將因以預測高價所訂租約的租金而憂慮重重。如果因豐收而使價格下跌，那麼小地主及佃農可以很容易地繳納實物租稅，但是大部分以現金繳納的租稅，卻迫使他們以賤價拋售所收穫的穀類。農業工人受到的影響最為嚴重。那時農業技術停滯不前，要想降低生產成本只好減少人工。工資雖未減少，但失業工人和流浪漢卻大量增加。

上述兩種情況經常發生，租稅超過一般農民的能力而無法承擔，這也就是農民暴動和農民戰爭爆發的時機。

4.大老闆欺壓小老闆和工人

貴族、金融家、政府官員逐漸與小商人、小行業師傅及工人互相對立。政府官員常採用一種有利大資產階級，而損及小行業師傅、工人和自由手工業者的政策。國家或市政府的職位和權利保留給大資本家。國家支持所有老闆對抗工人，減少工資和延長工作時間的行動。行會變成老闆壓迫工人的工具。老闆停止其所屬的階級吸收新會員。他們利用年齡和住址的條件，學徒人數減少，學藝期限加長，成品的逐漸複雜和昂貴，檢覆人員的偏私、舞弊和腐敗，過分昂貴的入會費，令人無法負擔的入會宴客費等方式，阻止除了自己兒子和女婿之外的其他人的加入。行會和政府機關對他們的課稅不多。老闆們要求工人工作十二～十三小時。他們要求國家減少休假的日數，禁止工人娶妾，禁止工人進酒吧，使工人能滿足於那微薄的工資。工人的結盟及罷工一併禁止。然而工人卻組成許多種祕密工會，擁有首領、正式大會、會員提供的經費和武器❿。他們時常罷工和暴動。民意指責他們的要求導致物價上漲，而對

---

❿　Pierre Gaxotte, *La France de XIV* (Paris: Machette, 1970), p. 66.

之不表示友善。但是他們的人數日增，勢力日大。1637 年，巴黎有四萬五千個工人和學徒。在里昂，工人占十萬居民中的三分之二，其中一萬至一萬二千人失業。當來自鄉村的乞丐和流浪漢加入城市失業工人的行列，那麼暴動就隨時會發生。

二、英　國

英國繼續其建立於海上貿易的資本主義之發展。在 1610–1640 年間，對外貿易增加十倍，而商業經濟對英國社會之影響，當然比起以農業經濟為主的法國來得深遠。十六世紀開始的第一次工業革命繼續發展下去，而使採礦和鋼鐵業變成大工業。在 1640 年左右，英國大工業的擴展比其他歐陸國家更為廣泛。需要鉅額資本的工廠到處出現，其社會方面所引起的影響有二：

1.資本家征服了英國社會

階級間財富的分配及階級間的關係皆被弄亂。由於資本主義的發展更加快速，因此階級之鬥爭與法國迥然不同。工商活動吸引許多貴族：一部分英國貴族具有道地的資產階級的習俗和精神。然而大部分的貴族繼續在其莊園過著領主的生活。這些老式的貴族忌妒那些從事新工商活動致富並超過他們的同僚；他們憎恨新興工商業者，因為後者購買莊園，變成地主，進而參與國家的政治、軍事和教會的活動，而成為老式貴族的競爭者。老式貴族譴責暴發戶的資本家，並要求政府干預其活動。

資本家與朝廷大臣間互相對立。某些朝廷大臣運用其影響力，從國王那裡獲得某種行業的壟斷權，如海軍上將孟謝爾 (Sir Robert Mansel) 於 1615 年重新購回本已同意給九家公司的製造玻璃的壟斷權。資本家在小老闆和小商人的支持下，要求廢除一切壟斷，並要求工商業的自由。

呢絨工業和小麥輸出的發展，導致資本家購置廣大地產。這些新地主開始與佃農發生衝突。為求增加收益，他們將永久承租改為短期承租，並隨時提高租金。他們解雇變為多餘的工人，只留下幾個牧羊人。因此

失業者隨之增加。

　　工人與工廠老闆常因工資、失業及非技術工人之雇用等問題而互相對立。根據 1563 年的《手工業法》，非經正常的習藝，無法變成工人。但因工業發展迅速，老闆們在未曾習藝的窮人和失業者中，雇用工資較低的工人。為使這些不合法的工人被遣走，合格的工人和學徒聯合起來，並經常發動罷工。

2.社會觀念的改變

　　當時英國社會存在著兩種人：一為資本家及其活動的受益者如貴族階級、鄉紳、小工商業老闆；另一為老式的領主、其佃戶和最貧窮的人。二者之間產生很大的衝突。

　　第二種人維持舊有的社會觀念：社會為一彼此服務和救助的有機體；個人財富之擁有只不過是為服務人群；在團體生活裡，富者之權勢要受限制，窮人則須得到支持。商業只是一種社會服務，因此不得經營一種令他人貧窮的商業；並以法定價格出售，不得以盡可能的高價出售，價格下跌要先告知，不得囤積居奇；除非放款者與借款者共同擔負風險，否則不得放款取息。

　　資本主義的受惠者，特別是那些新地主，卻持著與資產階級相反的財產觀念：每人為其財產的絕對主人，其經營只以賺錢為目的，而不必先考慮人類之幸福。財產是一種無條件的權利。這種財產的個人主義觀念，消滅了所有的社會義務。一切經濟活動的目的，只在於滿足個人慾望。這種理論有助於物質主義之發展。

第三節　法國的政治危機

一、農民與工人的叛變

　　法國國王因欲與奧國哈布斯堡王室爭奪霸權，以致於不斷遭遇到財

政困難。國家稅收常感入不敷出，而一切稅額的增加頗令百姓覺得不安。稅制很快就成為叛變的理由、動機或藉口。

在對抗王室稅捐一事，領主和農民完全站在同一條線上，因為萬一農作物收成不佳，王室稅捐將妨礙領主封建稅的徵收**⓫**。此外，稅額的增加和新稅目的設立皆與習俗相違背。地方性的習俗是相當神聖的。在此一類型的社會裡，凡是舊的和習俗性的東西都是好的，也是可尊敬的；凡是新的，都是不好的，也會引起懷疑。一切的創新皆令人無法忍受。王室的新措施和國家趨於集權，使許多人覺得痛心，同時也促成許多社會集團結合起來，為保護傳統習俗和自由而與國王對抗。

農民的叛變經常發現有領主和貴族的介入。地方性的叛變年年皆有，有時會轉趨嚴重。1636-1639 年間，利希留所領導的對外戰爭，使稅捐增加，因而在各地區引發了農民的叛亂。據說某些地區的居民以草根為食，有些人無法忍受饑荒而自殺。

當麵包昂貴、失業增加和稅捐過重之時，城市的工人也起來叛亂。1598 年以後，叛亂的次數相當多。許多稅吏因而被殺害。

這些叛亂並不是窮人對抗富者的戰爭。受暴民攻擊的都是一些稅吏，如果說有城堡和官邸受到攻擊，那也是屬於財政官員的。暴亂主要針對著國王的稅捐。如果無其他社會階層人士的介入，這些暴亂對於政府是不會構成致命的打擊。

二、貴族的叛變

國王的弟弟及其他有王位繼承權的親王要求參與政府，在「國王會議」擔任主要角色，在各省擔任世襲的總督。他們認為國王只不過是他們之中的老大，類似一種主席的地位而已，因此常常反抗君主的專制。他們的叛變逐步向外發展，最後連農民也被捲入。在這個社會裡，封建時代流傳下來的附庸感情及領主與附庸間的個人關係依然存在。親王及

⓫ Mousnier, op. cit., p. 341.

貴族皆有許多士紳和平民為其效命。

三、各社會階級協調以對抗國家

所有的領主對其農民皆有相當大的影響力。領主與附庸的關係使他們聯合起來。農民對於領主通常具有忠實的感情；另一方面，領主利用他擁有的司法和警察的力量，可以使農民的生活安適或無法忍受，並以之來操縱農民。此外，領主與農民在對抗國王與稅捐方面是利害與共。領主保護其農民，使他們能免除通行稅及勞役，在內戰發生時則武裝他們。

由於社會階級之間並無明顯的區分，所有的叛亂因而較容易擴展。通常在同一家族中的成員，有些與商人聯姻，有些與大理院成員聯姻；有些已變為貴族，有些還是平民。基於此種錯綜複雜的關係，他們彼此結合在一起。

四、王室官員的爭權

甚至對於自己的官員，國王也沒有信心。王室各級官員，尤其是各大理院，認為其職位之價值及重要性，因官職的一再創造而減少。此外，各種稅捐的增加使他們更覺得身受其害。因此，他們拒絕登錄有關稅制的詔令，癱瘓了戰爭期間君王的行動。巴黎大理院自認為是古時國王宮廷的繼承者，它要參預政務，以自身的名義召集親王、公爵及朝廷大臣討論國事。然而，1615 年和 1648 年前後兩次的嘗試皆歸於失敗。

在政治和立法方面，大理院要求獨立於國王的權力之外，自己提議，自己討論，然後做成決議付諸實施。它們要召集其他王室官員提出國務報告（如 1648 年 5 月 13 日的〈集合令〉"arrêt d'union"）。大理院以其判決修改或撤銷有國王在場而審查通過的詔令或詔令中的某些條款。它只准許國王出席說明對某一政治問題的意見。它宣稱國王的出席危害投票表決的自由，因而要求獨自討論和表決詔書和命令。

召集王國的代表，瞭解一切事務，法律的表決沒有君王參與，這就是建立了一個獨立於國王之外，對於行政權加以控制的立法權力機構。這是權力分離的起點❷。大理院的這種行動，當然與國王和王國合而為一的君主政體相違背。大理院這種革命性的態度等於否定了君主政體。

五、王室官員復古的革命

上述的革命是一種維持舊式社會體制的手段。大理院的行動只不過是要保護其成員、親友或其他大理院同事的既得權益，包括職位、封地和地方權力，以對抗另一種中央集權的革命。大理院盡力抵制國王利用派遣專員取代原有官吏職權的趨勢。

大理院採取對抗的方式如：抗議稅捐，說服法國人民，讓他們瞭解所負擔的稅太重也太不公平，這些稅只不過是為了國王的虛榮和宮廷的奢侈。大理院的如此做法將使法國受到哈布斯堡王室之威脅，同時，宮廷也將因缺乏金錢而無法維持。然而，一般人民因此對大理院產生一種尊敬和感情。身受稅捐、強迫借貸、商業壟斷、工業產品進口等影響的城市資產階級，也有同樣的感情。此外，大理院成員皆為資產階級民防團的中、下級幹部。以領主的身分，他對自己莊園的農民具有威權。當巴黎發生「投石黨之亂」時，聖都安 (Saint-Ouen) 地區的農民在其領主，也就是巴黎的資產階級的號召下，參加他們的戰鬥行列。

六、新教徒的革命性角色

新教徒的政治組織賦予其領主和市政府一種奇特的權力。〈南特詔書〉給了新教徒一些警衛區和衛戍部隊。但是與詔書相違背的是，新教徒還增設一些區域性大會。他們將法國分成八個軍區，有一位總司令及一位派駐宮廷的大使。他們組成一個「國中之國」，使法國變成一個新教國和一個天主教國所組成的聯邦。兩種不同宗教信仰的人民只賴君主

---

❷ Ibid., p. 53.

制度維持表面的統一，這猶如以後的「奧匈帝國」。這種聯邦制與國家
的需要是互不相容的，但卻與貴族階級「封建」運動的本質相同。因而
新教的領主常與貴族的運動結合在一起，並從中取利。每當國王與外國
交戰時，他們都聯合起來叛變。

七、全面叛變

在某些時刻，貴族、官員、城市居民和農民會組成聯盟，對抗國王
及其忠誠黨徒。只要有一位親王發出反叛的信號，叛亂很快就會蔓延到
幾個省區。當貴族呼籲人民武裝起來的時候，大理院就率先打開儲存軍
糧的倉庫，打開國王的金庫取出被扣做軍費之用的薪水，並鼓勵暴動。

這些時刻通常是在國王年幼之時，如路易十三和路易十四。政治關
係似乎已告斷絕。就如同他們只對死去的國王本人有效忠的義務，對於
年幼的繼承者則毫無義務。這是親王們提出要求的好時機。另外，當稅
捐過分繁重，當親王與外國同謀，或者在饑荒之年，也會發生全面叛亂。
叛亂發生後，國王陷於孤立，常常須藉一次戰役的意外勝利，才能維持
王國的完整和避免法國的滅亡。

第四節　英國的政治危機

一、國家對付資產階級的個人主義

在詹姆士一世、查理一世和詹姆士二世 (James II, 1633–1701) 統治
時期，所有受圈地制度之害的人不斷起來對抗資本主義的影響。此類暴
亂最典型的例子發生於 1607 年的密德蘭區 (Midlands)。成千上萬的男
人、婦女和小孩，因傳統耕種方式消失而變為貧窮的小地主和農村無產
階級者，因鄉村人口減少而破產的手工業者、屠夫、鐵匠、木匠和泥水
匠等，聯合起來，毀壞籬笆，填滿溝渠。除非國王與資本家妥協，否則

這種專門對付圈圍耕地的鄉紳，對於國王來說是沒有危險性的。國王會偏袒暴亂者，對於暴亂的調查常常不了了之。王家法庭對於土地之圈圍或租金之提高做得太過分的地主，常加譴責。斯圖亞特王朝前兩位國王完完整整地保存下列的社會觀念：社會是個秩序井然，階級分明的有機體，在這有機體，每個階級完成其所應盡的職責，並可得到一種與其階級相稱的生活形態的保證。這些就是上帝所加諸的道德義務。國家為這些道德義務的世俗性表示，因此它必須使人民尊重上帝的意旨，監督每人必須有足以維生的東西，但也不得超過。這種國家的崇高角色，導致國王的絕對專制。斯圖亞特王朝的君王設法保有立法權、特別司法權和不必徵求臣民同意的徵稅權，並擁有一支忠誠的常備軍。

二、資產階級個人主義的進展

國王的這些措施遭到清教徒的敵對。因國王將專賣權授予朝廷大臣而蒙受損失的清教徒商人，因放高利貸而受到最高教會法庭處罰的清教徒放款者，因受王室派來監督製造和價格的專員之刁難，而覺得無限痛苦的清教徒呢絨商人，以及那些對王家機構種種措施覺得十分厭煩的清教徒鄉紳等等，皆成為國王的反對者。

國王不再是國家理想的化身，因此敵對的階級也可能聯合起來反對他。國王所面臨的是一個資產階級化的社會。規模宏大的海外貿易公司的商人，收容貴族家庭的次子，及富有資產階級的兒子為學徒。貴族進入了貿易界。貴族階級的大地主及鄉紳不但為直接輸出，同時也為工業的需要而生產。在倫敦的貿易公司的學徒通常是鄉紳子弟。城市和鄉村的聯合因而得以實現。在鄉村學校，在鄰近商業城市的文法學校，領導階級的子弟與農、工、商人子弟同窗共硯。他們也時常彼此通婚，加深了階級的融合。

三、憲政的衝突

代表富裕英國人的國會為憲政衝突的來源。國會開始與國王及其助手們發生衝突，並使彈劾程序再度復活。平民院向貴族院議員相繼提出對王家專賣的受益人和國王的顧問的控訴案，並讓他們被判刑。

國會重新確定，英國人非經其代表同意，否則不必繳稅的權利，及所有亨利七世統治初期就已存在的權利（1628 年的〈權利請願書〉）。1641年通過了保證定期集會的《三年集會法》(*Triennal Act*)⑬，並給予資本家及地主大量的自由。富裕的英國人企圖以一種受資本家代表所節制的君主政體，取代設法實現社會階級平衡的專制君主政體。這些資本家的代表須具有立法權，中央及地方行政機構的監督權，使英國變成一個符合資產階級利益的國家。國王與國會之間的衝突導致 1640–1660 和1685–1688 年間的兩次革命。

四、資本主義的清教 (puritanism)

敵視財產公有與重視功利個人主義的清教精神，隨著商業資本主義不斷地發展。商人、農人和船員等職業，逐漸被認為是應乎上帝的行業。基督徒因信而得救，但真正的信心是因事業而來，人將以事業作為受審的根據。商人就如同牧師一樣，被召來從事一種有益公眾福祉的特殊工作；因此，其作為基督徒的義務，就是盡力做好其事業。成功與賺錢就是忠於自己的行業、作為盡責的基督徒和接受上帝祝福的最佳明證。賺取利潤成為一種義務；善於利用萬能的上帝賜給基督徒一切有利的條件也是一種義務。基督徒同時獲得永恆的生命和財富。基督教被用來做相反的解釋，貪戀財富受到鼓勵，而使國家的商業資本主義之路暢通無阻。

---

⑬　Maurois, *Histoire d'Angleterre*, p. 279.

五、功利個人主義的進展

英國的革命利用新的政治制度，逐漸使經濟和社會的個人主義占上風。1641 年，星法院 (Star Chamber)⑭和高級宗教法庭 (Court of High Commission)⑮的廢除，解救了資本主義的地主和企業家。沒收的土地大都轉入城市商人手中。內戰促成極端分子的進展。「平等主義者」(equalitarian) 除了要求普選外，同時也要求圈地制度的廢除和社區共同耕種制度的恢復。「無產階級者」則要求分配土地。然而，地主和商人認為財產是一種比國家更先存在的自然權利，國家的產生只不過是為了保護它。

對於克倫威爾的女婿艾爾頓 (Henry Ireton, 1611–1651) 和克倫威爾來說，唯有地主才能組成真正的政治團體，他們可以任意處理其財產，不必受到上級的監督，或接受窮人的要求；後者之無恆產，乃是一種罪惡的懲罰。國會駁回有關圈地制度的請願。但是 1649–1653 年的共和國，似乎未能保護財產，因此成為「護國主」克倫威爾獨裁的原因之一。

查理二世復辟後，許多方面仍然依循舊規：樞密院 (Privy Council) 不再干預地主與佃農或企業老闆與工人之間的爭執；鄉紳自由圈圍土地，以增加羊毛和小麥的產量；《貧民法》毫未採用。農業資本主義大為擴展，鄉紳將長期承租轉變為隨意的承租，使租金易於提高。他們並且增加佃農的數目，圈圍共有的土地。英國變為歐洲大陸小麥、羊毛和肉類的一大供應國。

六、一六八八年的革命

英國貿易的發展難免與荷蘭和法國在此一方面產生長期衝突。英國

---

⑭ 該院設於西敏寺 (Westminister) 宮殿內，以濫刑專斷名聞於世。
⑮ 該法庭於 1686 年再度由詹姆士二世創立，至 1689 年的〈權利法案〉始永久廢除。

資本家對於查理二世的荷蘭政策覺得滿意，但是對於他，尤其是詹姆士二世對待法國的態度覺得不滿。法國在貿易和殖民地方面是英國最有力的敵手。在路易十四的支持下，詹姆士二世在英國恢復天主教 ❶。同時也恢復公有財產和國家的監督。對法國的經濟鬥爭，以及對採用較適合資本主義精神的宗教鬥爭，引發 1688 年的革命 ❶。

　　1688 年的革命是資產階級的勝利。國會宣布詹姆士二世的女兒瑪麗 (Mary, 1662-1694) 及其夫婿奧倫治家族的威廉 (William of Orange) 入主英國，因為他們保證尊重 1689 年的〈權利宣言〉(Declaration of Right) ❶。此一宣言禁止斯圖亞特王朝諸王，試圖保存統治權和建立專制政體的所有行動。他們不能僭越立法權，因為擱置法律或免除法律的實施，皆為非法；非經國會同意，他們不能擁有常備軍；非經國會同意，不得自行徵稅；他們不能享有特別司法權，包括宗教因素的司法權；他們不能以個人的決定來規範臣民的宗教生活和日常經濟生活，最後，所有新教教徒皆可以擁有武器，因而組成一支具有資產階級傾向的國民衛隊。

　　起初，國會曾有意給威廉和瑪麗一種和平時期內政、軍事和海軍等方面的國家正常行政收入，國王將因而有某種獨立性。但是在戰爭期間，國會每年都表決軍事和海軍的特別開支。後來，漸漸地也包括陸軍的經常費用。到 1695 年左右，這已不再是王家的特有物。國會每四至五年表決一次一般行政預算。表面上，國王被剝奪所有收入，因而完全附屬於立法權。掌管錢包的國會，可以監督預算的執行和行政事務。

　　樞密院在革命後變為處理日常行政事務的機構，但不再具有權力。

---

❶　Robert H. George, "The Financial Relations of Louis XIV and James II", *The Journal of Modern History* (Sept., 1931), p. 403.

❶　R. Lodge, *The Political History of England*, vol. VIII (1660–1702) (N.Y.: Greenwood, 1969), pp. 289–306.

❶　Dietz, op. cit., p. 330.

它只負責批准已做成的決定。政策在內閣 (cabinet) 達成協議，內閣則由國王身側的一些大臣組成。最早在查理二世時，內閣由國王的寵臣組成；在安女王 (Queen Anne, 1702–1714) 統治時期，則只由在財務大臣 (Lord High Treasurer) 領導下的幾位行政單位主管組成。事實上，自 1667 年起，財政部的權力已日漸擴大。在戰時財政困難時，財政部處理影響整個政策的主要事務。一方面，政策性的重要決定都要徵詢財政大臣的意見；另一方面，財政部向國會提出議案，而其官員出席國會的各委員會。國會以預算的數額和分配，來節制政府的活動。財政部為政府與國會之間的聯繫者，因而很難瞭解誰是指導者，誰是被指導者。

七、英格蘭銀行對財政部的影響

財政部對於英格蘭銀行 (Bank of England) 董事會和總經理的意見相當重視。該行於 1694 年成立，目的在於與財政部建立關係[19]。因對法戰爭而陷入窘境的財政大臣，想將戰費以轉變為國家公債的方式，分幾年攤還，每年只多付一些利息。購買公債者首次即將一百二十萬英鎊[20]交給財政部，並組成英格蘭銀行。該行擁有進行匯票交易、金幣買賣、對個人放款和發行紙幣等職權。銀行與財政部的關係十分密切。銀行在安特衛普、阿姆斯特丹、漢堡、里斯本、馬德里和威尼斯等城市的代表，協助政府籌到軍費。透過銀行，英國資本家可以影響內閣。

八、自由企業與資產階級的發展

地主和商人等資本家指導著經濟生活。國會依照他們的意見。利用一般性的法律、貨幣的穩定、《航海法》的加強、關稅和間接稅的調節等途徑，來決定經濟生活的傾向。國家就如此創造一些有利企業自由活

[19]　Sir George Clark, *The Later Stuarts 1660–1714* (Oxford: Oxford University Press, 1961), pp. 176–178.

[20]　W. E. Lunt, *History of England* (N.Y.: Harper & Row, 1957), p. 495.

動的條件。1688 年以後，中央政府不再具有對地方行政直接性的干涉。地方行政完全落入地方縉紳手中，企業自由可說是十分完整。因此資本主義得以迅速起飛。金融與商人階級，亦即「富翁」(moneyed men) 的勢力日大。但是土地的資本家，亦即「地主」(landed men) 譴責他們發了大筆戰爭財，不願他們購買土地，變成地方法官和行政官吏，爭取教會和政府的職位。只是這種反對並未徹底，因為他們在許多方面仍然利害一致，而在決定性時刻常忘記這些嫌隙。事實上，英國是沒有國內的貿易關卡，這個國內市場因 1707 年與蘇格蘭合併成為「聯合王國」(United Kingdom) 而擴大。貿易商到處搜購小麥，以供外銷，同時到處替國內生產者尋找市場。工業十分分散，不同的企業替農作物創造銷路。地主也從事倫敦股票市場的投機交易，參預國家的借貸和金融的營運。

第五節　荷蘭和神聖羅馬帝國的政治危機

一、荷蘭的政治危機

對荷蘭來說，中央權力仍然薄弱。荷蘭此一國家是由各自維持主權的七個省所組成的聯邦 ❷。由各省代表組成的「全國三級會議」(States-General) ❷和國務會議，是荷蘭的中央機構。每一省保有其稅收、軍隊、船隊、維持治安和指揮軍隊的省長、省議會 (Provincial States)，以及其省務會議。國家政策必須由各省一致同意。因此，全國三級會議代表必須向省議會請示，而省議會又得轉而向其委託人（選民）請示。每一省必須說服其轄區內的每一縣市；每一縣市又須說服其轄區的鄉鎮市長。在做決定之前，必須取得約一千二百人的同意。這是一個近乎癱瘓的國家。

---

❷　荷蘭因而又稱為「聯合省」(The United Provinces)。

❷　「全國三級會議」為荷蘭國會。

各省的差異極大，且常特立獨行。資產階級控制荷蘭省、芝蘭省、烏特列支省 (Utrecht)、菲力斯蘭省 (Friesland) 和葛羅寧省 (Groningen) 的省議會與全國三級會議代表團。貴族階級只在吉爾德蘭 (Gelderland) 和握耳宜瀉 (Overijssel) 兩省占優勢。那些資產階級者大都是小家子氣，帶有重商主義自負、心胸狹窄且又平庸的新貴。他們之間很難意見一致，就是在戰爭時期也是如此。荷蘭省人為摧毀安特衛普，希望在伊士寇河 (Escault River) 下游採取軍事行動；吉爾德蘭省人則希望封鎖萊茵河。阿姆斯特丹甚至將軍火賣給荷蘭的敵人，亦即西班牙人和不久之後的法王路易十四。

生存的需要在荷蘭發展出兩個統一，但卻相互對抗的力量。奧倫治親王家族提供荷蘭一些軍事領袖。戰爭的需要使之傾向於一種君主政體。奧倫治親王因而擔任五、六個省的省長。另外一省則選出該家族的一個成員擔任省長。奧倫治親王代表國家的保衛，也就是統一的觀念。他依賴吉爾德蘭和握耳宜瀉兩省的貴族階級。他們比起資產階級者，較少與物資利益和地方利益掛勾。然而，奧倫治親王也受到資本主義資產階級、農民、工人、船員和軍隊的反對。

因其全球性貿易而強大的荷蘭省資產階級，輕視貧窮的貴族，主張共和，反對被他們視為非理性、粗野和軍事專制的君主政體。荷蘭資產階級希望實現以荷蘭省為主角來建立一個統一的國家，因為荷蘭省最富裕、最活躍、最有活力、也最有教養。荷蘭省的大市長應該扮演一種「聯合省統一共和國」總統的角色。

二、神聖羅馬帝國的政治危機

在中古時期，神聖羅馬帝國❷❸代表西方基督教世界的統一與和平，

---

❷❸ 有關神聖羅馬帝國起源的說法有二：其一是，西元 800 年，教宗李奧三世 (Leo III) 在羅馬聖彼得大教堂加冕查理曼為「羅馬人皇帝」；另一是，西元 962 年，教宗約翰十二 (John XII) 加冕鄂圖一世 (Otto I) 為羅馬皇帝。至於「神聖」

支配當時歐洲的政治生活。然而，十六世紀的宗教改革和各國君主政體的確立，使歐洲與基督教共和國的夢想、天主教的宗教統一和神聖羅馬帝國的政治統一，漸行漸遠。

自 1273 年至查理五世統治時期，神聖羅馬帝國的帝位一直受哈布斯堡家族控制。查理五世當選皇帝❷時，其所統治的疆域包括大部分歐洲。1556 年，查理五世退位後，其弟斐迪南 (Ferdinand I, 1503–1564) 繼承其在日耳曼地區的領地，並於 1558 年被加冕為帝，創立了奧地利的哈布斯堡王室❷。

奧地利的哈布斯堡王室疆域廣闊，勢力強大，且與鄂圖曼帝國為鄰，因此自然成為基督教世界對抗異教徒的保護者。一旦土耳其的威脅發生，整個日耳曼立即以其為核心，團結在一起。

在十七世紀，皇帝還是一直由哈布斯堡家族的成員擔任。然而，帝國卻是一個類似怪獸般無法駕馭的政治集合體。帝國內小國林立，宗教信仰和政治組織也毫無一致性。日耳曼地區有一帝國議會，但也只不過是各小國使節的聚會而已。帝國議會分成三院：選帝侯院、公侯院和城市院，分別由七個選帝侯、一般公侯和城市的使節組成。帝國議會近似癱瘓。事實上，只有皇帝能召集帝國議會，但是身為議會議長的美因茲 (Mainz) 選帝侯卻可以反對議會的召開，並阻止將皇帝所提的議案排入議程。皇帝可以不頒布帝國議會通過的法律，但不能要求議會對該法律重新考慮。帝國任何成員如果未投票贊成一個共同議案，則不受該議案之約束。帝國議會不討論宗教問題，以免干涉各方的宗教信仰自由。此

(Holy) 則在腓特烈一世 (Frederick I, 1152–1190 在位) 時才開始使用。

❷ 根據 1356 年的「金諭」(Golden Bull)，皇帝由三位大主教 (Archbishops of Mainz, Trier & Cologne)、三位日耳曼公侯 (Count Palatine of the Rhine, Duke of Saxony & Margrave of Brandenburg) 和波希米亞國王等七位選舉人選舉產生。

❷ 查理五世將所屬的西班牙、西屬尼德蘭，以及亞拉岡王朝原有領地交給其子腓力二世 (Philip II) 繼承，成為西班牙的哈布斯堡王室。

種無能和混亂，就是哈布斯堡王室所統治的帝國。

宗教改革運動與十六世紀和十七世紀前期的宗教戰爭，最後導致〈西發利亞和約〉的簽訂。日耳曼公侯領土的獨立性更加確定，皇帝的政治影響力完全被排除。自魯道夫二世（Rudolf II， 1576–1612 在位）之後，帝國已與義大利無關❷⑥，完全是日耳曼的帝國。

到了十七世紀後期，神聖羅馬帝國已經是一個空洞的名詞。當李奧波德一世 (Leopold I, 1657–1705) 被選為皇帝時，曾向其他選帝侯提出讓步的承諾，使帝國變成一個公侯的邦聯，各邦國獲得實際的獨立地位。李奧波德一世與其繼承者只是帝國的名義元首。這些哈布斯堡的皇帝，有效統治地區僅限於由日耳曼人組成的「奧地利大公國」，與由非日耳曼人組成的「波希米亞王國」和「匈牙利王國」。

---

❷⑥　此時起，神聖羅馬帝國已不再是「羅馬」。

第九章　路易十四時代

　　壯麗的君主政體，表現於凡爾賽宮莊嚴的裝飾，其偉大處成為歐洲君王仿傚的對象。這位已經具有威權而又貪戀歡樂的年輕國王，要變成具有堅強傲性，並能以無比的勇氣承受失敗以及失去親人的慘痛滋味的老君主，尚須無數個歲月。在那漫長的半個世紀期間，路易十四的一舉一動，或多或少的會影響到法國國內生活，甚至波及到整個歐洲。此外，在那統治的光榮外表裡面，存在著鄉村的不幸，戰爭帶來的災難及許多的不滿和反對。

第一節　路易十四和君主專制政體

一、路易十四對其權力的認識

1. 君主專制政體

　　1661 年馬薩林去世時，路易十四開始取得實際的權力，此時他已二十二歲。路易十四有一付中等身材，奇佳的胃口，無比的風韻和一種十分令人恐懼的威嚴。在他受教育的過程中，書本並未占重要地位，而是馬薩林親自教他經國大計❶。

　　由於缺乏天分，他在初期尚能表現出一種良好的思想意識，以後因陶醉於一連串的成功而使此種思想意識逐漸萎縮。經常有自制力，並能以國家為重，他喜歡對其請求者回答：「我看看。」他有兩種顯著的個性：

---

❶　W. F. Reddaway, *A History of Europe from 1610 to 1715* (London: Methuen, 1967), p. 270.

圖 30: 路易十四

一為接受考驗的意識，他說：「人以工作來統治，因工作而統治」；另一為無限的高傲，他以太陽為其標記，以「萬人之上」(Nec Pluribus Impar) 為其題銘❷。

路易十四跟其同時代人的想法一樣，認為「君權神授」，也就是說君王從上帝處接受權力，因此變成祂在地球上的副官。加冕禮即為明證。國王的威權不容分割；軍機處（雙頭馬車制度）已告結束。路易十四親身執政，身側圍著一些如自己覺得不滿意得隨時革職的單純資產階級者，如柯爾白即是。然而，國王常將其身側官員留用很長的時間，甚至在父親曾好好效勞他時，他常將這種信任轉到該官員之子孫。一些大臣的「朝代」因而建立，如盧瓦家族 (The Louvois)❸和柯爾白家族。此外，他處理國家重要事務時，常跟自己認為能勝任愉快的大臣私下交談。

路易十四的權力毫不受控制。上帝的旨意就是任何人生為臣民者，就須無條件的服從。1673 年失去向君王諫諍權的大理院，現只成為一般法院；各省區變得無聲無息；三級會議不再召集；宮廷的貴族階級變得十分馴服。

1682 年起，路易十四開始定居在凡爾賽宮，此時貴族們唯有盡力設法被邀請到凡爾賽宮來侍候國王，呈獻其衣服、假髮或者寶劍。國王監視著他們，並且以年金來作為獎賞。在這種情況下，貴族們如何會想到要叛變呢❹？

---

❷ Gaxotte, op. cit., p. 25.

❸ 盧瓦的父親 Michel Le Tellier 及三子 Marquis de Barlezieux 三代皆曾任陸軍部長。

2.專制政體的限制

專制政體的權力是否漫無限制?不,因為在理論上它受教會的限制:「對人民管愈少的國王,對上帝就愈能尊敬。」假如國王違反教會法,對其權力仍有其他的限制,這是不成文的習慣法如《薩立克法》(*Salic law*)——法蘭克人祖先留下來的不成文法;最後,君王面臨著前代遺留下來的嚴重困難。事實上,中央集權的君主政體,並非就是統一的君主政體。法國的習俗仍然相當雜亂,制度各地互異。度量衡制度各省皆有別,租稅也是如此。法語通常被忽略,各地區的居民之間互不瞭解,農民除了自己村莊外,對其他地區可說毫無所知。由於缺乏地圖,很少人能夠想像得出法國的國界和疆域到底如何。總而言之,法國人之間,唯一真正的聯繫還是國王本人及其意志。

但是在凡爾賽宮,國王逐漸失去與人民接觸的機會,他們之間被一笨重而紊亂的行政體制所隔離。

最後,如果說路易十四親政後不曾遇到像「投石黨」之亂那麼嚴重的叛亂,至少因生活的昂貴和稅捐的繁重所引起的地方性暴動和規模較大的區域性農民叛亂,仍然不少。唯有在十七世紀的最後二十五年尚稱平靜。

二、政府的組織

1.中央政府

未設置首相一職,並非意味著沒有合作者也行。國王經常與幾個傑出之士商討國家大事,這就是「樓上會議」(Council d'En-haut)❺,此一會議設在凡爾賽宮樓上,故因而得名❻。一切重要決定皆出自這個會議。應召與會者,授予「不管部大臣」(ministre d'Etat)的頭銜同時給予其應

---

❹　Duby et Mandrou, op. cit., T. II, pp. 58–60.

❺　Hubert Méthivier, *Le siècle de Louis XIV* (Paris: P.U.F., 1950), p. 52.

❻　樓上會議亦稱「政務祕密會議」(Council secret des Affaires)。

得之年金❼。然而，今日法國部長的角色由下列六人擔任：司法大臣 (Chancelier) 為司法機構之首長，並掌管玉璽 (Garde des Sceaux)；財政大臣 (Contrôleur général des Finances)，柯爾白在此一職位扮演最重要的角色；另外還有四位「國務大臣」分別負責外交、國防、海軍和內務府 (Maison du Roi, the King's houshold) 等事務。上述六位大臣並非皆能參加「樓上會議」。

　　昔日「國王會議」所劃分的一些較特殊的委員會，負責內政事務，而與國家預算和稅收、司法等有關。除了與司法有關的委員會之外，所有其他的委員會須在國王御前召開會議。路易十四很謹慎地將其家人和大貴族們排斥於這些委員會之外。

2.地方行政

　　當然，舊式行政體制的混亂依然存在；但是像帶有軍事任務和榮譽性質的總督，都被羈縻在宮廷裡，而很少留在其管轄的省區。

　　最大的創新就是這些後來的監督官所居的地位，他們負有司法、警察和財政的職權。起初，只被用以到各地區巡察，到了路易十四統治時期，他們始成為永久性的官員；換句話說，一方面，他們固定在一個「財政區」(généralité)，另一方面，他們的職位不得出售，而是密切依附著國王。同時他們的權力大為擴展。「監督官」，這些國王在各省的代表，擁有司法的權力，負責經濟生活的各個部門，干預與宗教利益有關的私人生活，以及干預市政的事務❽。

3.司　法

　　司法基本上是王室的職權，以國王的名義審判，甚至在那些依然存在的領主式司法也是如此。掌握司法權的法官，其職位是購買來的，因而享有真正的獨立權。某些法官同時也是行政官員如白伊和塞內修。法庭中以「上訴法院」，尤其是大理院最為重要，這些法院的成員構成一

---

❼　不管部大臣為終身職。

❽　參閱 Billançois, op. cit., pp. 184–186 (Les Tâches d'un Intendant).

個司法的貴族階級。訴訟過程相當緩慢，而且也很昂貴。

第二節　路易十四與法國的宗教和經濟

沒有任何部門能逃脫路易十四的專制政體，信仰方面如此，支持王室光榮的財政和經濟，更不例外。

一、宗教的專制

對於路易十四來說，宗教是政府的事務。1683 年王后去世後，他與曼特農 (Madame de Maintenon, 1635–1719) 祕密結婚，因此在其晚年受到她的影響，變成一位十分虔誠的基督教國王。然而，他很少將宗教考慮與政治利益分開。

1.國王與教廷：王室權利事件 (affaire de la Régale)

路易十四和教廷間開始一項為期二十年的衝突。國王不但要求在世俗方面法國獨立於羅馬之外，而且也要控制法國教會的行政；這是一種「法國天主教」(gallican) 的立場，此一立場因受到大理院和大部分主教的支持而加強。大理院素來仇視教宗的干涉，而主教們則盡力防範教廷的侵權。

「王室權利事件」爆發後，雙方關係開始緊張。當主教出缺時，徵收該主教區的稅捐和教職人員的任命等，一般人稱之為王室權利。此一權利曾在全國嚴格實施過。1673 年，路易十四不顧教宗的反對，也要全面實施。1682 年，國王斷然地確定「加立甘主義」(Gallicanism)。他所採取的策略，就是以法蘭西教會為主柱。在波須葉的策劃下，一次大公會議議定著名的〈四條款宣言〉(Déclaration des Quatre Articles)：肯定國王在世俗事務的獨立性 ❾，同時以一種不十分明確的態度（主教們對於教宗和國王都畏懼）表示大公會議優於教宗。

---

❾ Thoraval, op. cit., p. 109.

受到強烈刺激的教宗，拒絕認可國王所任命的主教。1687 年，事情愈演愈糟。當法軍占領法國境內的教廷財產亞維農 (Avignon) 時，法國駐羅馬大使被逐出教會。但是受對外戰爭所困擾的路易十四，返歸虔誠的生活，最後於 1693 年犧牲了〈四條款宣言〉；因此，教宗也同意將王室權利擴展至全法國，以與之交換。然而加立甘主義並未銷聲匿跡；一直到十九世紀末，它將再度影響到法國與教廷的關係。

2. 對詹森派的攻擊

在消滅異端方面，路易十四再度與教廷攜手合作。任何損及信仰統一的，皆傷害到國王：這是一種對其權力的挑戰。路易十四對詹森派 (Jensénistes) 發動兩次攻擊：第一次從 1661 年到 1668 年，最後由一位主張妥協的教宗於 1668 年簽訂〈教會和平協定〉(Paix de l'Eglise)；另一次從 1702 年開始，目的在於摧毀詹森派信徒，自從鄉村教士和巴黎總主教諾艾樞機主教 (Cardinal de Noailles, 1651–1729) 對之表示同情後，此教派的勢力變為更加可怕。爭論之點為奎內爾 (Pasquier Quesnel, 1634–1719) 的《道德的反省》(Réfexions morales) 一書。這部作品不但闡述詹森派的觀點，甚至還帶著一點民主精神。王室權利事件解決後，國王在教廷的支持下，就不再遲疑，他於 1709 年驅散波爾·盧亞爾 (Port-Royal) 的女修士。

波爾·盧亞爾修道院被夷為平地。1713 年，教廷譴責奎內爾的著作，因此也等於譴責詹森派。不滿之情瀰漫全國，一些倔強者希望召集一次大公會議，這也促使加立甘派和詹森派在反對教宗和國王方面，彼此聯合起來。

3. 路易十四和新教徒

新教事件的發展更為戲劇化。自從 1629 年〈亞列詔書〉(Edit de La Grâce d'Alès) 頒布後，新教徒已變為忠實臣民。此外，新教已失去以前成為國中之國的一切條件，全面的叛亂變為十分困難。新教徒大約只有一百萬人，不但居於少數地位，而且非常分散：喀爾文派在西南部、多

芬內 (Dauphiné)、諾曼第和巴黎，路德派則在亞爾薩斯，他們分布於所有社會階層。然而自馬薩林去世後，路易十四在教士的不斷慫恿下，決定結束此一新教徒問題。對他來說，〈南特詔書〉只不過是個臨時的妥協。1668 年，杜聯的改信天主教，使他認為這項工作相當容易。

自 1661–1679 年，路易十四從嚴解釋詔書。因此，那些無法拿出官方准許文件的教堂皆被拆毀。同時，一個「改宗支付處」使宗教的吸引力之外再加上金錢的吸引力。改信天主教者每人可得六鎊的獎金。

自 1679–1685 年，國王開始採取迫害措施；甚至在與教宗衝突時期，他也絲毫未改變。新教徒不得擔任公職和自由職業，教堂任意被拆毀，不同信仰者不得結婚。最惡劣的手段就是在每個新教家庭分配一位士兵，其過分的暴行，導致大批新教徒改變信仰。最後，路易十四受到曼特農和盧瓦的推動，或許也因受到屬下呈報的改信者名單所迷惑，而於 1685 年廢止〈南特詔書〉，代之以〈楓丹白露詔書〉(Edit de Fontainebleau，此一詔書未在亞爾薩斯實施)：新教禮拜儀式完全禁止，所有教堂應拆毀；牧師須離開法國，否則將被送到樓船服勞役，但是未改信天主教的新教徒卻禁止移民到國外；他們的子女將受天主教的薰陶。成功使國王樂昏了頭，波須葉歌頌他為「新的君士坦丁」 ❿。可惜，成功猶如曇花一現。這些迫害措施使二十餘萬 ⓫新教徒逃亡到英國、荷蘭、瑞士或布蘭登堡；他們促使這些國家變成仇視法國的中心，並且在此設立新工業，使這些國家的經濟更為繁榮。在法國，新的改宗者，不但覺得失望，而且內心也飽受折磨。在偏僻地區，由於祕密潛回的牧師之策動，新教團聚重新組成。

在西班牙王位繼承戰爭時期，麵包工人喀瓦利葉 (Jean Cavolier) 所領導的叛亂，勢力相當大，最後只好派遣維阿斯元帥 (Claude de Villars, 1653–1734) 來對付。在路易十四逝世時，喀爾文教會已經再度組成。

---

❿ Méthivier, op. cit., p. 90.

⓫ 另根據 Gaxotte 的說法為六十萬至二百萬。

二、柯爾白和經濟的專制

在為國王服務的二十二年期間，深受重商主義理論影響的柯爾白成為國王在經濟和財政方面專制的工具。他是商人子弟，出身不高，但很早就表現出一種明確而貪婪的野心。柯爾白因善於經營馬薩林的財產，而得以被推介給國王。1661 年，財政大臣福給 (Nicolas Fouguet, 1615–1680?) 的失寵和受責，一部分也是受到他的影響。他以財政大臣的名義繼承福給的職位，隨之相繼擁有海軍大臣、王室大臣和不管部大臣等頭銜。

柯爾白向國王報告財政情況都清晰易懂，並能一心一意以國家為重，每天花在辦公室的時間達十五、六小時之多，而且時常斷然拒絕王室的不當開支。然而，他並不討人喜歡，因其面如寒霜，有「石頭人」之稱。此一身居政府要職的資產階級者，還能帶給其子、其兄弟和姪、甥等一些官職和頭銜。雖為能幹的大臣，但並非一位富於創新的人物。「柯爾白主義」是一種政治利益第一和國家光榮為上的重商主義。

有關工業和對外貿易的種種措施，已在重商主義一節中討論過。現在我們僅就柯爾白的財政措施略加敘述。

光榮是須以大筆金錢換來的，因而國家的財政永遠拮据❷。柯爾白將每月的收支做成一覽表，以作為下年度預算的參考。他仔細查驗那些以國王名稱經營的市場，免稅權已撤銷。事實上，不健全的稅制是財政短絀的最大原因之一：人頭稅 (taille) 只由平民繳納，甚至許多資產階級者亦可免稅；間接稅如鹽稅、飲料稅和釐金，包給金融家徵收，使他們能獲得很高的利潤❸。在這種情形下，重大改革的實施可說勢在必行。國家預算直到 1669 年方能平衡，但是耗資甚鉅的凡爾賽宮的建造卻為

---

❷ 如柯爾白去世那年 (1683 年)，國家財政預算支出部分為一億零三百萬里佛兒 (Livres)，收入部分只有九千七百萬里佛兒。

❸ Gaxotte, op. cit., p. 277; Duby, op. cit., p. 205.

國家預算的一大致命傷。

第三節　路易十四時代的文明

路易十四希望社會逐漸演進，而且將其特徵表示在這一時代的文明，但他的意願並未完全達到。

一、農村在社會中的地位

十七世紀的社會受基督教的影響十分深刻。但這個社會也是不平等的：教士和貴族都是享有特權的階級，他們免繳人頭稅，而平民階級就非如此。在每一階級裡，也存在著差別甚大的條件。這是個階級制度化的社會。

農村代表著社會的絕大部分，至少達五分之四，但是在政治上幾乎未曾擔任任何角色。

1.農　民

他們經常面臨饑荒的威脅，因為農業顯得平庸和停滯不前：木製的農具，很少利用肥料，動物稀少，耕作技術落後；因此，農民以三年一休的輪耕制，讓農田獲得休息。農作物以小麥為主。法國的農業比中歐進步，但較英國或荷蘭落後。農民通常以手工業如紡紗和織布來貼補農業方面微薄的收入。

2.鄉村的貴族

這些宗教戰爭和路易十四時期經濟危機的犧牲者，日趨貧窮。國王對於未曾謀面的人，從未給予恩賜，因此他們的住宅通常十分破舊，有時將其莊園售給富有的資產階級者。這些貴族教育程度不高，保留著封建精神，並且輕視新的事物，如監督官即其一。

3.農村的教士

在農村，教士對其教區具有相當大的影響力。通常來自富裕家庭的

本堂神父，屬下有一位副本堂神父為其得力助手。

二、城市進展緩慢

　　在十七世紀，城市的成長緩慢：一萬至八萬居民的城市由五十個增至六十個。巴黎以四十萬居民遙遙領先。每一城市在城牆的保護下，代表著一個小的世界，牆外則為市郊。城市社會的特性就是其成員幾乎皆有所屬的集團：各種行業通常各自組成行會，此種行會是帶有互助合作的宗教精神之同業團體。小市民構成人口的半數。這些人全家擠在一個或兩個房間內，傢俱非常簡單，床單只有一條，而且負債累累。他們缺乏固定工作，有時當泥水匠，有時當採葡萄工人或填土工人，甚至由其妻子兒女做些零工貼補家計，但很少能夠溫飽。

　　較富裕、較穩定、通常知識程度還不算差的中產階級，包括小商人、小手工業者、醫師、藥劑師及出身此一階層的教區本堂神父。城市的統治階級是由貿易商、製造廠商、擁有財富或地產的官職所有人等所構成的大資產階級。他們的知識有時相當廣博，且因宗教的責任而常做善事。

　　在設有大理院的城市，該機構的貴族為社會的最上層階級，他們過著比宮廷貴族嚴肅的生活，同時存著門第觀念。此一觀念因官員家族的通婚而加強。

三、貴族與宮廷

　　為使自己的治績更輝煌，並控制那些在其童年時造亂的大貴族，路易十四在他本人、王后和親王之周圍，羈縻住一群世襲貴族和主教。他們的地產交給一位總管經營，並且在巴黎和鄉下皆有住宅。許多無法維持奢侈生活的貴族樂於與資產階級聯姻，尤其更樂意接受國王所贈送的年金。

　　1682 年起，宮廷開始固定在凡爾賽宮那棟華麗的建築物內。貴族們大部分愚昧無知，性喜遊樂，甚至還大賭特賭；但是被馴服後，必須遵

照王室特定的禮儀來侍奉主人。在這個「老金籠子」裡，路易十四將恩惠分配給隨侍的貴族，他們為最醜陋的阿諛和激烈的爭吵疲於奔命；如一不小心而又未蒙國王寬恕者，將被打入冷宮。在這種情況下，政治上的要求根本不成為問題。

四、路易十四和古典主義

路易十四不僅希望以軍事的勝利，而且也想以法國文明的光彩來控制歐洲。這位習於專制的君王，在文學和藝術方面也不例外；一種路易十四的風格於焉誕生。就像第一世紀奧古斯都 (Augustus) 在羅馬一樣，路易十四給予詩人和藝術家生活的保障，使之能為王室的莊嚴服務❹。柯爾白刺激和管制藝術作品就如同其他製造品一般，同時成立一些新的學術院。古典主義因而能大放異彩，其作品影響全歐。如果說這全是國王一人的光榮，則未免言過其實。自十六世紀起，古代典範的恢復，即為古典主義的先鋒。古典主義將理性置於想像之上，並且認為一種不受時空限制的和諧美，為最高的理想。均衡、樸實和計量為藝術家所要求的規則。

五、文學與藝術的成就

人類最念念不忘的是文學。布亞羅 (Nicolas Boileau Despréaux, 1636–1711) 在《詩的藝術》(Art poétique) 一書中，發表了一些文學所應遵行的規則❺。拉辛在其悲劇，以及莫里哀 (Molière, 1622–1673) 在其喜劇中，研究人的情感，並且尋找出其中有那些能放諸四海而皆準。拉豐田，拉羅什富鉤 (Duc François de la Rochefoucauld, 1613–1680) 和拉布呂耶爾 (Jean de la Bruyére, 1645–1696)，利用不同形式表現道德家的精神。

---

❹ Gaxotte, op. cit., pp. 171–172.

❺ Jacques Rager et Jean-charles Payen, *Histoire de la Litterature Française*, T. 1 (Paris: Colin, 1969), p. 345.

謝維內夫人 (Mme de Sévigné, 1626–1696) 在其《書信集》(*Lettres*) 描繪貴族社會和宮廷的景象 ❶。此外，十七世紀宗教問題的重要性，可說是受波須葉的影響，他是一位注重理性和信仰的宣道家、神學家和史學家。

　　畫家勒布朗 (Charles Le Brun, 1619–1690) 在藝術方面的地位，就如同布亞羅在文學方面一樣：他立下藝術的規則。他本人經路易十四指定，以他設計的模式所製成的華麗壁氈，裝飾凡爾賽宮。繆倫 (Van der Meulen, 1632–1690) 是一位戰爭畫家；里鈞 (Rigaud, 1659–1743) 和密格那 (Nicolas Mignard, 1605–1668) 為傑出的肖像畫家。勒布朗的理論——高貴的形式和古代的體裁——影響到雕塑家吉拉爾東 (François Girardon, 1628–1715) 和柯伊塞沃克斯 (Charles Antoine Coysevox, 1640–1720)。唯有更熱烈和更動人的比捷 (Pierre Puget, 1622–1694) 能避開其影響。

　　建築特別樹立了法國藝術之聲響；柱廊和模仿古代建築物入口處上端三角形裝飾的應用，偉大及和諧的尋求，皆為其基本特色。這些特色在下列三項作品表現最為顯著：貝羅 (Claude Perrault, 1613–1688) 的羅浮宮柱廊 (Colonnade du Louvre)，哈杜安‧曼沙特 (Jules Hardouin-Mansart, 1646–1708) 的「榮民療養院」教堂 (Chapelle des Invalides)，尤其是勒窩 (Louis Le Vau, 1612–1670) 和孟沙所建築，為全歐所羨慕和模仿的凡爾賽宮。

　　在音樂方面，由於受到國王的恩寵，呂利 (Jean-Baptiste Lulli, 1632–1687) 最具影響力。他寫出義大利式的歌劇。

　　十七世紀末期，同時也是古典派的暮年；在 1690–1699 年間，勒布朗、拉豐田、拉布呂耶爾、謝維內夫人、拉辛等人相繼去世。另一個反叛古典主義的時代即將來臨。

---

❶　Ibid., pp. 361–364.

第四節　路易十四和歐洲

　　從 1661 年到 1715 年，歐洲有二十九年處於戰爭時期，也就是每兩年只有不到一年的和平。由這種列強衝突所產生的新歐洲，與路易十四打算組成的歐洲十分不同。

　　國王的意圖很難明確地指出。缺乏遠大的計畫，只有因時而異的掛慮：他希望取得帝國的皇冠，要求西班牙的王位，以及為保護天主教以對抗土耳其人和新教徒而與其他國家合作。然而，下列兩個觀念支配著他：

　　1.確保邊界安全：他從 1662 年到 1697 年占領法蘭西・孔德和洛林，荷蘭對他也頗具吸引力。

　　2.追求光榮：如同當時的年輕貴族，他喜歡戰爭那種「愉快的消遣」的滋味，但卻畏懼戰鬥的危險。因此，在頭幾年他寧願以談判來達到目的。很快地，驕傲支配著他；逐漸對自己有信心之後，他甚至挑起原可避免敵對國家的聯盟。以寡敵眾並未讓他覺得不愉快！

一、一個軍事性君主政體

　　要想稱霸歐洲，就必須有一支強大的軍隊。路易十四能有一支雄視歐洲的軍隊，應歸功於勒泰利葉 (Michel Le Tellier, 1603-1685)、盧瓦和窩班 (Marquis de Vauban, 1633-1707) 三人。勒泰利葉頗受馬薩林的賞識，於 1643 年擔任陸軍大臣。他以一連串的命令，創立王家軍隊；盧瓦為前者之子，在其父的培植下，自幼即熟悉軍事行政事務，後來繼承父業，並且頗善於利用國威和光榮來投路易十四之所好，以此博得國王的完全信任。他利用各種方式將軍隊變成國王真正能控制的武力；窩班為戰鬥員、工程師、防禦工事系統的創始人，這些工事將在危機時刻拯救法國❶。此時的法國軍隊有兩項特色：

1. 軍隊失去封建色彩

如果說軍隊官階的販賣制度無法取消的話，至少這些軍政主管應為貧窮的軍官，設立一些不得販賣的階級 ❸。軍中最為人所垢病的「吃空餉」，也就是在校閱時臨時拉人充當士兵，使軍官能多領糧餉的惡習已被消除。在宮廷裡比在軍中的時間多的軍官，也受到譴責。

搶劫要受嚴厲的懲罰。軍中階級制度的建立可避免指揮權不一致的弊病。穿著軍隊制服已經很普遍。在 1703 年，法軍總數達四十萬人，為全歐之冠 ❹。然而，在統治前半期，軍隊中每位隊長還是繼續以軟硬兼施的手段，召募其隊中所需的士兵。

2. 裝備已有改善

較易上子彈的步槍，取代舊式大口徑的火槍，同時長矛也漸消失而改用裝在步槍上的刺刀 ❺。雖然戰術仍然不十分高明，軍官也不太守紀律，但是卻足以有驚人的表現。不管其缺點有多少，這似乎是歐洲最精銳的軍隊。

二、路易十四的輝煌勝利

在他統治的前半期，因善於利用杜聯和康地所指揮的強大軍隊，能幹的里翁那 (Hugues de Lionne, 1611–1671) 所主持的外交，及整個外交使節網和情報網，而能節節勝利。在 1661 年，他認為其鄰國皆不足畏。在外交爭執中，他輕易地確立其早期的聲譽；他甚至膽敢要求教宗做屈辱性的謝罪。但他於 1667 年方從事戰爭。經過兩次武裝衝突——權利

---

❶ 有關窩班的防禦工事系統建造的動機及防禦要領，請參閱 Geoffrey Symcox, *War, Diplomacy and Imperialism* (London: Macmillan, 1974), pp. 168–176.

❸ 在上校和上尉等可販賣的軍階之外，盧瓦設立少校、中校，以及比上校階級高的少將等不得販賣的軍階。

❹ Duby, op. cit., p. 172.（1667 年只有七萬二千人）

❺ 刺刀為窩班所發明。

轉移戰爭 (War of Devolution, 1667–1668) 和荷蘭戰爭 (Dutch War, 1672–1678)，他削弱西班牙的實力。事實上，在 1668 年結束第一次戰爭的〈艾克斯·拉·夏倍爾和約〉(Peace of Aix-la-Chapelle) 中，西班牙已將荷蘭的十二處要塞割讓給法國❷。

表面上，第二次衝突特別針對荷蘭這個路易十四不喜歡的新教共和國，因為許多侮辱他的宣傳品都在此印刷。在意欲摧毀荷蘭商業努力的柯爾白鼓動下❷，法軍於 1672 年入侵荷蘭。

這是一場受重商主義理論之影響，而引起的海權爭奪和國際貿易獨占的鬥爭，英國與荷蘭已為此互相敵對。然而，所謂荷蘭戰爭，並非只限法、荷兩國參戰。事實上，當荷蘭人被迫決堤讓海水倒灌以阻止法軍入侵並同時求和時，路易十四的要求引起歐洲其他國家的憤慨。一個包括荷蘭、神聖羅馬帝國皇帝、西班牙和丹麥等的「海牙大聯盟」(Grand Alliance of the Hague) 於 1673 年組成。

1674–1675 年冬季，杜聯在亞爾薩斯的輝煌戰績，窩班在荷蘭攻城掠地，杜格森 (Abraham Duguesne, 1610–1688) 的海戰勝利，使路易十四得以予取予求，在 1678 年的〈尼姆珍和約〉(Peace of Nymegen) 中，西班牙必須割讓法蘭西·孔德和荷蘭的另一些新據點給法國。但是路易十四也同意放棄 1667 年柯爾白針對荷蘭商品進入法國而制定的保護政策❷。

三、由盛而衰

在〈尼姆珍和約〉之後，對歐洲其他國家來說，路易十四就像必須被擊垮的敵人，因為他有意奴役歐洲。巴黎以「偉大的路易」(Louis le Grand) 名之，他的勝利媲美亞歷山大的戰績。他以一種令人難堪的態度，

---

❷ 其中包括 Lille, Tournai, Douai 等地。

❷ Ashley, op. cit., p. 51.

❷ Duby, op. cit., p. 180.

對待其他君王。更妙的是，在柯爾白之弟，克瓦希侯爵 (marquis de Crois-sy, 1625–1696) 和盧瓦的策動下，路易十四要求所有在〈西發利亞條約〉和〈尼姆珍和約〉中割給法國的領土之鄰近地區。這種合併政策有助於北部和東北部疆界的鞏固。在神聖羅馬帝國和法國邊界，地位特殊的史特拉斯堡，在戰爭期間因未嚴守中立，而須於 1681 年 9 月 30 日歸降法國。

1. 歐洲對抗法國

　　路易十四囂張的政策，激起一種幾乎是普遍性的仇視。1686 年組成的「奧格斯堡聯盟」(League of Augsburg) 包括皇帝、西班牙、瑞典、及後來加入的荷蘭和英國。1700 年以後，西班牙轉入法國陣線，但此時西班牙因已十分衰弱，故無足輕重。相反地，幾乎所有日耳曼公侯皆參加聯盟。

　　另外兩個因素更增加反對路易十四陣營的力量；首先，〈南特詔書〉的廢除激怒了新教國家；移民到外國的法國新教徒積極進行反法宣傳。其次，荷蘭統治者威廉的仇法，使他成為聯盟的靈魂人物。1689 年，在光榮革命後，他變成英國國王，其影響力更為可畏。

2. 長期戰爭

　　第一次戰爭，奧格斯堡聯盟戰爭，從 1688 年延續到 1697 年。這是由盧瓦所惹起的。為壓服日耳曼人，也為在法國和其敵人之間造成一個荒蕪地區，必須蹂躪巴列丁奈特，但此一舉動卻引起長久的仇恨。一項新的事實，法國放棄海上戰鬥，而由巴爾 (Jean Bart, 1650–1702) 等採取一種捕捉敵對雙方商船的戰略。如果說戰爭會一直拖延下去，那就是敵對雙方皆已精疲力盡，而無法獲得決定性的勝利，在法國，從 1688 年起，民兵部隊試圖以抽籤方式建立一種義務性徵兵制。1692、1693 和 1694 年農作物的年年歉收，使軍隊的補給發生困難。〈里斯威克和約〉(Peace of Ryswick, 1697) 是一種妥協，因為路易十四承認威廉為英國國王，放棄合併政策，但保有史特拉斯堡❷。此一條約顯示出法國並非無

敵。

　　第二次戰爭之背景是西班牙王查理二世已近暮年，又無兒女。誰將繼承他？一位皇帝的後裔或一位路易十四的子孫？謹慎的法國國王事先與英國和荷蘭商妥要瓜分此一廣大的遺產。西班牙王卻不打算這樣做，因此在遺囑中將王位給予其外甥，亦即路易十四之孫安茹公爵 (Duke of Anjou, 1683–1746)，或在前者拒絕時給予皇帝之子，查理大公。路易十四為此遲疑不決❷。最後，在 1700 年 11 月 16 日，他宣布最後的決定：「各位先生，這位是西班牙國王」❸，他如此介紹其孫子，這就是腓力五世 (Philip V)。法國國王許多不當的舉動，使一次無意發生的戰爭變為無法避免。

　　雖有一支四十萬人的強大軍隊和西班牙的幫助，但路易十四的法國從不曾處於如此不利的情況。除了汪東姆 (Louis Joseph de Bourbon, duc de Vendôme, 1654–1712) 和維阿斯之外，法國再無其他良將；傑出指揮官，尤金那親王 (Prince Eugene of Savoy) 為皇帝效勞，同時英國的馬孛羅公爵 (Duke of Marlborough, 1650–1722) 也在敵人陣營中。此外，英國的黃金使聯盟能不致於很快就山窮水盡❷。法軍在日耳曼和荷蘭被擊敗，直布羅陀為英軍占領，巴塞隆那 (Barcelona) 被查理大公攻陷，法國邊界受到攻擊，1709 年冬季的酷寒，以及金錢的短絀等等，迫使路易十四求和。被勝利沖昏了頭的荷蘭人，居然要求法王參加敵人陣營，以將其孫趕出西班牙。「我寧可對敵人作戰，而不願與我的子孫為敵。」路易十四的此一說法，得到被激怒的法國人民全力支持。之後，多次的勝利恢復了局部的優勢，但是路易十四再也不能強制歐洲接受其意願。

---

❷　Jacques Droz, *Histire diplomatique de 1648 à 1919* (Paris: Dalloz, 1972), p. 47.

❷　參閱 Jacques Bainville, *Histoire de France* (Paris: Fayard, 1924), pp. 211–212.

❷　Duby, op. cit., p. 202.

❷　Ashley, op. cit., pp. 92–93.

3. 戰爭的影響

1713 年的〈烏特列支條約〉和 1714 年的〈拉斯達條約〉(Treaty of Rastatt) 結束了長期戰爭，也改變歐洲的局勢 ❷。

英國勢力大增。路易十四承認新教的王朝，放棄哈得遜灣 (Hudson bay)、阿卡迪亞 (Acadia) 和紐芬蘭 (Newfoundland) 給英國，並且拆除敦克爾克的防禦工事；西班牙失去了直布羅陀和米諾卡島 (Minorca) 兩處地中海的戰略據點，同時同意將美洲商業特權，特別是黑奴買賣的獨占權給英國 ❷。

帝國聲威重振。變成皇帝查理六世 (Charles VI) 的查理大公獲得那不勒斯王國、米蘭、薩丁尼亞和荷蘭。

西班牙的削弱。腓力五世和西班牙可說同病相憐。除了上述的損失外，還須將西西里讓與取得國王頭銜的薩伏衣公爵 (Duke of Savoy)。

路易十四野心的失敗。法國國王除了無法實現支配歐洲的夢想外，也不瞭解海上和殖民勢力至少與軍事力量和歐陸的控制同等重要。他親眼見到英國稱霸海上。然而，在一度幾乎遭瓜分之後，法國光榮地結束戰爭，同時比 1661 年時的疆土更廣，更不易被侵犯。

---

❷ Louis Dollot, *Histoire diplomatique* (Paris: P.U.F., 1968), p. 10.

❷ Maurois, *Histoire d'Angleteire*, p. 338.

第十章 十八世紀的西方國家

在十八世紀,專制政體的發展分成兩股潮流:一方面,西歐的一些老君主國如法國和英國,其專制政體可說是由盛而衰;另一方面,在東歐和中歐卻產生了俄國、普魯士和奧地利等新興的專制君主國家。後者的理論與形態因受「理性主義」的影響,而形成所謂的「開明專制」(En-lighted Despotism)。

第一節 英 國

英國在政治組織和對商業的注重皆與其他國家不同。在十八世紀,她已是世界第一經濟強國。經濟的富裕導致社會的重大改變。

一、政治制度的確立

1.政治組織依文件和傳統而確定

主要文件有 1215 年的〈大憲章〉和 1689 年的〈權利法案〉(Bill of Rights)。此一時期的政治有三種特徵:王權受控制——一方面,依賴英國國教的英王任命部長和高級官員,指揮軍隊和對外政策,賦予國會決議法律的效力。另一方面,國會控制國王的政策,表決法律和預算;投票權十分不平等——議員席次的分配仍依古制,有些地區只有幾個投票者就有一個議員名額,而新興的城市則無代表。投票權還受財產的限制,全國選民只有二十五萬人;統治者缺乏威望——來自漢諾威 (Hanover)的喬治一世 (George I, 1714–1760) 和喬治二世 (George II, 1727–1760),不會講英語,與其臣民間有語言隔閡,而且不孚人望。

〈權利法案〉是英國至今為止最接近成文憲法性質的文件。它列舉被視為非法的行為，其中有：國王不得停止法律之行使，或不遵法律行事；不得設置特別法庭審理宗教案件；未經國會授權，國王不得徵稅；在平時，未經國會同意，不得設置常備兵；人民有從軍之權，有向國王提出請願的權利；在國會中議員有自由發言的權利；人民有自由選舉的權利。〈權利法案〉的所有規定，一直維持至今❶。

2.內閣制的形成

光榮革命之後，〈權利法案〉的制定，使英國國會的權力凌駕國王。國王為應付國會，不得不建立內閣政府。1689 年時，英王雖受種種限制，但實際上仍是一個政務領導中心的關鍵人物。國會至上雖已確定為一原則，然而在政府工作中尚未有適當的方式，使此一原則生效。國王與國會仍然彼此衝突，兩者之間並無任何緩衝機構以消除一切衝突的可能性。

到了十八世紀，此一難題幾乎完全解決。威廉和瑪麗及其繼任者安❷瞭解如何應付國會。此時，國王仍享有隨時可以解散國會的權力，也可以自由任免掌理國政的大臣。國王可以和大臣們共同制定國家大政方針，並付諸實施。

這些大臣在樞密院 (Privy Council) 中正式組成一個核心小組，即所謂「內閣」。國王如果願意主持此項閣議時，也可以參加。內閣大臣中有許多貴族，因此可以出席上議院（亦稱貴族院），但不得出席下議院（亦稱平民院）。平民出任的內閣大臣也不能出席下議院，但此項限制

---

❶ Stewart C. Easton, *The Western Heritage*，李邁先譯，《西洋近世史》㈠（臺北：幼獅，民國六十五年三版），頁 252。1689 年 2 月 23 日，英國國會向奧倫治的威廉和瑪麗提出〈權利宣言〉(Declaration of Rights)，經威廉和瑪麗同意後，隨之成為〈權利法案〉(Bill of Rights)，再經國會正式通過後，變成《權利法》(*Act of Rights*)。

❷ 安為詹姆士二世之女，瑪麗之妹。

在 1706 年國會通過新法案後取消，但仍以當選下議院議員者為限。以後此種制度即成為英國的習慣。內閣閣員出席國會的結果，逐漸演變為內閣向國會負責的責任內閣制。這是英國現代政府制度的特色。

其後不久就可以發現，國王所派的內閣大臣如果不能控制國會的多數議員，那麼國王要實行的政策就無法完全達成。斯圖亞特王朝的最後兩任君王和漢諾威王朝的最初三位國王，於是不斷解散國會，另行選舉新國會。漢諾威王朝的國王雖然極少親自主持內閣會議，但因國王有隨意任免內閣大臣的權力，所以內閣會議的詳情仍須隨時向國王報告。首席內閣大臣，亦即首相 (Prime Minister)，無權自行選定閣僚，但可透過向國王建議的方式，將其理想人選納入內閣。因為國王並不一定要出席內閣會議，國王缺席時就由首相主持，所以在政策尚未向國王報告前，首相可以運用影響力，協調政策的制定。

3.政治制度的演進

1714–1760 年間，國王的角色逐漸為國會所取代 ❸。國會領袖是唯一能面謁國王者，因而具有相當大的權威。華爾波 (Sir Robert Walpole, 1676–1745) 和庇特 (William Pitt, 1708–1778) 即為兩個例子。

華爾波於 1721 年至 1742 年間，曾任喬治一世和喬治二世兩朝首相。由華爾波長期擔任首相看來，他顯然獲得國王的充分信任，否則早被解除職務。每當國王下令舉行一次新的國會選舉時，華爾波必須設法使自己當選議員，以便出席國會。作為輝格黨 (Whigs) 黨魁，他又必須設法控制國會中輝格黨的多數議員，以便能通過重要法案。華爾波為爭取托利黨 (Tories) 議員必要的支持，也曾以重要職位贈與具有影響力的托利黨人，作為交換條件。

輝格黨人在國會中雖常居多數，但華爾波無法控制他們的投票，因

---

❸　有關 1660–1714 年國會如何取代國王角色，請參閱 The Growth of Ministerial Responsibility to Parliament in Later Stuart England, *Journal of Modern History* (Sept. 1956)。

圖 31：正在檢閱軍隊的英王喬治三世

為黨員並不受黨紀嚴格約束。在 1730 年代期間，華爾波尚能迫使與其立場相左的閣員辭職。然而，到了 1740 年代初期，他雖然仍受喬治二世的信任，卻在國會之中的聲望逐漸低落。1742 年，華爾波因國會表示不信任，被迫辭去首相職位。他的辭職，為英國議會政治樹立一個先例：就是首相如不能獲得國會中多數議員的支持時，即須辭職。

1760 年，喬治三世 (George III, 1738–1820) 登基後，企圖建立個人的君主政體。雖然保守黨在大選中獲勝，但輿論界的反對、愛爾蘭的暴動和美洲殖民地的獨立運動，使國王的企圖於 1782 年宣告失敗。

喬治三世即位那年二十三歲，是英國自愛德華六世 （Edward VI, 1537–1553，1547 年即位）以來登基時最年輕的國王。喬治三世有自卑感，以及清教徒式的要克服自卑感而成為一個強而有力的國王的決心。這兩個特質會引起精神上的緊張，心情也容易起變化。

長久以來，享有國會和國王信任的諸內閣，曾利用官職、津貼、官衙及金錢等國王特權，來控制選舉並收買國會上下兩院議員的忠誠。這種利用國王影響力的辦法是為人所接受的；但是國王如果不與享有國會信任的內閣共同運用，而是自己運用這些特權來支持只得他一人寵信的內閣，則被認為不合憲法。

1763 年，國王以一紙一般令狀❹逮捕國會議員韋爾克斯 (John

---

❹　一般令狀是指在令狀中不提特別的人名和地名。

Wilkes, 1727–1797) 等人、查封他的報紙、使他入獄和被國會開除，引起所謂喬治三世希望顛覆英國人自由權的責難。1768 年，韋爾克斯再度入獄，倫敦的激進分子組成「保護權利法案社」、舉行群眾大會、籌集捐款為韋爾克斯償債，而且以他為倫敦市長。這是都市民主力量對抗貴族性國會的表現。1770 年，鄉間也有請願運動，抗議國會任意壓制英國選民的權利。

1770 年代薄弱的政治改革慾望，到了 1780 年代美洲殖民地喪失後已轉為強烈。

英國失去美洲殖民地，是由於她堅持美洲殖民地是不列顛帝國的一部分，而其地理上的隔離、地方經濟的利益、日益成長的國家主義及數十年的忽略，已鼓勵了美洲殖民地的獨立。

喬治三世對美國革命的發生與失利應負重要的責任。他最大的錯誤是支持諾斯 (Frederick North, Earl of Guilford, 1732–1792) 內閣，前後達七年之久。這七年內，英國終於戰敗。1782 年，英國國會強迫諾斯勳爵去職。喬治三世的個人威望遭到一大打擊。

4. 小庇特時代

1784 年的選舉，使小庇特 (William Pitt, the younger, 1759–1806) 在國會獲得絕對多數的支持。他將以尊重多數者的願望治理英國達十八年之久。

1784 年 3 月的大選，國王及小庇特藉著不斷的利用政府的恩惠、謹慎的鼓動民意，終於贏得此次十八世紀競爭最激烈的選舉。然而，小庇特並未在國會中取得一個能辦事的多數票。1785 年，國會下院四次擊敗他的政府，但他並未辭職。1785 年後，他享有比例愈來愈高的多數票，而給予喬治三世一個長達十八年的安定政府。

在其後的歲月中，小庇特成為一個強而有力的首相，並且要求內閣責任。喬治三世在允許小庇特訴諸公眾、組織政黨及發展內閣政府時，為一個民眾所擁戴的、議會性的、合乎憲法的王權，奠下基礎。

1785 年，權力已經穩固的小庇特，面臨英國行政改革、貿易拓展，以及對印度的統治等三個問題。

1783 年，因戰敗而陷於混亂的英國，正面臨破產邊緣。但到 1792 年時，小庇特已將情勢扭轉。在八年期間，他使英國財政收入增加百分之五十，而支出則減少一千萬鎊。小庇特增加稅收的方法是提高已有稅收的稅率，增加許多新稅，以及降低進口稅。他也以淘汰冗員，著手行政革新，來減少政府的開支。

小庇特瞭解國際貿易的擴展，將使國家的歲入增加，英國也會因而更加繁榮。因此，他著手取消貿易的關稅負擔。然而，與愛爾蘭的自由貿易卻遭到英國製造業者的抵制而未能成功。與法國間的自由貿易，成效較好。法國降低由英國進口的產品關稅百分之十至二十；英國也降低法國葡萄酒和白蘭地酒的關稅稅率。他也在西印度群島設立自由貨物集散地，以鼓勵與美洲間的貿易。

在印度問題方面，小庇特於 1784 年說服國會，成立一個控制理事會，以解決造成長久以來印度局面混亂和腐化的東印度公司的貪婪❺。

二、經濟的起飛和繁榮

1. 商　業

1714 年左右，重商主義仍然盛行，貿易商皆急於設法讓英國產品輸出到國外市場。英國的商業是多方面的：首先是堆棧業，也就是各種不同商品的積存；其次是本國產品的輸出；最後，英國將船隻租給其他國家。

2. 工業革命 (industrial revolution) 的原因

導致英國工業革命的原因有四：⑴人口的增加——僅以英格蘭和威

---

❺ Clayton Roberts & David Roberts 著，賈士蘅譯，《英國史》下冊，(*A History of England, 1688 to the Present*, vol. II)（臺北：五南圖書出版公司，民國七十五年），頁 694–714。

爾斯而言，其人口總數由 1700 年的五百八十萬人增加到 1801 年的九百一十萬人❻；⑵農業的轉變——此一造成無數人力閒散的轉變於 1750 年起加速進行，輪耕制的改良和新植物的利用可避免土地的休耕。但最主要的事實，就是「圈地」的再度實施，迫使無數的農民和窮人離開家鄉到城市尋找工作；⑶新發明的推出——在十八世紀後半期，新的發明不斷增加，在這一方面技工的貢獻甚至比學者還大。這些發明逐漸由實驗階段進到應用階段；⑷資金的充裕——貿易商賺進的錢一方面用於買地，一方面也有助於供應輸出品之製造業的發展。此外，金融機構也大量增加。

3. 工業革命的經過

1705 年紐可門 (Thomas Newcomen, 1663–1729) 的蒸汽引擎、1709 年達比 (Abraham Darby) 的用焦炭生產銑鐵，以及 1733 年凱伊 (John Kay, 1704–1770?) 的飛梭 (flying shuttle) 等三項發明，誘發 1760 年代的技術創新。紐可門的蒸汽機用煤火產生熱氣，再將蒸氣送入一個有活塞的汽缸。然而它沒有直接利用蒸氣的膨脹力量，因此效率不高，但卻為瓦特 (James Watt, 1736–1819) 的蒸汽機奠下基礎。達比的運用焦炭由鐵礦分解鐵，使銑鐵的量大為增加。凱伊的發明，使織工可以在沒有助理的情形下，將帶著緯線的梭來回與經線交叉。這不但使織布效率增加，也提高了對紡線的需求。

1765–1785 年間，哈格里夫 (James Hargreaves)、阿克萊特 (Richard Arkwright)、寇特 (Henry Cort) 和瓦特改善早期發明的缺點，工業革命於是開始。哈格里夫於 1765 年左右發明了「貞妮紡紗機」(Spinning jenny)，可以同時紡出多支的紗線❼。1769 年阿克萊特的「水力紡紗機」❽以水輪旋轉機器，速度較快，而且棉線也較堅韌。1784 年，卡特萊特 (Edmund

---

❻　M. Reinhard, *Histoire générale de la population*, p. 202.

❼　「貞妮紡紗機」於 1770 年取得專利。

❽　「水力紡紗機」又稱「水架」(water frame)。

Cartwright) 發明一種可以利用馬力、水力或蒸氣力量推動的「織布機」。以上這些發明，連同其他無數改進，奠定近代紡織工業的基礎。

　　1783 年，寇特用精鍊和輾壓的辦法，提高鐵的品質和產量，使各種機器的生產成本能降低。他將銑鐵塊放進一個用焦炭加熱的反射爐，又將含有多量鐵的氧化物的溶滓放入反射爐，並以人工攪動這些混合物，以便氧氣可以燒掉炭和雜質，不使破壞鐵的品質。然後，將鐵倒出，鎚去雜質。利用此一生產過程，鐵的產品可以增加十五倍。

4.工業革命的結果

　　工業革命帶來工業的起飛和運輸業的發達。煤在冶鐵方面取代木材，同時也供蒸汽機之用。新城市如雨後春筍般的興起，十八世紀末，倫敦大約有百萬的居民。工廠大量增加，分工和大批製造也已出現。

　　作為工業的顧客和供應者的運輸業也隨之同時發展。技術的進步為運輸業帶來新面目。第一艘鐵甲船於 1787 年出現。運河大量開鑿，公路也有改善。

　　工業革命為英國帶來驚人的生產力❾，同時也帶來空前未有的就業機會。然而，工業革命也帶來一些負面影響。由蒸氣驅動的機器是工業革命的核心。這些高性能的機器卻是放在有兒童工作的工廠及礦場中。僱用童工是普遍現象。童工和工作安全問題因而產生。新興的工業工人階級不但工作條件很差，而且生活條件也差。他們居住的市鎮過分擁擠，也不清潔❿。市鎮也是犯罪的中心。英國愈都市化，犯罪率愈上昇。

三、英國的社會

　　致富對於英國來說是一項可怕的考驗。

---

❾　1782 年到 1852 年間，英國每年工業生產成長百分之三至百分之五。1850 年時，英國的產量是 1800 年的八倍；煤產量是五倍；布料則是六倍。

❿　1750 年，只有五分之一的英國人住在五千人以上的市鎮。1850 年時，五分之三的英國人住在五千人以上的市鎮。

1. 道德的危機 (1714–1740)

商業的利潤和國王賜予的年金，便於巨額財富的迅速締造。新的暴發戶只追逐聲色，反宗教的活動相當猖獗，愛國主義已逐漸麻木。沉湎酒色、酗酒和賭博為富有階級的特徵，酒精中毒則為窮人的特色 ❶。

2. 一種淨化的反應

沉迷不醒的英國教會默認了這種傷風敗俗；某些教士甚至過著毫無益處的生活。幸好，在韋斯理 (John Wesley, 1703–1791) 的領導下，美以美教徒 (Methodists) 經常祈禱和做禮拜，並勸人為善 ❷。

3. 十八世紀末的社會

地主的貴族階級除了保有政治權力外，且與資產階級結合在一起 ❸。一個文雅、友善、高尚而又起帶頭作用的上層社會因而成立。然而，工人的命運卻逐漸惡化。人力的充斥導致工資的下跌，集會權利實際上被拒絕，法律通常不合人道：偷一塊麵包可能被處流刑或徒刑。工人集中的城市騷動不安，甚至在美國獨立戰爭期間，英國還須處理本國的工人運動。在愛爾蘭，那些被逐出其土地的農民，命運也是十分悲慘。

第二節　法　國

一、路易十四的晚年

對路易十四來說，十七世紀末和十八世紀初是一個嚴重考驗的時期，除了軍事的失利和宗教政策的失敗之外，尚有另外兩項困難。

---

❶ 參閱 Basil Williams, *The Whig Supremacy, 1714–1760* (Oxford: Oxford University Press, 1962), pp. 133–134.

❷ André Maurois, *Histoire d'Angleterre*, p. 390.

❸ 參閱 G. E. Mingay, *English Landed Society in the Eighteenth Century* (London: Routledge and Kegan Paul, 1963), pp. 112–114.

1. 經濟和財政的困擾

宮廷的開支和戰爭造成財政的短絀。1715 年支出的預算為收入預算的兩倍。不足之處只好以下列三種非正當的方式來彌補：創造一些不但可笑而且五花十色的官職、驅逐假貴族以及改變成色來變更錢幣的價值。雖有發行銀行紙幣的嘗試和稅制的改革，可惜皆未成功。貿易管制和保護主義仍然繼續著。事實上，柯爾白主義已告破產。路易十四一死，自由之風就吹向傳統的重商主義，揭開了十八世紀之幕。

2. 漸增的不幸

在城市裡，工資十分低廉，而物價又相當高昂，使窮人處於饑餓邊緣。恐慌一樣存在於鄉村中，其不幸的程度或許更為嚴重。在 1709 年那恐怖的冬季，成群結隊饑民的喊叫聲，甚至傳到國王的耳朵裡。

一般人尚未想到要推翻君主政體，路易十四的專制是唯一受譴責的對象。自由的要求漸增，而知錯的老人卻受到一連串親人死亡的打擊❶。1715 年，路易十四逝世。死前，曾對其年方五歲的繼承者說：「我過於喜愛戰爭，不要在這方面模仿我，也不要像我那樣過分浪費。」

二、攝政時期 (1715–1723)

路易十五 (Louis XV, 1710–1774) 年幼繼位。攝政王，奧爾良的腓力 (Philippe d'Orléans, 1674–1723)，是一位勇敢、聰穎、且為文學和藝術的保護者，但卻十分懶惰，而且性喜玩樂。但無論如何，攝政時期卻有一項時間短而影響深的財政革新：羅氏制度 (System of Law)。

1. 羅氏的建議

為解決法國經濟和財政的嚴重問題，蘇格蘭人羅氏 (John Law, 1671–1729) 向攝政王提出一項改革之議。根據這個制度，一個銀行發行

---

❶ 1711 年，路易十四的獨子，Le Grand Dauphin 去世。他的長孫 Duc de Bourgogne 和第三個孫子 duc de Berry 皆較路易十四早逝，第二個孫子 Duc d'Anjou 因繼承西班牙王位而放棄法國王位繼承權。

紙幣，個人以硬幣換取紙幣，並可隨時將硬幣換回。銀行可以發行沒有黃金做準備的紙幣，甚至可以將寄存的黃金借出生息。另一方面，在國家指導下的貿易公司將分給股東紅利，並且促進法國的繁榮；稅收也可增加。公司的成功為紙幣的最佳保證。漸漸地，變成商人的國家將可以賺取的利潤來償還債務。

2. 羅氏的決策

羅氏於 1716 年創辦的銀行，於 1718 年變成「皇家銀行」(Bangue Royale)，並擁有發行紙幣的特權**❺**。另一方面，在 1717 年為開發路易斯安那 (Louisiana) 而創辦的「西方公司」(Companie d'Occident) 馬上變成唯一的殖民公司。1720 年，銀行與公司合而為一，在董事長羅氏的主持下，負擔國家債務，徵收間接稅。

3. 失敗的原因

羅氏制度需要他本人具有高明的手腕和股東的信心。但是，一方面紙幣的發行量超出黃金的準備額甚多；另一方面，在投機聲中，法國人不惜以任何高價購買股票，致使其利潤變成少得可憐。最後，羅氏的競爭者，法國的銀行家和因「西方公司」之發展而覺得不安的英國金融家設法破壞股東對羅氏的信心。當攝政王的家人，波旁公爵 (Duc de Bourbon, 1692–1740) 以六千萬紙幣去兌換金幣時，公眾大起恐慌。人們趕緊拋售股票，以紙幣兌換黃金；此時銀行被迫中止付款，羅氏制度於是宣告失敗。

4. 影　響

羅氏的慘敗，對於法國來說，是十八世紀最著名的事件之一。貸款的觀念受到打擊，紙幣為人所詬病。整個情況發生激變：舊有的財富化為烏有，新的財富自行建立**❻**。然而這次的冒險卻促使經濟的復甦；擁有大批鈔票的農民可以擺脫債務的威脅。商業相當活躍，殖民地也得以

---

❺ Braudel et Labrousse, op. cit., p. 280.

❻ Duby et Mandrou, op. cit., T. 2, p. 115.

有較好的開發。

三、受非議的專制政體和危機的嚴重

　　1723 年，路易十五成年，攝政王去世。君主政體的權威是否可解決最基本的財政問題？ 在路易十五親政期間 (1723–1774) 和路易十六 (Louis XVI, 1754–1793) 登基後至大革命前夕，尚無法找出永久性的解決辦法。其原因如下：

　　1.國王缺乏恆心、毅力和遠見。路易十五有心好好治理國事，但卻有時膽小如鼠，缺乏信心，遇事猶疑，且受美麗文雅的龐巴度夫人 (Mme de Pompadour, 1721–1764) 之影響甚深。路易十六也不喜處理政務，同時也有膽怯和猶疑不決的毛病。國王親近之人對他未能善盡言責。

　　2.大臣的抉擇有時很適當，但有些人卻不瞭解徹底改革的必需性。從 1723 年至 1743 年輔佐國王的傅樂理樞機主教 (André Hercule Fleury, 1653–1743)，雖能妥當地處理國家事務，但卻忽略大膽的創新。從 1758 年到 1770 年，影響相當大的秀亞舍公爵 (Etienne François, duc de Choiseul, 1719–1785) 也是如此。這位能幹的大臣於 1768 年為法國向熱那亞人購進科西嘉島 (Corsica)，但卻無法同時滿足國王、特權階級和哲學家。

　　3.有魄力有遠見的大臣，其行動常為反對者所癱瘓。事實上，情況的嚴重性不只是軍事開支、道路保養和宮廷維持所需甚昂，而且財政組織也相當惡劣。稅的分攤和徵收未上軌道，有些稅官可以間接稅來中飽私囊。

四、經濟的進步

　　直到 1778 年，物價的加速上漲，刺激生產。

　　1.交通的改善： 在 1789 年，法國道路網共長四萬公里，為歐洲之冠。可是法國還缺乏橫貫道路和鄉村道路，因此大部分村莊仍然孤立。

運費還是十分高昂，幸好水路運費較廉。

　　2.工業方面沾英國之光。盧昂的棉紡織工業發展非常迅速；但仍然依賴木炭的金屬工業之進展則較緩。在中央高地 (Massif Central) 邊緣和法國北部，煤產量只有四十萬噸。至於瓦特的蒸汽機則才剛露面。

　　3.農業方面受採用英國技術的革新者之鼓勵。馬鈴薯、玉米、紅蘿蔔、牧草等作物的種植面積逐漸推廣。每一省區繼續依賴自己的資源維生。某些地區仍然還會發生饑荒。

　　4.海上貿易的發展仍然是經濟的特徵。在十八世紀上半期，以黑奴販賣為主的南特和以與殖民地貿易為主的波爾多皆能獲得驚人的利潤。

第三節　俄　國

一、彼得一世之後的俄國

　　彼得大帝以一個專制、官僚政治和軍事的君主政體取代封建和宗教的古老君主政體。他成立一支艦隊和一支強大的陸軍；加強對教士和貴族的控制，貴族的頭銜與其擔任職務的重要性相關[17]；嚴密控制帝國十二個省區的總督；利用新稅目，大幅增加政府的稅收；發展教育；鼓勵生產，武器的製造和紡織工業。

　　沙皇的改革也遭遇激烈的抵抗，但終被無情的壓制。他也因而造成一個很深的裂痕：一方面是接受衝擊的少數領導階層，另一方面為反對它的廣大群眾。犧牲一切只為國家的偉大，彼得大帝將一個新組織硬加在一個仍然很少變動的社會上。這種事業仍然相當脆弱，但俄國已是歐洲必須加以認定的強國。

　　彼得大帝去世後，他的第二位皇后繼位為女皇[18]，稱凱薩琳一世

---

[17]　參閱 Lord Action, *Lectures on Modern History* (N.Y.: Meridian, 1967), p. 267.

[18]　彼得一世的兒子 Alexis 因參與反對沙皇的陰謀，事敗後被他打死。

（Catherine I，1725-1727 在位）。在她之後，繼位的沙皇或女沙皇，皆是平庸低能之輩。直到彼得一世的小女兒伊利沙白（Elizabeth，1741-1762 在位）繼位後，才能維持二十年的統治。

這段期間，俄國的實際統治權力，掌握在一批貴族軍官和官僚階級手中。這些人都是彼得大帝培植的高級幹部。自彼得大帝去世後，歷任統治者的軟弱無能，使貴族乘機減少他們對皇室和國家的繁重負擔，但卻將自己所屬的農民降為農奴。然而，俄國的西化運動仍持續進行。在此一方面影響最大的是法國文化。法國語文成為宮廷和貴族的通用語言❶❾。

伊利沙白的統治，反映了她對法國文化的喜愛，以及對日耳曼影響力的反彈。她讓俄國參加「七年戰爭」，與奧、法兩國共同對抗普魯士的腓特烈二世，並曾在 1760 年短暫占領柏林。如果不是彼得三世 (Peter III) 於 1762 年繼伊利沙白為沙皇，俄國當時可能已將普魯士完全擊潰。

因為彼得三世對腓特烈二世十分欽羨，所以與普魯士締結和約，並立即退兵。彼得三世後來有意依照普魯士的訓練方式，改革禁衛軍，但卻引起宮廷革命而被殺。繼位者為其后，稱凱薩琳二世。

二、凱薩琳二世

這位女沙皇聰明、活躍、設法討好所有人以便易於控制。她讓人相信其改革的意願，在 1769 年，她召集一個「大委員會」(Grant Commission)，以提供她行動計畫，但並未成功。這個委員會至少也讓女沙皇瞭解俄國的真正情況。她天生具有指揮和支配的才能，並有容納所有新事物的雅量，受彼得大帝之影響甚深，並仍以

圖 32：凱薩琳二世

❶❾　普魯士的情況也如此。

聖彼得堡為首都。她雖經常與哲學家保持聯繫[20]，但似乎很少受他們的影響。這位現實主義者，對於將理論付諸實施一事十分審慎。

在政治方面，凱薩琳二世任命忠誠可靠的親信，擔任四十四個省區的總督，以加強中央集權。在經濟發展方面，她移民俄國南部地區，並將許多日耳曼人安頓於窩瓦河 (Volga R.) 中游一帶。在 1784 年併吞的克里米亞 (Crimea)，由女沙皇的倖臣波坦金 (Grigori Pltemkin, 1739–1791) 闢為塞瓦斯沱浦港 (Sevastopol)。她也設立國家銀行，發行紙幣。在教育方面，雖然忽略初等教育，但對於培植國家公務員的中等和高等教育則相當重視。在教會方面，凱薩琳二世搶走希臘正教教會的財產。在法律方面，俄國只在理論上廢除酷刑，而且在軍中，其殘酷無情，更非罕見。在社會方面，她忍受著農奴制度，無視其嚴重性，甚至很慷慨地將農奴分配給她的忠誠臣子，視這些農奴為可隨意處置的物品[21]。然而，女沙皇卻擔心農奴的反叛。1771 年農奴就曾支持哥薩克人布加契夫（Yemelyan Ivanovich Pugachev，死於 1775 年）的大暴動，並且蹂躪廣大的地區。

第四節　奧地利

一、君主政體的穩固

顯然地，在 1711–1740 年間擔任皇帝的查理六世 (Charles VI)，其智力不高，意志不堅，而且富於幻想。他放棄西班牙王位；在奧地利王室所屬的邦國，財政經常無法平衡。但是查理的統治，至少有下列三種積極的貢獻：

---

[20] 參閱 L. Jay Oliva, *Catherine the Great* (N.J.: Princeton-Hall, 1971), pp. 44–60.

[21] Roland Mousnier et Ernest Labrousse, *Le XVIIIe Siècle* (Paris: P.U.F., 1967), p. 210.

1. 迫使土耳其人後退

治理無方，且受基督教徒騷擾所困的鄂圖曼帝國變成奧地利的一個目標。由於尤金那親王的輝煌戰績，奧地利於 1699 年取得特蘭西泛尼亞 (Transylvania) 和匈牙利平原；1718 年，併吞塞爾維亞。這是奧地利向東發展的起點。

2. 奧地利哈布斯堡的邦國獲得較大的版圖

這些在地圖上形成一個集團的疆域，彼此之間的聯繫，事實上只依賴統治的王室。這些疆域因居民、傳統與制度的不同而有異。查理六世的所有政策，隸屬於一個固定的觀念：無一例外地將全部祖產移交給其女，瑪麗亞·德雷莎 (Maria Theresa)。1713 年的〈國事詔令〉(Pragmatic Sanction)，其目的就在此❷。此一詔令使奧地利哈布斯堡各邦國間產生一種聯繫，並加強其統一性，因為這個詔令確定利益的整體性和創立某些共同的制度。「奧地利」一詞開始出現。

3. 查理六世促成維也納的迅速發展

維也納為查理六世所有邦國之首都。從 1704 年到 1706 年，他在擴展後的市區外圍，構築防禦工事，以防患叛變的匈牙利人之來襲；城裡並增加許多新的紀念物。

然而，當查理六世於 1740 年去世時，奧國已不再穩定，因為瑪麗亞·德雷莎這位二十三歲的年輕統治者在權威的樹立方面，顯得困難重重。事實上，她的臣民似乎無法接受一位女性統治者。她必須對匈牙利人做出相當大的讓步，以全力抵抗來自普魯士、巴伐利亞和法國的攻擊。

二、開明專制

1765 年起，約瑟夫二世 (Joseph II, 1765–1790) 和瑪麗亞·德雷莎共同執政；母子兩人相左時比相輔時多❸。和藹可親而又十分虔誠的瑪麗

---

❷　Ibid., p. 220.

❸　Karl A. Roider, Jr., *Maria Theresa* (New Jersey: Princeton-Hall, 1973), p. 124.

亞・德雷莎設法強化其權力，革新行政，並且使波希米亞和奧地利聯合在一起。但她一方面又很謹慎，且以不安的心情，對待她哲學家忠實門徒、冷漠但講方法的兒子──約瑟夫。在其母逝世後，約瑟夫二世以頑固不肯讓步的態度，使「哲學成為其帝國的立法者」，可惜並不十分成功。

除了擁有一支強大的軍隊外，在經濟方面，約瑟夫二世採取保護主義，禁止昂貴產品的進口，邀請醫生勸阻人們喝咖啡和巧克力。同時也設立國家銀行，發行紙幣。在宗教方面，沒收修道院。進一步監視教士階級和擺脫羅馬教廷的影響，約瑟夫甚至制訂一些令人心煩的規則；教宗的訪問維也納並未能中斷這個一般人稱之為「約瑟夫主義」(Josephism) 的政策。此一政策的目的在於將天主教教會變成國家的附庸。然而無神論者在奧地利還是受到迫害。

在法律方面，約瑟夫二世在多斯坎尼 (Toscany) 和奧地利制訂較合乎人道的法律，酷刑也真的取消。在社會方面，他很誠摯地將其觀念付諸實施，廢除農奴制度，以稅金代替勞役，但因而引起貴族們的不滿。

第五節　普魯士

一、普魯士的出現

只有一百五十餘萬人口的普魯士，在奧地利之側顯得黯然無光；然而，霍亨佐倫家族的野心卻相當大。

1.十七世紀領域的擴展

本為信奉喀爾文教的布蘭登堡平凡的選帝侯，霍亨佐倫家族因善於利用衝突的機會，而使其領域大增：1614 年合併萊茵河流域的克雷夫公國 (Duchy of Cleves)，1618 年合併帝國疆界之外的普魯士公國，1648 年由於〈西發利亞條約〉而獲得波美拉尼亞東部和幾個主教區。除了克雷

夫之外，這些分散的領域皆十分貧窮。

2.內部改革

在「大選侯」(Great Elector) 腓特烈・威廉的統治時期，柏林成為共同首都，各省受其管理。一群勤勞的官吏對於一位要求嚴格的公侯相當盡責。向全體臣民徵收的經常稅，使君王獲得一筆鉅額收入 ❷，以維持一支達幾萬人的軍隊 ❷。最後，因覺得經濟發展的必需性，大選侯不但鼓勵工業，而且還讓荷蘭人和法國的新教徒到布蘭登堡和波美拉尼亞的貧瘠地區墾殖。

腓特烈一世於 1701 年獲得皇帝的特准，在帝國之外，取得「普魯士王」的頭銜。腓特烈二世如此寫著：「王國使布蘭登堡王室擺脫奧地利王室對於所有日耳曼公侯所加的束縛。」

讓愛慕虛榮的腓特烈一世獲得滿足的昇遷，的確產生相當大的影響：普魯士王的地位高出所有日耳曼公侯，並且也增加在其臣民心中的威望。皇帝自己製造一位頗具危險性的敵手。

二、腓特烈・威廉一世

1713 年，即位之時，腓特烈・威廉一世就發現其四處分散的國土，沒有自然疆界的保護、飽受瘟疫蹂躪、被愛現的前任國王將財政拖垮，而且被虎視眈眈的四鄰圍繞著。然而，在二十七年後，他卻留下一支訓練精良的軍隊，一個飽滿的國庫，以及一個高度中央集權的政府。

腓特烈・威廉一世即位後，一改乃父奢侈和講究排場的作風，盡量削減宮廷中的僕人、詩人和樂手，並且出售珠寶、精美傢俱和裝飾品。他將節省下來的金錢，用在軍隊上。他將軍隊人數由三萬八千人增至八

---

❷ F. L. Carsten, *The Origins of Prussia* (Oxford: Oxford University Press, 1954), p. 266.

❷ Gordon A. Craig, *The Politics of the Prussian Army 1640–1945* (Oxford: Oxford University Press, 1956), p. 5.

萬。因此，在歐洲，普魯士的人口總數居
第十二，但其軍力卻居第四。為維持如此
龐大的軍隊，政治主要依賴王家領地和稅
捐的收入。

圖 33：腓特烈‧威廉一世

　　在改善國家的經濟條件方面，國王是
一位徹徹底底的重商主義者。他鼓勵普魯
士工業產品的出口，阻礙進口，並刺激國
內的工業生產。以毛織工業為例，腓特
烈‧威廉一世禁止未加工羊毛的出口，禁
止毛織品的進口，對國內製造廠商擴大資助範圍，以及吸引外國技術工
人在普魯士定居。經過國王的這些努力，在其統治後期，普魯士的毛織
品工業已雇用五千人，供應軍隊和國內的需求，且有大量剩餘產品外銷
到俄羅斯和其他國家。

　　普魯士財政的改善，大部分要歸功於行政體制的重組。他在君王和
中央行政組織，以及中央行政組織和地方政府之間，重建一種更和諧的
關係。中央政府的政策採用合議制，但是國王則以頒布訓令來發揮其對
整個行政官僚體系的個人影響力。

　　在宗教事務方面，腓特烈‧威廉一世仍然採用容忍政策。他對於文
化和教育根本不重視，大肆刪減文化經費。大學除了經費短缺之外，大
學生還經常被招募新兵的官員帶走。因此，在其統治時期，普魯士的文
學、科學和藝術，毫無任何成就可言。

三、腓特烈二世

　　腓特烈二世即位後，立即利用父親遺留給他的豐沛資源，積極向外
擴展。

　　法國的米拉波 (Honoré Gabriel Riquetti, comte de Mirabeau, 1749–
1791) 曾說過，「戰爭是普魯士的國家工業。」1740 年之後，在腓特烈二

圖 34: 腓特烈二世

世控制下的普魯士變成一個掠奪者。他的外交政策並無一定路線，完全無法預料，不但反覆無常，而且強詞奪理。因此，他的外交經常被視為奸詐。

登基後不久，腓特烈未經宣戰就進軍未設防的奧地利西利西亞 (Silesia)，且占領該省大部分地區，也因此開啟了長達八年的奧地利繼承戰爭 (The War of the Austrian Succession)。最後，普魯士占領西利西亞，並擊敗來援的奧地利軍隊，也因此暴露出奧地利的軍事弱點。不顧對瑪麗亞·德雷莎父親的承諾，西班牙、巴伐利亞和薩克森準備向奧地利提出繼承權利的要求，而法國為讓哈布斯堡王室受盡屈辱，最後也加入這場衝突。這些國家與普魯士結盟，以便瓜分瑪麗亞·德雷莎的繼承權益。唯有英國信守承諾，給予奧地利部分協助。

在這場戰爭中，普魯士國王顯露出言行不一的作風。在瑪麗亞·德雷莎登基之時，腓特烈二世正式承認其地位，並答應在她需要時提供軍事援助；然而，普魯士未經宣戰即入侵西利西亞，對當地居民表示他是為瑪麗亞·德雷莎的利益而如此做，並獲得她的同意。在戰爭期間，他曾兩次❷⓺背叛其盟友，單獨與奧地利和談，以謀取最大的利益。

八年的戰爭，勝負未分，但依據 1748 年的〈艾克斯·拉·夏倍爾條約〉，腓特烈二世保留西利西亞，讓其疆域增加一萬五千五百平方英里和一百五十萬人口。此一地區有很高的工業和農業價值。

由於腓特烈二世的短視，讓普魯士進入一個災難性外交挫敗的時期，也帶來一場長期且昂貴的戰爭。在奧地利的外交運作下，奧地利、

---

❷⓺ 在 1742 年和 1745 年。1742 年，普奧兩國簽訂 The Treaty of Berlin；1745 年，雙方簽訂 The Treaty of Dresden。事實上，腓特烈二世在四年內背叛法國盟友有三次之多。

法國、薩克森、瑞典和俄羅斯組成一個對抗普魯士的聯盟。腓特烈二世是一位失敗的外交家，並因而導致普魯士四面楚歌，面臨近代史上任何其他國家所未曾有的生存威脅。然而，在「七年戰爭」(The Seven Years' War) 期間㉗，由於腓特烈二世的傑出軍事才華，普魯士方能轉危為安，但也損失慘重。曾經是五次戰役現場的西利西亞，其人口損失高達五萬。

在 1763 年至 1786 年期間，普魯士的外交是以與俄羅斯結盟為基調。1772 年，普、奧、俄三國第一次瓜分波蘭。夾在普魯士和波美拉尼亞這兩塊土地中間的波蘭領土，除但澤外，割給普魯士王國，於是王國東部兩塊土地便連成一片。奪來的東普魯士以西的波蘭領土稱為西普魯士。

經過腓特烈二世為其國家所作的各種努力，普魯士在 1786 年他去世時，比 1740 年他登基時，更為強大。全國人口因兼併西利西亞和西普魯士，殖民政策，以及人口的自然成長，已由二百二十萬人增至四百多萬人。國庫收入倍增。

第六節　美國的獨立

在十八世紀後半期，美國的獨立為美洲大陸歷史和全世界歷史的重要一頁。這第一個殖民地的獨立是新觀念的大規模實施，也是在一個大國採用聯邦共和體制。

一、1763 年左右的殖民地

從 1607 年的維吉尼亞 (Viginia) 到 1732 年的喬治亞 (Georgia) 之建立，英國在美洲的十三個殖民地，西起阿帕拉契山脈，東至大西洋，北與加拿大為界，南則與佛羅里達為鄰，總人口達一百六十萬。

㉗ 1756 年，普魯士攻擊薩克森，開啟「七年戰爭」。1563 年雙方簽訂 The Treaty of Hubertusburg。

1.各殖民地的特色不一

　　南部四個農業殖民地種植煙草、水稻和棉花。農業的開墾要依賴奴隸制度。就如同在古老的歐洲一樣，富有的地主可過著社交生活，主持沙龍，交換觀念。

　　北部「新英格蘭」(New England) 的五個殖民地，農業仍保存歐洲的特色，工業則以水力為動力。然而，最主要的財產則來自漁業和與安地列斯群島的走私貿易。

　　中部的殖民地，其活動及人種最雜。此地的居民來自歐洲各地區，信仰各種不同的宗教，其中以荷蘭人、法國的新教徒和日耳曼人居多❷。

2.各殖民地有其類似點，但卻互不聯繫

　　殖民者的宗教信仰十分堅定。一些小人物橫渡大西洋為的是想發財或只圖溫飽，但是大部分離開祖國的居民是為逃避宗教敵對派系的支配，或者為繼續忠於其信仰。有時在一個殖民地裡，敵對的宗教派系為強制對方信服自己的宗教而起衝突。

　　政治制度使權力落入少數人手中。富有的地主和貿易商，選舉議會，以制訂法律和通過稅捐的徵收。各殖民地有一位英王任命的總督，他有權否決議案。同屬於英國可說是各殖民地間的唯一聯繫。

3.英國人與美國人逐漸分離

　　英國人輕視美國人的粗野態度和那摻入印第安語彙的語言。此外，他們忘記在對抗法國人的戰爭中，殖民地人民曾有過英勇表現，而認為這些移民懶散。

　　另一方面，美國人也看不慣英國本土一部分領導階級的腐化。他們發現這些與自己純樸生活和宗教狂熱格格不入。沒有人談及分離，但是彼此的誤解逐漸加深，一項危機將導致殖民地的解放。

---

❷　參閱 Michel Devèze, *L'Europe et le monde à la fin du XVIIIe siècle* (Paris: A. Michel, 1970), pp. 349–351.

二、獨立運動

受一連串日趨嚴重的事件之鼓舞，脫離 (secession) 的觀念逐漸擴展，因而於 1776 年爆發了獨立戰爭。

1.衝突的原因

鑑於對法國人戰爭的勝利所費不貲❷，英國政府認為殖民地必須分攤戰費，因此開始徵收印花稅和一些新稅，尤其是糖稅和茶稅。但美洲殖民地卻以在英國國會無代表而加以抗拒。

英王喬治三世獨斷專行，對於茶稅問題堅不讓步。在 1770 年 3 月的「波士頓屠殺」(Boston massacre) 和 1773 年 12 月的「波士頓茶黨事件」(tea party of Boston) 之後，英政府封閉港口，取消麻薩諸塞的政治自由。

1774 年 9 月，在南方的維吉尼亞和北方的麻薩諸塞兩殖民地的敦促下，十三個殖民地代表在費城召開會議。喬治三世拒絕任何談判。1775 年 4 月，美洲殖民地的「愛國者」和英軍發生衝突，英軍損失兩千五百人。維吉尼亞的華盛頓 (George Washington, 1732–1799) 被推舉為正在成

圖 35：波士頓屠殺

❷ 在七年戰爭開始時，英政府的公債為六千萬鎊，結束時增至一億三千萬鎊。

軍的美軍總司令。1776 年 7 月 4 日發布傑佛遜 (Thomas Jefferson, 1743–1826) 和富蘭克林 (Benjamin Franklin, 1706–1790) 等所擬的〈獨立宣言〉(Declaration of Independence)。

2. 獨立戰爭

　　戰爭初期，美軍處境困難。經過幾次敗戰後，華盛頓最後於 1777 年 10 月 17 日在薩拉多加 (Saratoga) 大勝英軍。此次勝利使法王決定對英宣戰，同時也使西班牙和荷蘭捲入戰爭漩渦。法國艦隊，法國的六千名遠征軍，歐洲列強（瑞典、俄國、普魯士、丹麥）的武裝中立，迫使英國於 1781 年 10 月在約克郡 (Yorktown) 投降後，與美洲殖民地簽訂和約。

3. 衝突的解決

　　英、法兩國在 1783 年 9 月 3 日簽訂的〈凡爾賽條約〉(Treaty of Versailles) 中確認美國的獨立。這個新國家的疆界以五大湖和密西西比河 (Mississippi R.) 為限。法國洗刷 1763 年的恥辱，重新取回那年失去的塞內加爾 (Senegal) 和幾個安地列斯島嶼。奪回佛羅里達的西班牙，將路易斯安那 (Louisiana) 的一部分讓給法國。

三、聯邦的形成

　　1783 年，美國獨立的目標已達成。各州間唯一脆弱的聯繫是戰爭期間成立的「邦聯」(confederation)。各州在嚴重的財政和經濟困難聲中，互相爭執。不滿之情漸增。然而，在數年內，那些最迫切的問題都能獲得順利解決。

1. 各州的轉變

　　各州的轉變大致上為政治性的。革命的發動者為士紳，但如非一般老百姓的支持，將不可能得到最終的勝利。從 1776 年到 1784 年，各州的憲法都加強州議會的權力，限制民選州長的角色；州憲法之前通常為〈人權宣言〉。

2.西部的命運

關於阿帕拉契山脈與密西西比河之間廣大領土之處理，由各州自行發展，或使之變成共同財產？在華盛頓、富蘭克林和傑佛遜的鼓舞下，第二種辦法為大家所接受，同時還採取兩項措施：

⑴土地出售之利潤由各州共有，一部地籍圖冊，也就是財產的規劃因而建立。

⑵新州的成立。所有居民達六萬以上的領域，可制訂州憲法，同時享有與其他各州同樣的權利。

3.聯邦憲法

1787 年 5 月 14 日，各州代表在費城集會，討論如何使國家建立在穩固的基礎上。這是一項相當艱鉅的工作，因為贊成聯邦須擁有大權的人士與保護各州自主權的人士針鋒相對。但是一部簡短、扼要的聯邦憲法，終告通過。

聯邦憲法是一種在各種權利和聯邦政府需要之間的妥協。每州猶如一個小共和國，自由處理其內政。聯邦憲法建立權力分離制。經選舉產生的總統，為聯邦行政、陸海軍和外交之領袖，選擇只對他負責的各部部長；由參眾兩院組成的國會，表決法律和預算，總統不得解散之。

聯邦憲法給予最高法院一項基本的角色，該院由九位終身職大法官組成，負責聯邦憲法的維護。聯邦憲法得增列修正案，使之能肯定民主和加強中央權力。

從此這個擁有四百萬人口的小國家，擺脫了無政府狀態，解決領域問題，並且有了一部憲法。1789 年，華盛頓當選第一任總統。對於歐洲來說，美國似乎是一個吸收有趣經驗的場所。

第十一章　法國大革命前的社會與文化

第一節　巴洛克時期的歐洲

對於大部分的歐洲來說，十七世紀前半期為一動盪不安的時期，所表現的是無拘無束，相互矛盾。一般人通常稱此一時期為巴洛克時期，這個稱呼，不但應用於文學和藝術，而且也應用於社會。

一、巴洛克藝術

時空兩方面的擴展為巴洛克藝術的一項特殊之處：在空間方面，它遍及義大利、伊比利半島、中歐、俄國及拉丁美洲；在時間方面，它延續了兩個世紀（十七和十八世紀）。其影響力之大小，視國家而有別，如法國所受的影響期間最短。源自文藝復興的巴洛克藝術，擺脫俗世的風尚，以為天主教服務為首要考量。從教堂到花園、傢俱和城市的裝飾，巴洛克在毫無規則的情況下，展示其華麗，其對裝飾、景色和外觀的重視。它的主題通常十分動人，用以激起情緒的較多，用以滿足理性的則較少。線條的波動非常優美，有時帶著過分誇張的扭曲，並且混成一團。每一國家因自己的國情，而加以適當的更易。

在義大利，羅馬為此一藝術的中心，貝利尼 (Giovanni Lorenzo Bernini, 1598–1680)❶，這位建築家和雕塑家創造了聖彼得大教堂教宗祭壇上

---

❶ 貝利尼擅長建築、雕塑、繪畫和設計，是十七世紀義大利最傑出的藝術家。義大利巴洛克式基本上是貝利尼的創作。他的建築和雕塑方面的傑作，大部

方的「天蓋」(baldachin)，並將聖德雷沙 (Saint-Theresa) 的狂喜 (ecstasy)
表現於大理石和銅色彩配合的雕塑上❷。

貝利尼在其生涯高峰期，有時在同一時間進行一百多個計畫，雇用
幾百位助手和手工藝者。他源源不絕的創造力，很容易從一種藝術轉到
另一種。儘管以建築和雕塑最享盛名，他也創作二百餘幅繪畫和數百件
素描。貝利尼還撥空設計服飾、戲劇的舞臺和燈光。他將當代的許多偉
大人物，如教宗保羅五世、教宗格列高里十五（Gregory XV，1621–1623
在位）、教宗烏爾班八世（Urban VIII, 1623–1644 在位）和法王路易十四
等人，栩栩如生的呈現在半身肖像畫中。

身為聖彼得大教堂的首席建築師，除了教宗祭壇上方的「天蓋」外，
還設計了教堂東面半圓形小室的聖彼得寶座，以及教堂前橢圓形的列
柱。貝利尼原始設計的列柱幾乎企圖包圍整座廣場，從四周環繞的街道
進入時就能感受到更戲劇化的對比效果❸。聖彼得大教堂內的教宗烏爾
班八世和教宗亞歷山大七世（Alexander VII, 1655–1667 在位）的陵墓為
貝利尼晚期的著名代表作。

貝利尼設計了幾個羅馬著名的噴泉，其中有人頭人身魚尾的小海神
噴泉 (The Triton Fountain) 和四河噴泉 (The Fountain of the Four Rivers)。

在伊比利半島國家，教堂那異常豐富的裝飾品，也是受到伊斯蘭教
藝術和哥德式或義大利文藝復興的啟發。支配法蘭德斯畫壇的魯本斯
(Peter Paul Rubens, 1577–1640) 在義大利居留好幾年❹。其作品之主題，

分留在羅馬，但其影響力傳遍全歐達兩個世紀之久。

❷ Frederick L. Nussbaum, *The Triumph of Science and Reason 1660–1685* (N.Y.: Harper, 1953), p. 52.

❸ Neil Stevenson 著，何心怡譯，《世界建築名作》（臺北：遠流出版公司，2000），頁 44–45。

❹ 魯本斯於 1600 年到義大利，為曼圖亞公爵 Vincenzo Gonzaga 服務，除了為公爵的私人教堂繪祭壇畫外，還被派遣到羅馬和西班牙等地。1608 年，他才回到法蘭德斯。

有些還受義大利之影響。他喜愛神話中的景色，他的畫常常帶著華麗、運動感、生活的喜悅，尤其是強烈的色彩和奇異的花樣。

「參孫與大利拉」(Samson and Delilah) 為魯本斯的代表作之一。他畫這幅莊嚴壯麗的作品時，年僅三十一歲。作品中洋溢著熱烈的歡欣與充沛的活力。這幅畫敘述《舊約聖經》中，關於遭非利士人 (Philistines) 報復、擁有超能力的以色列士師參孫毀滅的故事。參孫的毀滅起因於他對非利士人大利拉的迷戀，她卻誘騙他洩漏他巨大力量的祕密來源——他頭上不曾剪過的七束髮絡。魯本斯描繪第一束髮絡正要被剪下，以及士兵準備剜參孫雙眼的緊張時刻。參孫被剪去的頭髮漸漸再長回，他即以恢復的力量摧毀非利士人的神殿。在參孫復仇的時候，也犧牲了自己的生命。

在這幅作品中，參孫壯碩的體格是魯本斯在義大利學畫時，受米開朗基羅作品的啟發。畫面滿布華麗的材料和色彩——絲綢、錦緞，及鮮活絢麗的紅色與金黃色的刺繡。畫面左下方主要的色彩是鮮艷亮麗的紅色，用以襯托暖調的褐色、金黃色，以及魯本斯最擅長的半透明膚色。紅色的象徵引起這幕場景的激情，血一般鮮紅的色彩暗示著緊接下來的恐怖行動。這正符合巴洛克偏好戲劇性和激情的主題、華麗的織品，以及誇張的光線❺。

巴洛克追求自覺，但並非透過理性而是幻覺，以及無可抗拒的感覺和情感。它是天主教教會和法國路易十四等君主所偏愛的風格。他們利用藝術創造天賦神權和絕對權力的意象，以鞏固專制政權。魯本斯是虔誠的天主教徒，相信「君權神授」，也就是除上帝之外，君主不需要對任何人負責。

在法國，巴洛克的建築以索朋 (Sorbonne，亦即巴黎大學) 和華爾‧德‧葛拉斯 (Val-de-Grâce) 的圓屋頂教堂，及盧森堡宮 (Palais de Luxem-

❺ Robert Cumming 著，田麗卿譯，《西洋繪畫名品》(Annotated Art) (臺北：遠流出版公司，2000)，頁 46–47。

bourg) 為代表 ❻。此一時期兩位最偉大的畫家蒲桑 (Nicolas Poussin, 1594–1665) 和吉列 (Claude Gelée dit le Lorrain, 1600–1682)，其作品帶有和諧的風味，使他們也可列入古典派。這是對「巴洛克引誘」的抗拒。

　　蒲桑的藝術是法國繪畫中古典精神的最高表現。儘管他在羅馬完成其大部分的作品，但其創作理念被「法蘭西學術院」接受，且引導著路易十四時代法國藝術的古典主義潮流。蒲桑仿傚提香和拉斐爾，他在文藝、宗教和寓言等主題的繪畫中，融入義大利巴洛克的感官色彩和雕塑形式，但卻避免過度激情。他的作品顯露出，知性支配著情緒，而邏輯、秩序和穩定也成為支配力量。他被稱為最偉大的理性藝術家。

　　「時光音樂之舞」(A Dance to the Music of Time) 為蒲桑的代表作之一。這是一幅精巧的小畫，受羅斯庇基立歐西樞機主教 (Cardinal Giulio Rospigliosi, 1600–1669)，即後來的教宗克里門九世 (Clement IX) 委託繪製。克里門九世是一位哲學家和劇作家，也是喜愛蒲桑作品的收藏家。這幅畫提出一個知性的訊息，或者也可說是謎題，對於時間、命運，以及人類處境訴諸理性多於感性的訊息。四名舞者為寓意性的人物，代表財富、歡愉、勤奮與貧困。畫家邀請觀賞者玩味畫面上充滿象徵符號之背景的意義。蒲桑為法國學院派的繪畫內涵與專業技巧立下標準。

　　「時光音樂之舞」是一幅精確並審慎構圖，很有技巧的傑作。蒲桑所有的繪畫作品，基本上都是複雜、全然理性且謹慎完成的幾何結構。欣賞其作品的樂趣之一，就是發現潛藏其中的幾何結構。在此一畫作中，舞蹈的圓形運動即安排在一個三角形內。這幅畫充滿永續持久與朝生暮死的對比意象，例如在「永久性的雅努」(Janus)❼半身石像上，裝飾著

---

❻　Georges Duby, *Histoire de la France*, T. 2, p. 162. 盧森堡宮現為法國參議院所在地。

❼　Janus 是古羅馬神祇，為一雙面人，可以同時觀看兩個方向。年輕的臉看向未來，蒼老的臉則望著過去。羅馬人祈求雅努賜福給每個新的嘗試，或是新的循環，例如新月份的開始。每年的第一個月份 (January)，就是以此雙面神祇

僅有短暫生命的花朵。在圖的上方，太陽神阿波羅 (Apollo) 手持的圓環，象徵永恆不朽。阿波羅代表秩序與文明的行為舉止❽。

蒲桑對於澄澈的古典主義與嚴謹知性的強烈興趣，使他和同時代的精神格格不入，因此在法國始終悒鬱不得志。他在羅馬奠定其繪畫生涯，並潛心研究羅馬浮雕。他仰慕威尼斯畫派，因此其早期作品顯現華美的色彩。

二、巴洛克時期的文化

如果說義大利在藝術方面起帶頭作用，那麼西班牙則為文學之先驅。威加和喀爾德隆 (Pedro Calderon de Barca, 1600–1681) 的戲劇，尤其是喜劇，最為出色。威加以其多產的作品，對規則的蔑視，反而在喜劇的混合等方面，比喀爾德隆更能表現此一時期的風味。

威加是西班牙最偉大的劇作家，也是西班牙國民劇院的創辦人。在他之前，西班牙劇院只上演受羅馬傳統強烈影響的古典劇。威加摒棄專為貴族觀眾而演的古典戲劇。他創造一種以大眾戲劇為基本考量的三幕劇 (three-act play)，以針對一般民眾而非僅為貴族階級。威加的戲劇巧妙的抓住了西班牙傳統、習俗和姿態的基本精神，因而立即擄獲觀眾的心。他的觀眾希望能觀賞到愈來愈多他的作品。根據他的估計，他大約寫了一千五百個劇本，保存下來的約三分之一。這些劇本，加上他所寫的詩，使他成為西方文學史上最多產的作家。威加的天才使之影響西班牙戲劇達一個半世紀之久。

威加在 1590 年代才開始專心寫劇本，並在很短時間內聲譽大振。深受其觀眾的喜愛，他的名字幾乎等於「完美」。每一個家庭皆懸掛其肖像。教宗烏爾班八世還於 1627 年頒給他勳章。

西班牙另一位傑出劇作家喀爾德隆，以其別具一格的戲劇手法、豐

命名的。

❽　《西洋繪畫名品》，頁 50–51。

富的詩的詞藻，以及卓越而複雜的象徵主義，表現了此一時期的巴洛克風格。

　　喀爾德隆也是一位多產劇作家，一生中完成的劇本，包括喜劇、悲劇、宗教劇和滑稽劇等，多達二百餘種。他的劇大多能深入和客觀地處理哲學、宗教或社會的主題。喀爾德隆的一幕宗教劇，通常在天主教的節日上演。這些以宗教或非宗教為主題的劇，通常是寓言式，將感覺、地球或罪惡等概念人格化。在有關此一形式的戲劇方面，喀爾德隆被公認為大師。

　　喀爾德隆在十八世紀被其西班牙同胞譴責為戲劇的腐敗者，同時也是一位荒唐戲劇寫作的發明人。此一譴責甚至導致其滑稽劇於 1765 年被禁止上演。然而，他的天才卻於 1800 年左右在國外頗受好評和讚賞。許多日耳曼浪漫主義作家，尤其是史雷格爾 (Friedrich Schlegel, 1768–1834) 和歌德 (Johann von Goethe, 1749–1832) 十分欽佩他。一些十九世紀英國作家，包括雪萊 (Percy Shelley, 1792–1822)，也對他評價甚高。到了二十世紀，喀爾德隆在國內和國外，皆被視為一位最傑出和具影響力的西班牙劇作家。

　　在法國，馬萊卜 (François de Malherbe, 1555–1628) 雖在作品中帶有一種折磨的意味，但已開始淨化語文，這是古典主義的先聲。

　　馬萊卜所立下詩的寫作和格式的標準，甚至在其死後仍然影響法國詩壇甚久。他早期對「七星詩社」詩學的熱衷逐漸消退，而且開始批評他那些朋友的詩的作品。他努力於法國語文的淨化，以及建立作詩的規則。源自義大利的字、缺乏「高貴」的字、新創字，尤其是法國語文中已有相等的字，皆應嚴格禁用。詩體也有同樣嚴格的規範。韻律、格式和邏輯性，要特別強調。法國新古典主義最具影響力的詩人和批評家布亞羅 (Nicotas Boileau-Despréaux, 1636–1711) 說過，法國詩始於馬萊卜。事實上，自十七世紀中葉至十七世紀末，法國文學格式的趨於完美，馬萊卜居功甚偉。他的影響力甚至延續到十九世紀。

　　法國著名的悲劇作家柯奈爾像其他巴洛克作家一樣，讓其幻想自由
表現於 1636 年的作品《滑稽的幻覺》(*Illusion comique*)，或者借用西班
牙的主題表現於 1636 年的《希德》(*Le Cid*)，但他已在這部悲劇作品中，
嘗試著應用未來古典時期的規則：地點、時間和動作的一致性。

　　柯奈爾為古典時期偉大作家之一，是法國悲劇的創始人，有「法國
莎士比亞」之稱。他擅長戲劇的情節，可媲美古希臘和英國伊利沙白時
代的戲劇成就，且擄獲觀眾的心達三個多世紀。

　　至於笛卡爾在以理性為基礎的明朗和明確的追求方面，已與巴洛克
決裂。在《方法論》(*Discours de la Méthodes*, 1637) 中，他更新了近代的
哲學。

　　笛卡爾的《方法論》是講解他研究哲學的方法。他主張「在懷疑中
找真理」，其方法是由人的清楚觀念開始，如他的著名格言「我思，故
我在」(Cogito, ergo sum)。其理由：由於「我
思」，是一個清晰顯明的觀念，而知道我必
然存在。因為，我「在認識上，先對一切懷
疑」，則我必有懷疑思想。此思想不是空虛
渺茫的在別處，而是在思想者的我身上，故
「我思，我存在」。換言之，我在思想。笛
卡爾的「我思」到「我存在」，被認為是十
分清楚顯明的觀念。由「我思」的思想觀念，
到我實在的存在實有，有一種必然的連續關
係，也是一個穩固必然的事實。因為「我存
在」，在「我思想」內顯明的包含著❾。

圖 36：笛卡爾

　　笛卡爾建立近代哲學理性主義，並對往
後所有學派的哲學家產生深刻而普遍的影

❾　張振東，《西洋哲學導論——觀念與知識》(臺北：臺灣學生書局，民國七十
　　八年)，頁 157–158。

響。他是解釋哲學為提供給科學一項必需基礎的先驅者之一，而且視科學為征服自然、造福人群的工具。除了是哲學的創造者，他也創立數學物理學、發明解析幾何，同時也是光學、生理學和其他科學史的重要人物。以數學和物理的著作聞名於世的巴斯卡已屬於未來的那個時期，他在《思想論叢》(Les Pensées) 表達其基督教的思想。

巴斯卡是一位年輕有為的數學家，天才型的物理學家，也是一位哲學家和作家。十六歲時，他發表一篇受到高度肯定的論文——《論二次曲線》(Essaai: pour les coniques)，就圓錐曲線幾何學，提出他的新發現❿。十八歲時，為協助其擔任法國盧昂 (Rouen) 省間接稅稅務局局長的父親，他發明了計算機，這是利用手搖齒輪而計算的機器⓫。

自十八歲開始，巴斯卡就一直病痛纏身，但研究的熱忱和創造力並未稍減。經過不斷的研究和試驗，他在數學方面，尚有早年發現的三角形的三內角和為二直角，以及「機率論」⓬；在物理學方面，他曾做了真空等實驗，並發表論文。此外，關於水壓方面的「巴斯卡定理」⓭，也是相當有名。

巴斯卡認為「實驗為物理學方面必須追隨的師傅」，此一原則也就成為近代科學的指導格言。

在哲學方面，巴斯卡對於基督教信仰的態度與笛卡爾不同。他認為笛卡爾學說是無神論的基礎。他的《思想論叢》被認為是人類偉大書籍

❿ E. Gilson 著，陳俊輝譯，《西洋思想發展史》(臺北：水牛出版社，民國七十八年)，頁 138。

⓫ 該計算機圖，參閱陳英正編譯，《光復科學圖鑑 1. 數‧形》(臺北：光復書局，民國七十二年)，頁 79。

⓬ 這是由於賭博中要如何分配賭金的問題而引起的。例如：擲骰子時，什麼點數最容易出現，或什麼點數最不容易出現，便可利用數學的方式來判斷。

⓭ 所謂「巴斯卡定理」即是：如果水中的壓力來自四面八方，那麼施加壓力至水中的某一部分，此壓力也應該會向四面八方傳遞。見《牛頓科學研習百科——物理》(臺北：牛頓出版社，1985)，頁 35。

之一，書中充滿以有力的詩意和形而上學的圖像，是對人類存在的「偉大和不幸」的最深入洞察。

三、社　會

巴洛克時期的社會是個好奇與不和諧的社會。一般說來，各國的社會維持著一個具有封建精神的貴族階級，支配著一個特別追求能代表其心聲的宗教之農民階級。路易十三時代的法國社會雖已開始顯露古典社會的徵象，但仍具有下列兩項特色：存在著一些抗拒國王的力量；社會各階層的活動踰越本分，且充滿矛盾。這些也是巴洛克的特徵。

四、宗教狂熱的恢復

在巴洛克時期，英雄和聖徒受到同等的敬仰。事實上，宗教戰爭已經摧毀教堂和修道院，因此造成修道院院規的衰微。新教保有其地位及懷疑的態度，反對基督教精神和道德教育的「自由思想者」(libertins) 甚至受到宮廷中某些人的保護，這些事情皆有損天主教的肯定性。在此一情況下，城市裡的宗教熱誠大幅度上昇。教會與修道院積極從事自行改革。

第二節　十八世紀前期的新思想

在思想方面，此一時期有幾個顯著的特徵：首先，法國不再像笛卡爾時代那樣居首要地位。當然她也有幾位思想家如聖西蒙公爵 (Louis de Rouvroy, Duc de Saint-Simon, 1675–1755)，甘布雷總主教 (Archbishop of Cambrai) 費勒隆 (François de Salignae de la Mothe-Fénelon, 1651–1715)，貝爾 (Pierre Bayle, 1647–1706)；然而，最重要的思想家是在英國，如洛克 (John Locke, 1632–1704) 和科學家牛頓，或者在日耳曼，如萊布尼茲 (Gottfried Wilhelm von Leibnitz, 1646–1716)。

一、聖西蒙公爵、費勒隆和貝爾

　　聖西蒙公爵為路易十四和路易十五時代的政壇人物和外交官，但讓他留名的卻是其坦率和真實描繪凡爾賽宮廷的《回憶錄》(*Les Mémoires*)。這部強烈批判專制君主政體的《回憶錄》，在塵封了四分之三世紀後，才公諸於世。

　　費勒隆曾任路易十四之孫——布艮第公爵的家庭教師，但自從信仰寂靜主義 (le quiétisme) 的神祕宗教後，其宗教理論被教宗譴責。他反對國王專制的作法，也使之失寵。

　　貝爾在其《歷史和文學批評詞典》(*Dictionnarire historique et critique*) 中，處處顯露其懷疑主義的思想。在著作中，貝爾一再要求良心的自由，甚至是無神論的自由，因此有「啟蒙運動之父」之稱。貝爾的《詞典》對啟蒙運動思想家的影響很大。孟德斯鳩 (Montesquieu, 1689–1755) 和伏爾泰拿亞洲作比較，以批評歐洲制度的技巧，可能都是學自貝爾。《百科全書》主編狄德羅 (Denis Diderot, 1713–1784) 也承認，他的《百科全書》的許多立論基礎和啟發性觀念，都是來自貝爾的《詞典》❹。

二、洛　　克

　　英國的洛克出身律師家庭。父親信奉清教，曾在內戰期間加入國會軍參與戰爭。1656 年，牛津大學畢業後，留校擔任教師。在該大學十餘年間，洛克大量閱讀當時一些著名哲學家和科學家培根、笛卡爾、波義耳 (Robert Boyle, 1627–1691)❺、牛頓等人的著作。在研究哲學的同時，

---

❹　Will Durant 著，幼獅文化公司編譯，《世界文明史——卷八，路易十四的時代③》（臺北：幼獅文化事業公司，民國八十四年九印），頁 187。

❺　波義耳，英國科學家和哲學家，有「化學之父」之稱，為當時最著名的英國科學家，與二十年後的牛頓享有同等的國際聲譽。他在 1662 年提出一項重要物理定律——「波義耳定律」，意即在同樣溫度下，氣體的體積總和是和它所

他也進行物理學和醫學等自然科學的研究。洛克後來建立唯物主義哲學體系的思想基礎即在牛津奠定的。

　　洛克曾因政治因素被迫逃亡荷蘭，直到 1689 年 2 月「光榮革命」後才回到英國。他的社會政治思想，主要是為「光榮革命」確立的立憲君主制辯護。成為日後英美兩國民主奠基石的兩篇〈政府論〉(Treatises on Government)，具有強烈反對君主專制制度，擁護立憲君主制度的特點。他以自然狀態說和社會契約論，來批判作為專制政權理論基礎的君權神授論。

　　洛克的「自然狀態」就是和平、自由、平等以及個人擁有自己財產的狀態。他說，在自然狀態中，人人必須遵守「自然法」，任何人不得侵害他人的生命、健康、自由和財產，違法者應當受到審判和處罰。人類為確保自己生命和財產的安全，以及更妥善的解決彼此間的糾紛，只有彼此協議，各自放棄其單獨行使的懲罰權力，把它交給公眾一致指定的人來專門行使，這就是公民社會的出現和國家的建立。

　　洛克由社會契約論直接導向對專制政權的反對，並論證了人民反對君主專制統治的正當性。他說，由訂契約而產生的國家統治者（國王）本人也是訂契約的一方，因此他自己也必須受契約（法律）的約束，不能免受法律的制裁，不能享有「絕對權力」。如果國王違背契約（法律），實行專制統治，不但不能保障反而侵害社會成員的生命、自由和財產，那麼，人們就有權起來，為保衛自己的生存而進行鬥爭，推翻專制君主的統治。

　　洛克為「光榮革命」在英國確立的君主立憲政體所作的辯護，主要是透過提出三權分立的學說實現的。所謂「三權」，指的是立法權、行政權（執行權）和對外權。立法權是制定和公布法律的權力，行政權是執行法律的權力，而對外權則是與外國宣戰、媾和和訂約等權力。他認為，國家政權就是由這三種職權構成，立法權又為國家中的最高權力。

受到壓力成反比。

洛克主張，立法權和行政權應分離，但行政權和對外權則應合一 **⓰**。

洛克的觀念在 1729 年自英國由伏爾泰傳到法國，孟德斯鳩在 1729 年到 1731 年訪英時也習得那些觀念。在盧梭 (Jean-Jacques Rousseau, 1712–1778) 和法國大革命時代前後，人們皆可聽到那些觀念；1789 年法國的〈人權宣言〉(Déclaration des Droits de l'Homme et du Citoyen) **⓱** 中也充分表現。

美國十三州的殖民者向英國國王喬治三世宣示獨立的字句，都幾乎採自洛克。洛克所提的那些人權，後來都成了《美國憲法》中第一次十條修正案的〈人權法案〉。他的分權理論，加上孟德斯鳩補上的司法權，成為美國政府的形式。他所最掛念的財產問題，也經美國立法保障；他論宗教寬容的論文 **⓲**，使政治與宗教逐漸分離，並且逐漸有了宗教自由。

三、萊布尼茲

日耳曼的萊布尼茲出身書香之家，就讀大學期間，勤奮好學，除了學習法律以及神學和經驗哲學外，還對近代哲學和自然科學產生濃厚興趣。二十歲獲得阿爾杜夫大學 (University at Altdorf) 法學博士學位 **⓳**，但婉拒該大學教授職位。

萊布尼茲一生除為梅因斯 (Mainz) 大主教和漢諾威公爵 (Dukes of Hanover) **⓴** 服務外，還以大量的時間和精力從事科學研究。1673 年，他

⓰ 全增嘏主編，《西方哲學史》上冊（上海：人民出版社，2002 年 14 次印刷），頁 553–557。

⓱ 〈人權宣言〉於 1789 年 8 月 26 日由法國「制憲議會」(L'Assemblée nationale constituante) 通過的。

⓲ 洛克於 1689 年發表《宗教寬容尺牘》(*Epistola de Tolerantia*)，於 1690 年又發表《論寬容的第二封信》(*Second Letter Concerning Toleration*)。

⓳ 阿爾杜夫大學在紐倫堡附近。萊布尼茲曾向母校萊比錫大學申請博士學位，但被以年少而拒絕。此後，他就定居紐倫堡，不再回萊比錫。

⓴ 1714 年，喬治繼承英國王位，稱喬治一世 (George I)，開創漢諾威王朝。

圖 37：萊布尼茲

設計一種計算機，除了加減外，尚能作乘除運算，比巴斯卡的計算機功能更佳。1675 年，他發現微分學；1676 年，發現微積分，而且制定一套成功的符號系統。除了數學外，在物理學方面，他改進了笛卡爾的動量守恆定律，提出質量乘速度平方 (mv^2) 的公式❷，從而更精確表達運動度量。他還是數理邏輯的創始人。他創辦柏林科學院，並擔任第一任院長。

　　大量參與科學研究工作，對萊布尼茲哲學思想的形成和內容影響很大，使其唯心主義哲學與經院哲學不完全相同，而含有比較豐富的辯證法因素。

　　萊布尼茲在哲學上提出的理論是「單子論」(Theory of Monads)。此種理論，主張構成世界萬物的基礎是單子。在《單子論》中，萊布尼茲提出，單子是一種沒有實體，不占空間的東西。因此，它不是物質性的存在物，而只能是一種精神性的實體。實際上，他認為單子也可以稱為一種「靈魂」。因為將精神性的東西視為萬物的本原，這就決定了萊布尼茲單子論的唯心主義性質。然而，此種唯心主義屬於客觀唯心主義，因為他所說的單子論並非個人所具有的主觀精神，而是指充滿宇宙的客觀精神。

　　《神正論》(*The Théodicée* 或 *Theodicy*)，討論上帝與邪惡關係的問題，為萊布尼茲最著名的一本書。他將邪惡分成身體的邪惡、道德的邪惡和抽象的邪惡三種。任何種類的邪惡都不能說是上帝所創造的；只能

❷　笛卡爾的公式為 mv——力等於質量乘以速度。萊布尼茲根據伽利略的著作改為 mv^2。現在的公式為 $\frac{1}{2}mv^2$。

說是上帝允許其存在，因為這是上帝在創造過程中尋求完美時的一種無法避免的伴隨物。

　　萊布尼茲對生物學甚感興趣。他告訴法國的貝爾，假如他可以過另一生，他要作生物學家。在生物學方面，他略為見識到進化觀。如同許多同時代的思想家，他見到一個「連續律」(law of continuity) 貫穿了有機世界；但他又擴展這個觀念到「假設」的無機世界去。每一事物是一無窮系列的一點或一段，經由無限中間形式和其他事物相連絡。他認為，人與動物連結，動物與植物連結，植物與化石連結，而化石又和那些被我們的感覺和想像呈現為全然是死的、無機的物體相連結。

　　萊布尼茲的哲學思想經過吳爾夫 (Christian von Wolff, 1679–1754) 進一步系統化和深入闡述後，成為日耳曼各大學中的思想主流。他在哲學和科學方面的偉大成就，使日耳曼在西方文明的發展上恢復到極高地位。法國博物學家畢楓 (Georges L. Leclercq, comte de Buffon, 1707–1788) 將萊布尼茲列為當代最偉大的才子。二十世紀德國傑出的思想家斯賓格勒 (Oswald Spengler, 1880–1936) 認為萊布尼茲無疑地是西方哲學最偉大的智者。

四、牛　頓

　　在微積分的發現方面與萊布尼茲有「瑜亮情節」❷的牛頓，為英國的數學家、物理學家和哲學家。他在劍橋大學三一學院 (Trinity College) 畢業後，很快被選為該學院教授。牛頓主攻數學、光學、天文和星象學。在三一學院任教三十餘年，他並非一位成功的教師，因為很少人去聽他

❷　牛頓與萊布尼茲對於誰先發現微積分一事，爭論達三十餘年之久。兩人也互不認輸。後來的學者認為，牛頓是第一個發現者，而萊布尼茲則又獨立完成他的發現，並在牛頓之前發表。此外，萊布尼茲的符號系統證明為比牛頓的更為優越。然而，英格蘭對於萊布尼茲與牛頓爭微積分的創始身分，一直記恨在心。

圖 38：牛頓

的課。在某些場合裡，他根本沒有聽眾，只得回到實驗室，這是劍橋大學所擁有唯一的實驗室。

牛頓是一位成功的學術研究者。在劍橋大學期間，他草成《哲理的規則》(Rules of Philosophizing)，亦即科學方法和研究方法的哲理。他與笛卡爾不同，他除了對現象的觀察外，不對任何事情加以理論性的解釋。他不急於揣測萬有引力的性質，僅止於描述其表現和規律性。他不否認假設是實驗的導引，相反地他的實驗正是供給他試驗千百觀念及可能性的地方。在他所作的紀錄中，即滿載一些試驗過而後被駁斥的假設。他也不曾詆譭演繹法，僅堅持演繹必須以事實作起點，而後導致原理或原則。他的方法是設想一個可能解決問題的方法，導出其數學關係式，然後用計算和實驗的方法來試驗。

牛頓在數學方面最大的貢獻就是微積分的發現。他對微積分的研究始於 1665 年發現曲線上任意點的切線和曲率半徑。牛頓不稱其方法為微積分，而名之為「流數」(fluxions)。一直到 1704 年，在《光學》(Optiks)一書的附錄中，他才將有關流數的說明發表。牛頓一向慣於遲遲不發表理論，這可能是因為他要先解決理論上的困難。然而，此一拖延卻造成國際數學家長達三十餘年的論戰。

儘管數學十分神妙，但那只不過是一種計量的工具。當牛頓從工具轉而追求根本道理時，他首先注意到光的祕密。在大學時代，他開始接觸光學。1666 年他在購得一個三稜鏡後，開始光學實驗。牛頓利用光通過稜鏡形成虹的實驗，發現白光可分解成七種色光❷，每種光在透明的物質中有不同的折射性。每一種顏色成分，依其本身特有的角度或折射

❷　七種色光就是紅、橘紅、黃、綠、藍、紫和靛藍。

度而出現。顏色自成一排光帶，形成連續光譜，紅紫各在一端。

後來的研究顯示，各種物質經過燃燒發光後，會產生不同的光譜。將這些光譜，與某一星球的光譜比較，就可能對該星球的化學成分作某種程度的分析。對星球光譜作進一步細微觀察，可顯示其朝地球或離地球運動的近似速率。經過這些計算，星球的距離便可導出。因此，牛頓發現光組合，以及光譜中的折射性質，對天文學產生廣泛影響。

1668 年起，牛頓製造一系列望遠鏡。他改良伽利略望遠鏡，發明了放大倍數更高的反射望遠鏡，並送一個給「皇家學會」(The Royal Society)❷。

最令人津津樂道的是，牛頓由蘋果落下的現象，產生月球會不會掉下來的疑問，進而發現萬有引力。1666 年，牛頓已計算出把星球固定於其軌道上之吸引力的大小，與該星球距太陽之遠近的平方成反比。但他尚未能將理論與數學計算配合起來❷。事實上，星際萬有引力的觀念並非牛頓所創。有些十五世紀的天文學家就曾想到天際對地球施有一種類似磁鐵作用於鐵的力。既然地球四面八方平均地被吸引，這些總合的力量遂使它懸於空中而不墜。

1687 年，牛頓將他的研究心得，著成《自然哲學的數學原理》(*Philosophiae Naturalis Principia Mathematica*) 一書。書中闡述了行星運動、彗星軌道、地球形狀，以及潮汐等問題，更提出了三大「牛頓運動定律」：

1.所有物體如果不受外力作用，則靜止的物體永遠靜止，運動中的物體永遠做等速直線運動。

2.運動量的變化與作用力成正比，並發生於作用力的方向。

3.當力在作用時，會產生力量相等、方向相反的反作用力。

---

❷ 1672 年，牛頓成為皇家學會會員。

❷ 後來牛頓終於發展出「宇宙間所有物體都有相吸引的力，其大小與物體彼此的質量乘積成正比、與物體間距離的平方成反比」的萬有引力定律。

《自然哲學的數學原理》一書是物理學和天文學的經典之作。哈雷 (Edmund Halley, 1656–1742) 便根據牛頓的理論，發現了哈雷彗星，並且算出它的週期，推出這顆彗星再次出現的年代，後來果然一一得到印證❷⑥。1846 年，伽勒 (Johann G. Galle, 1812–1910) 透過望遠鏡仔細觀察李佛瑞 (Urbain-Jean-Joseph Le Verrier, 1811–1877) 所預言的新行星所在位置，果然發現了一顆從未被觀察到的行星，那就是海王星。這些科學家就是利用牛頓的萬有引力理論才發現海王星❷⑦。

由萊布尼茲和牛頓在數學、物理學和天文學方面的卓越表現，可以看出科學的發展已是此一時期的第二項重要特徵。科學實驗之風十分盛行。在法國上層社會裡，擁有物理實驗室，扮演科學家角色者頗不乏人❷⑧，然而，教育程度不高的一般人民認為所有這些只不過是變魔術而已。

最後，十七世紀思想家所傳播的思想為十八世紀的哲學鋪路。這些思想特別表現於三方面：對專制政體的反動，經常覺得不滿的聖西蒙，不但無情地痛擊路易十四的政府，同時希望能重返上古的習俗。費勒隆更為嚴厲，因對國王的過錯覺得惋惜，他希望能有一個為貴族議會所控制的君主政體，並且要求君王尊重所有臣民的權利。洛克極為主張個人的自然權利及主權在民的觀念；贊成貿易自由。貝爾認為不可能證明上帝的存在和靈魂的永恆；洛克對此則表懷疑和容忍。另外，十八世紀顯示出對進步的信心，萊布尼茲一再如此表示。

---

❷⑥　《世界名人偉人傳》⑤（臺北：圖文出版社，民國七十四年），頁 25。

❷⑦　竹內均著，陳秀蓮譯，《基礎科學》（臺北：牛頓出版社，民國七十三年），頁 92。

❷⑧　Roland Mousnier et Ernest Labousse, *Le XVIIIᵉ Siècle* (Paris: P.U.F., 1967), pp. 10–11.

第三節　啟蒙時代

　　古老的歐洲深深地留下傳統的痕跡，然而在十七世紀末，尤其是十八世紀，一種新精神已經出現，隨之而起的是科學和哲學的重要角色及法國思想的影響。這是「啟蒙時代」。

一、啟蒙時代

1. 科學研究的發展

　　在十七世紀的時候，笛卡爾曾指出一種受理性支持的思想之力量，此一理性則為方法論的懷疑所控制。1687 年，牛頓發表萬有引力的原理，而成為現代物理學和天文學的基礎。日耳曼的萊布尼茲以其數學的新發現，替科學開創新的境界。但是很少有人對上述的研究成果感興趣。到了十八世紀，情況大為不同。路易十四派遣科學代表團到拉波尼亞 (Laponia) 和好望角，彼得大帝任命白令 (Vitus Bering, 1680–1741) 主持一個海峽探測事宜，此後該海峽即以「白令」名之。

　　許多學科的活動頗為可觀。數學家莫伯推斯 (Pierre de Maupetuis, 1698–1759) 和達朗貝爾 (Jean Le Rond d'Alembert, 1717–1783) 替天文學上重要的發現做了準備工作。

　　莫伯推斯曾在法國科學院 (The Academy of Sciences) 擔任數學講師。1728 年，他到英國，成為皇家學會的一員，且為牛頓的門生。1736 年，他率領一支科學遠征隊伍到拉布蘭 (Lapland)❷⁹，測量經線一度的長度。測量的結果，確認了牛頓所提出，地球兩極變平的理論。1744 年他應腓特烈二世之邀到普魯士，兩年後擔任柏林科學院院長。

　　達朗貝爾大學主修法律，後來也習醫，但讓他享盛名的卻是數學。

---

❷⁹　拉布蘭為一北歐地區，包括挪威、瑞典、芬蘭的北部，以及俄國西北部 Kola 半島。

他於 1741 年成為法國科學院院士。1743 年，達朗貝爾發表其經典著作
——《論動力學》(*Traité de dynamics*)，書中有著名的「達朗貝爾原理」。
他說，牛頓的第三運動定律，對於自由運動的物體和固定不動的物體皆
適用。1749 年，他發表《歲差的研究》(*Les Recherches sur la précession
des équinoxes*)，找出地球歲差的原因，並測定其特性。在柏林科學院的
刊物上，他發表研究積分學的成果，提出用變量的數值變化率來尋求諸
變量間的關係。

除了數學方面的成就外，達朗貝爾還致力哲學研究❸。他在思想方
面與當時的啟蒙思想家一樣，主張理性和自然權利，反對權威和啟示，
反對舊教條和舊制度，擁護社會改革。為普及知識，他於 1746 年參與
《百科全書》的編纂，負責編輯數學和自然科學的條目。他透過文化的
世俗化，為法國大革命鋪路。

在物理學方面，日耳曼的華倫海特 (Gabriel Daniel Fahrenheit, 1686–
1736) 和法國的列歐穆 (René de Réaumur, 1683–1757) 發明溫度計。修道
院院長諾列 (Nollet) 研究電的現象。在化學方面，拉瓦吉 (Antoine Lau-
rent Lavoisier, 1743–1794) 利用符號，使化學這一學科擁有一種語言。

華倫海特於 1709 年發明酒精溫度計，又於 1714 年發明水銀溫度
計，並創立了在美國和加拿大至今通用的華氏溫標。他一生大部分時間
在荷蘭度過，從事物理學和精密氣象儀器的研究。他發現水在冰點以下
仍能保持液態，以及液體的沸點隨著氣壓而不同等的自然現象。列歐穆
於 1730 年制定的溫標，規定水的凝固點為零度，在標準大氣壓下的沸
點為八十度。列氏溫標曾一度廣泛應用，到 1970 年代實際上已經廢棄。

拉瓦吉推翻支配化學發展達百年之久的燃素說，奠定了現代化學的
基礎。1772 年，他指出，硫和磷在燃燒中重量增加，乃是因為它們吸收
了空氣。直到 1774 年普利斯特里 (Joseph Priestley, 1733–1804) 發現「非
燃素空氣」，拉瓦吉才領悟到金屬在煅燒中僅僅將空氣中的一部分消耗

---

❸ 1759 年，達朗貝爾發表《哲學要素》(*Les Eléments de philosophie*)。

掉。他斷定普利斯特里所發現的新「空氣」就是在燃燒時被吸收的。他把非燃素空氣命名為氧。1783 年，他宣告「水是氫和氧化合的產物」，由於此一認識，他開創了定量的有機分析。他還於 1787 年創立一套化學術語。

在自然科學方面，瑞典人林奈 (Carl von Linnaeus, 1701–1778) 將植物分類，而法國人畢楓於 1749–1888 年陸續出版一系列自然史著作，並且已有生物演進的觀念。此一觀念後來經拉馬克 (Chevalier de Lamarck, 1744–1829) 加以發揮。

林奈創立雙名法 (binominal nomenclature)，也是最早闡明動植物種、屬定義原則的博物學家。他的著作中以《自然系統》(*Systema naturae*) 最為重要。該系統將植物按花的構造分類，雖然他也認為是人為分類，但因應用方便，特別能適應當時世界植物大量被發現的情況，所以沿用甚久才被更自然的分類法取代。1737 年出版《植物屬志》(Genera plantarum) 和 1753 年出版《植物種志》(*Species plantarum*)，林奈因而建立了動、植物命名的雙名法❸❶。例如他將動物分為六大綱 (class)，綱分目 (order)，目分屬 (genus)，屬再分種 (species)，全體動物照此階級排列，綱舉目張❸❷。

畢楓喜愛數學。1723 年從父命學習法律。1728 年改攻讀醫學、植物學和數學，曾當選英國皇家學會會員。1735 年翻譯英國生理學家黑爾斯 (Stephen Hales, 1677–1761) 的《植物志》(*Vegetable Staticks*)，1740 年翻譯牛頓的《流數論》，同時探討牛頓和萊布尼茲發現微積分的歷史。1739 年擔任法王的植物園園長。從此時起，他開始編纂《自然史》

---

❸❶　在林奈之前，每一種生物名稱往往是由四、五個名詞綴合而成，既累贅又不統一，因此林奈規定每一生物名稱只須用一個屬名與一個種名合成，而收生物名詞統一之效。

❸❷　《牛頓科學研習百科——動物》(臺北：牛頓出版社，民國七十四年)，頁 12–13。

(*L'Histoire naturelle*)，前三卷於 1749 年出版。全書原計畫五十卷，生前僅出版三十六卷。1753 年當選法蘭西學術院院士，並發表著名的《風格論》(*Discours sur le style*)，提出「風格即人」的論點。畢楓是對地質史劃分時期的第一人，還曾提出物種絕跡說，推動古生物學的發展。他首次提出太陽與彗星碰撞因而產生行星的理論。

拉馬克是法國生物學家，也是一位進化論者。他認為所有生物均由原始的小體進化而來。經過九年野外考察，拉馬克於 1778 年發表三卷《法國植物志》(*La Flore française*)，其分類不拘限於林奈的體例。此一著作使他成為法國科學院院士。在他的建議下，法國國家自然博物館 (Muséum d'histoire naturelle) 於 1793 年成立，他負責無脊椎動物館，並最先將化石跟現存生物聯繫起來。

1800 年，拉馬克修改了林奈混亂的低等動物分類體系，其分類依據不僅是外部形態，還包括重要器官的功能和複雜的結構。1801 年，他發表《無脊椎動物系統》(*Systine des animaux sans vertibres*)；1815–1822 年，發表《無脊椎動物自然史》(*Histoire naturelle des animaux sans vertibres*) 共七卷。他設想，各種生物從低級到高級，像階梯一樣排列，其器官愈來愈複雜。

他在 1809 年發表的《動物哲學》(*La Philosophie zoologique*) 提出動物的器官用進廢退說。根據拉馬克的說法，動物軀體中本來就具有可供其發展的力量。動物為了能生存而必須經過一番努力時，這分力量便悉數傾注其中，結果動物就變成了最適於生存的形態。例如長頸鹿之所以有又細又長的頸子，完全是努力想吃到高處樹葉的結果。相反地，一些不常使用的部位卻會愈來愈退化，最後甚至完全消失。

技術的應用為科學進步的結果。蘇格蘭人瓦特 (James Watt, 1736–1819) 改良蒸汽機。美國人富蘭克林發明避雷針。孟戈費爾兄弟 (Joseph Michel Montgolfier, 1740–1810; Jacques Montgolfier, 1745–1799) 利用熱空氣，使大氣球上昇。1783 年在巴黎首次表演人類的飛翔，並引起空前

圖 39：瓦特與蒸汽機

轟動。

　　蒸汽機是工業革命的集大成，但卻不能算是工業革命的一項產品。1690 年，巴賓 (Denis Papin, 1647-1710) 就曾描述實用蒸汽引擎的結構及其原理。十八世紀初，紐可門將它改良成為一種可用於工業的機器。此種機器內由熱水產生的蒸氣，可以凝結成一股冷水，而這種氣壓的改變可使活塞上下移動。

　　1764 年，瓦特在修理一臺紐可門的蒸汽機時，發現它嚴重浪費蒸氣的潛熱，因此他在機身外加一個凝汽器，結果大大降低蒸氣的消耗量。1776 年，這種機器開始在礦場使用。1781 年，他發明行星式齒輪，將蒸汽機的往復運動變為旋轉運動。1782 年，他發明雙作用蒸汽機，使活塞沿兩個方向的運動都能產生動力。1784 年，他發明了平行運動連槓機構，解決了雙作用蒸汽機的結構問題。1788 年，他又發明自動控制蒸汽機速度的離心調速器，並在 1790 年發明壓力錶，這就使瓦特蒸汽機配備齊全，切合實用。當時的造紙廠、麵粉廠、紡織廠、鐵工廠和酒廠，以及運動和自來水廠，都要求使用瓦特蒸汽機，其需求量大增。瓦特也因而致富。

　　富蘭克林在美國未獨立前，代表英國北美殖民地與英王的大臣進行

殖民地自治的辯論，參加起草獨立宣言。他在獨立戰爭中，爭取到法國的財政和軍事援助，與英國談判承認美國獨立的條約，還草擬了美國憲法。在科學方面，他進行了有名的電實驗❸，對電作了理論說明，還發明遠近兩用眼鏡和避雷針等。

2.哲學為思想的「反叛」做準備

哲學家也是學者，但其追求的目標在於總結所獲得的知識，並且，在理性的照耀下，尋找人與君王、宇宙和上帝之關係。十七世紀所要的是穩定，熱愛秩序、權威和階級制度。十八世紀則為一反抗的時代。

沒有一件事情能免於被批評。法國哲學家率先發動攻勢。在政治方面，孟德斯鳩在 1748 年出版的《法意》(*L'Esprit des Lois*) 一書中，批評專制政體，贊成受議會限制的溫和君主政體❹。他是貴族階級的發言人。伏爾泰的理想是一位不受教士和貴族影響，但卻在哲學家的協助下為人民造福的專制國王，這就是人們所謂的「開明專制」(enlightened despotism)❺。這是大資產階級的觀念。

盧梭卻相反地希望主權在民。他認為公民的意願應利用投票來表示。如果政府不尊重它與人民聯繫之契約，人民應起來反抗。這是他在《民約論》(*Social Contract; Contract social*) 中所表達的觀念。

在宗教方面，有些哲學家如狄德羅 (Denis Diderot, 1713–1784) 等為真正的無神論者，但是其他人通常相信上帝的存在。在社會方面，如果說孟德斯鳩保護貴族階級的權利，伏爾泰則攻擊特權。盧梭也責難特權階級的地產。

最早出現的孟德斯鳩態度仍很溫和。他指出人人生而平等，而平等

---

❸ 1746–1747 年，富蘭克林開始研究電現象，曾在雷電交加時放風箏作實驗，因而發明防護建築物用的避雷針。

❹ George R. Havens, *The Age of Ideas* (N.Y.: Holt, 1955), pp. 126–139.

❺ 俄國的凱薩琳二世、普魯士的腓特烈二世和奧地利的約瑟夫二世即有「開明專制」君主之稱。

精神的維護，並非靠革命，應該靠法律。法律之前人人平等，王子犯法
與庶民同罪。他非常重視政治自由，認為要保障政治自由，必須制止權
力濫用；要制止權力濫用，又必須使其相互牽制，也就是使政府權力分
立而且相互制衡。因此，孟德斯鳩提出立法、行政、司法三權分立之說 ❸❻。

　　孟德斯鳩討論三權分立的《法意》❸❼，堪與亞里斯多德的《政治學》
(Politics) 媲美，成為政治理論史和法學史的一部鉅著。

　　伏爾泰沿襲孟德斯鳩「人人生而平等」的觀念，但不以枯燥的理論
表達其思想，而以詩歌 ❸❽、小說、戲劇 ❸❾ 等形式，向法國社會展開猛攻。
他不但攻擊專制政權，更嚴厲批判與王公貴族狼狽為奸的教會。伏爾泰
高唱理性、自由和人權，否定一切不合理的現存制度。由於他文筆流暢、
詼諧機智，不時夾雜著嘲諷譏刺意味極濃的對白，使自由和人權的觀念
更加深入人心，逐漸醞釀成革命巨流。

　　早期伏爾泰的理想王國是英國式的「君主立憲制度」，後期則傾向
共和制。然而，伏爾泰認為實現這種理想王國不能依靠一般人民，他把
希望寄託在「開明君主」身上。

　　比伏爾泰小二十一歲的盧梭，基本上是自然神論者，反對用理性方
法論證神的存在，主張從人的良心、感情出發，確信神的存在。他接受
當時頗為流行的「自然狀態」學說，並進一步證明自由和平等是人類的
自然本性，是天賦的人權。

　　在盧梭看來，自然狀態雖然最適合人類本性，但隨著私有制的產生，
「自然狀態」就過渡到「文明社會」，於是人類就失去天賦的自由和平

---

❸❻　《世界名人偉人傳》⑤，頁 49–50。

❸❼　*L'Esprit des Lois*，亦譯為《論法的精神》。

❸❽　伏爾泰在 1723 年發表的《聯盟之詩》(*Poème de la Ligue*) 為十八世紀法國文
　　藝界的大事之一。

❸❾　伏爾泰著名的悲劇有 *Œdipe*、*Mort de César* 等二十七部；喜劇有 *L'Ecossaise*；
　　小說有 *Micromégas*、*Candide*、*L'Ingénu* 等。

等，而處於奴役和統治的社會關係中。因此，私有制是社會罪惡的根源。他認為，隨著私有制的產生，社會邪惡也隨之產生。在人與人之間出現嫉妒與陷害，詭詐與殘酷的行為，以滿足貪得無厭的奢望。同時，人類天賦的自由和平等隨之消失，不平等也就隨之產生和發展。

盧梭認為，「自然狀態」雖是人類社會最美好的狀態，但是在此種原始狀態中，人類遇到種種困難和障礙，如果不改變生存方式，就會從地球上消失。於是人類必須互相團結與合作，來形成一種力量的總和，以克服生存中的種種困難與障礙。

在《民約論》（亦譯為《社會契約論》）中，盧梭認為，契約是人們自由協議的產物。締結契約的每個人都必須把自己的一切權利轉讓給全體，沒有任何人可以例外。人們雖然喪失自然的平等和自由，但可以獲得契約的平等和自由。這種根據契約而形成的「全體」就是國家，而締結契約者稱為公民或臣民。在契約國中，盧梭特別強調人民是主權者。國家是代表人民的最高共同意志，即「公意」。如果政府違反「公意」，篡奪了主權，人民便有權推翻它。國家的官吏不是人民的主人，人民可以委任他們，也可以撤換他們。

因此，專制君主政體、宗教、社會的階級劃分等，所有這些舊制度的特徵從此開始遭到批評。對於既有秩序具有危險性的這些觀念，將迅速擴展。

二、新觀念的傳播

1.傳播的原因

雖有新聞和其他出版品的檢查，而且哲學家有時必須藏匿或流亡，但是政府並不經常攻擊這些理論。在法國，路易十五所寵倖的龐巴度夫人和幾位大臣都盡力保護哲學家。對這些哲學家，教會使用的是純宗教而效果少的制裁方式，其原因或者是教士們並未準備周全的辯論。

教育的進展，在十八世紀的法國資產階級中更為顯著，因而有利「啟

蒙」(enlightenment) 的擴展。報紙，其中最重要的是《學者新聞》(*Journal des Savants*) 到處流傳。

巴黎和其他省區的文學和科學沙龍 (salons)，集合著知識界的名流，也扮演相當重要的角色。這些沙龍皆由貴婦主持。

學術院，尤其是「法蘭西學術院」，這些集合學者和作家的研究機構，利用競賽方式，刺激反省和批評的精神。咖啡間 (cafés) 也是熱烈辯論的理想場所。

2.傳播的限制

各個社會階級並未受到同樣的感染。平民階級幾乎絲毫未受到「啟蒙」的洗禮。教會禮拜儀式在鄉間仍然很盛行。相反地，哲學家卻大受上層社會的歡迎。

第四節　法國在文學、藝術和社會方面的影響力

哲學家認為世界是自己的祖國，因此揭示人類的結合；此一態度就是「世界大同主義」(cosmopolitism)。某些文人夢想著永久的和平，或者至少像「聖彼得修道院院長」(abbot of Saint-Peter) 那樣，希望有個「歐洲邦聯」(European Confederation)。與這種歐洲聯合觀念有密切關係的是法國的影響力；事實上，在法國處於政治優勢的時候，法國文學、藝術和習尚的優越性業已建立。

一、法國的語言和文學

1.語　言

法語具有明顯而精確的特性，因此能成為政府、宮廷和作家的語言。在條約的編纂方面，它已取代拉丁文。俄國的凱薩琳二世和普魯士的腓特烈二世以法文書寫，而為歐洲上流社會所仿傚。以法語表達就是良好教育的標記。

　　法語增加其他外國語字彙。在十八世紀法國文明極盛時期，其文學、藝術、軍事、甚至烹飪等方面的字彙為外國語所吸收。

　　法語也是法國思想的導體。所有古典派的大作家和十八世紀的作家，皆普遍受到歡迎。在奧地利，儘管母后瑪麗亞‧德雷莎不屑一顧，約瑟夫二世卻熱愛著「百科全書派」(Encyclopedists)。年輕的歌德和席勒 (Johann Friedrich von Schiller, 1759–1805) 瘋狂地迷上盧梭；較後，俄國作家托爾斯泰 (Tolstoy, 1828–1910) 說：「在十五歲時，我在頸上掛著他（指盧梭）的肖像，就如同一個聖徒一般。」

2. 文　學

　　在喜劇作品中，馬利佛 (Pierre de Marivaux, 1688–1763) 反映當時講究精細的精神。狄德羅賺人眼淚的悲劇，盧梭的《懺悔錄》(*Confessions*) 等皆表達出對感性的反動。最後，博馬榭 (Pierre de Beaumarchais, 1732–1799) 在《費加羅的婚禮》(*Le Mariage de Figaro*, 1784)，表現出一種對貴族階級刻薄的批評。

二、法國的藝術

　　法國的藝術也支配著歐洲。它有兩項特徵：這不是官方藝術，國王不再推動，而是由大貴族、金融家、大貿易商等榮膺作家和藝術家保護者的角色；這是演進的藝術，它充滿著風韻、跳動、歡樂和顏色，婦女和兒童為其喜愛的模特兒，也就是洛可可式 (rococo)。1750 年起，受到龐貝 (Pompei) 廢墟中發現的古物之影響，圓頂、直線條、冷漠色調、幾何學的應用等再度出現，而在繪畫就如同在文學方面，一種情感的潮流逐漸發展。

1. 建　築

　　歐洲許許多多的城堡皆是仿照凡爾賽宮建築而成的。大城市如里斯本、布魯塞爾、哥本哈根、維也納等等，則是模仿巴黎的各大廣場。法國的藝術家到歐洲各國從事雕塑和繪畫等裝飾工作。

自本世紀前半期開始，巴黎供應其建築師給外國；建築界泰斗郭特 (Robert de Cotte, 1656–1735) 自己足不出戶，只將設計圖寄出，同時由其門徒監督建築事宜。此時，歐洲的大小公侯皆欲仿傚法國國王建造凡爾賽宮式的宮殿。

郭特之父親和祖父皆為法國皇家建築師，為哈杜安・曼沙特之門徒。他與其師合作，為路易十四設計凡爾賽的大特里亞農宮 (Le Grand Trianon)。他設計的府邸被認為是十八世紀初期洛可可式住宅的縮影。1708 年，哈杜安・曼沙特去世後，郭特繼任為皇家建築師。

他設計凡爾賽宮美麗的禮拜堂，建造聖德尼 (St. Denis) 的本篤修道院❹、巴黎的聖羅希教堂 (L'église Saint-Roch)、巴黎聖母院的大祭壇等宗教性建築。在各種不同的建築設計中，尚有凡爾登 (Verdun) 和史特拉斯堡的主教府邸、里昂的市政廳和許多國內外的城堡。

2.雕刻和繪畫

十八世紀初期的雕刻仍受十七世紀偉大作品的影響，但它特別要表達風韻，喜歡簡單的主題，並且尋求人類的真實。

在繪畫方面，華鐸 (Jean Antoine Watteau, 1684–1721) 是研究色彩的畫家。布雪 (François Boucher, 1730–1770) 善繪美女和粉紅而豐滿的可愛小人物。大衛 (J. L. David, 1748–1825) 受古代的影響甚深。夏丹 (Jean-Baptiste Chardin, 1699–1779) 則是十八世紀法國出色的風俗畫和靜物畫家。

華鐸以「西塞爾島之旅」(Embarquement pour Cythère) 成為法國皇家繪畫和雕塑學院院士，然而此一作品顛覆所有學院準則，因此繪畫和雕塑學院援用一個「游樂畫」(fêtes galantes) 的新種類，以收納其激進的風格。華鐸的「游樂畫」反映了十八世紀流行於宮廷社會高尚優雅的戶外盛會。優雅端莊的男男女女，舉止和談吐都是委婉的社交儀式，而真正的意義和想法卻小心隱藏起來。

---

❹ 本篤修道院今日成為榮譽勳位團 (L'Légion d'honneur) 的團址。

　　在該畫作中，愉快的主題、人與大自然的和諧，以及柔和的色彩都是洛可可的典型。華鐸使用淺淡的裝飾性色彩，並用輕輕的筆觸薄塗，有時幾乎是沒有碰觸到畫布似的。在許多地方，他讓人感覺到的是某種形式或形狀，而非勾描清晰的輪廓線。這種含糊、曖昧的技法，非常適合這樣的主題，因為在戀愛中，沒有一件事情是確定的。

　　華鐸的畫作出現在全歐的博物館和美術館，以及一小部分在美國。由於特別欣賞，普魯士國王腓特烈二世大肆蒐購華鐸最好的畫作，並典藏在波茨坦宮殿裡。華鐸大部分的作品因而集中在今日的德國。

　　布雪為法國畫家、版畫家、舞臺和演員服飾設計師。他的作品充分表現出洛可可時期的法國趣味。受到魯本斯和華鐸的影響，他的風格以色彩細膩、形式柔美、技巧純熟和主題浮華為特徵。布雪曾擔任皇家繪畫和雕塑學院院長，並成為路易十五的首席畫家。他頗受路易十五的情婦，龐巴度女侯爵的照顧和愛護，為她繪肖像畫和私人小教堂繪裝飾畫。他還為國王繪製「中國掛毯」(Chinese Tapestries)，說要送給中國乾隆皇帝。

　　布雪最喜愛的繪畫主題是維納斯❹、戴安娜 (Diane)、仙女、詩神 (Muse) 和愛神；最喜歡和最擅長表現的就是女性和孩童的裸體。因此，狄德羅曾批評他是藝術的墮落。

　　受到狄德羅讚賞的夏丹，並未受過傳統教育。1728 年，他以擅長繪畫動物與水果的畫家身分，成為皇家繪畫和雕塑學術院的院士，其作品中有兩幅被路易十五典藏。

　　夏丹的「家庭女教師」(The Governess) 雖然尺寸和主題都很樸素，但受到極高的推崇。夏丹的技巧，尤其是他嚴密精細的技藝，以及對色彩完美的感知，總是能夠與他的主題和諧一致。他的靜物畫題材，大多是極簡單的東西，如廚房用具、蔬菜、獵物等；而其風俗畫大多為小件作品，畫中產階級家庭小人物的日常生活，既無傷感也不造作。夏丹的

❹　布雪的畫作中有關維納斯的達十五幅之多。

許多風俗畫都是讚美勤奮的溫和訓誡，而且以切身體驗教導年輕人。

大衛一生處於歐洲政治和社會最為動盪的年代，他可以說是將自己的藝術全部奉獻給法國大革命。他是新古典主義的主要人物之一，於1776年赴義大利。在義大利停留的四年期間，他能夠縱情於對古代藝術的熱愛。回到巴黎後，他具體表現了對輕浮的洛可可風格社會與道德的不屑一顧。大衛以其對法國大革命的積極擁護聞名，繪製了許多歌頌古典與共和情操的巨幅作品。1804年他成為拿破崙的宮廷畫家。

大衛的畫作是對古羅馬的藝術、生命與倫理的衷心讚頌，「荷瑞斯的宣誓」(Le Serment des Horaces) 可以說是法國新古典主義的代表作。大衛有意讓這一幅畫成為宣傳畫。他在畫這幅畫時，以君權神授為基礎的法國君主政體只剩最後四年。1789年，大衛所擁護的法國大革命以新的政治制度，亦即以自由、平等、博愛為理想的新共和國，取代了舊政體。大衛的畫，以英勇的、權威的，以及無懈可擊的組合，具象化新的政治夢想，並體現了新古典主義繪畫風格。

法國的雕刻家和畫家一樣皆很傑出：胡敦 (Jean Antoine Hudon, 1741–1828) 甚至到美國雕塑華盛頓的雕像，而法爾康內 (Etienne Falconet, 1716–1791) 則在聖彼得堡使彼得大帝永垂不朽。

三、法國生活藝術

十八世紀的生活習尚，吸引著外國人來到法國，但自1760年起，在某些國家已覺得有一種反動的存在。

1.浮華的生活

對於交談這項娛樂相當講究。在較小、較舒適、取暖設備較佳的房間裡，一群上流社會的人們，顯出開朗的神情，以文字遊戲相互取悅，有時還從事哲學或政治性的討論。外國的國王、大貴族、外交官、藝術家皆在法國受到極大的關切。

傢俱的藝術逐漸演進。十七世紀笨重而莊嚴的傢俱已為安樂椅、高

雅的獨腳小圓桌和裝有祕密抽屜的書桌所取代。

　　巴黎的婦女時裝影響到聖彼得堡：大襯裙，精緻布料做成的寬大晨衣，裝飾著絲帶或羽毛的帽子。

　　最後，法國的烹飪術在當時也起帶頭作用。每一富有家庭皆有廚師，真正美味的創造者，其傑作則以東家之姓名之。

2.民族的反動

　　上述法國式生活只適合那些富有的貴族和資產階級者。唯有他們能享受到這種「舊制度」特徵的「生活的舒適」。

　　在不同國家，民族精神繼續存在，而且自 1760 年起，對法國之支配的反動開始生長。與浪漫主義和與歌德作品聯結在一起的日耳曼，其影響力已漸顯著；然而，英國式的嗜好甚至在法國也發展得很快。英國式的飲茶、賽馬、俱樂部，尤其是自然化的公園，開始盛行。儘管有這些反動，但是在 1789 年法國大革命以前，法國在歐洲的影響力仍然相當可觀。

索　引

俄國史　賀允宜／著

　　俄羅斯以其廣大的國土、豐富的資源與眾多的人口，在世界舞臺上占有舉足輕重的地位；在國際化日益加劇的未來，認識她的歷史可說是件重要的事。本書從文化起源的爭論，到彼得大帝的西化政策、法律與農奴的生活及二月革命等各層次切入，融合理性報導與百姓生活的感性描繪，除可作為大學及研究所授課之用，也是幫助一般讀者了解俄羅斯不可或缺的參考書籍。

世界現代史　王曾才／著

　　本書作者王曾才教授以其清晰的歷史視野和國際觀，為讀者提供了一個體察天下之變的指涉架構。本書分上、下兩冊。上冊所涵蓋的範圍起自第一次世界大戰，終至世界經濟大恐慌和極權政治的興起；下冊始於第二次世界大戰而迄於冷戰結束和蘇聯的崩解。舉凡現代政治、社會、經濟和文化的演變，均有詳盡而有深度的敘述與析論。

日本近代史　林明德／著

　　日本為何能在短短的數十年內，從廢墟中恢復，一躍而為經濟強國？要瞭解日本近代化成功的因素，勢非對日本近代史有一全盤探討不可。本書起自明治維新，以迄 1970 年代的經濟發展；除了政治、軍事與經濟外，對文化思想和對外關係亦多著墨，並廣泛探討日本近代史的發展規律和民族性，藉此加深認識日本的文化和社會，增進對近代日本的理解。

近代中日關係史　林明德／著

　　日本自明治維新後，即步上歐美帝國主義之後塵，對亞洲大肆侵略，一部近代中日關係史，即在日本大陸政策陰影下發展，飽含中國人辛酸血淚。作者有鑑於此，擬以史家史筆探索近代中日關係之演變發展，激發國人認識日本，重視中日關係之未來發展。